나는 악당이 되기로 했다

나는 **악당**이 되기로 **했다**

초판 1쇄 인쇄 2012년 12월 20일
초판 1쇄 발행 2012년 12월 26일

지은이 김헌식
펴낸이 김남중
책임편집 이수희
마케팅 이재원

펴낸곳 한권의책
출판등록 2011년 11월 2일 제25100-2011-317호
주소 121-883 서울 마포구 합정동 411-12 3층
전화 (02)3144-0761(편집) (02)3144-0762(마케팅)
팩스 (02)3144-0763
종이 월드페이퍼 **인쇄·제본** 현문인쇄

값 14,000원 ISBN 978-89-968777-5-2 03320

국립중앙도서관 출판시도서목록(CIP)

나는 악당이 되기로 했다 : 결핍과 승부욕이 완성하는 악당의 철학
/김헌식 지음. --서울 : 한권의책, 2012
p. ; cm

ISBN 978-89-968777-5-2 03320 : ₩14000

사회 심리 [社會心理]
악당 [惡黨]

331.1-KDC5
302-DDC21   CIP2012005686

나는악당이 되기로했다

결핍과 승부욕이 완성하는 악당의 철학

김헌식 지음

한권의책

악은 뛰어오르더라도 숨을 헐떡거리지 않는다.
악은 늘 머리를 곱게 빗질하는 냉정한 신사 같다.
악마를 태운 말은 등에 짐도 싣지 않았기 때문에
어느 말보다도 더 빨리 달릴 수 있다.

– 헨리 데이비드 소로 Henry David Thoreau

모범시민으로 사는 것이
과연 더 나은 세상을 약속할까

잊을 만하면 영화나 드라마에 매력적인 악녀와 나쁜 남자가 등장해 폭발적인 인기를 모은다. 하지만 이들은 곧 잊힌다. 대중적 열망과 선호를 독차지하던 그들은 왜 갑자기 사라지는 것일까? 하지만 현실에서 악당들은 쉽사리 물러나지 않고 마침내 빛을 발한다. 왜 이런 일이 일어나는 것일까? 그 해답을 모색하는 과정에서 이 책은 나왔다. 새롭고 다른 것을 시도하는 이들은 모두 악당이 된다. 그것은 문화의 본질이자 문명의 진리이며 삶의 숙명이다. 살아 있는 생명 자체가 이미 물질의 세계에서 반역이자 악당이다.

지금은 스티브 잡스Steve Jobs가 영웅으로 기억되지만 초기에는 악당으로 악명 높았다. 그는 주관이 뚜렷하고 뛰어난 재능을 가졌지만 좋은 사람, 상대방에게 호감을 주는 인물은 아니었다. 그러나 잡스의 창조적 산물들이 전 세계 사람들의 마음을 사로잡으면서 삽시간에 수많은 추종자가 생겨났고 그는 가장 유명한 인물이 되었다. 만약 그가 정상적으로 아니, 영웅으로 인정받고자 애썼다면 스티브 잡스의 영광 또한 없었을 것이다. 그가 기존의 시스템에 유리한 아이디어만을 실행했다면 사람들에게서 금세 잊히고 말았을 것이다.

가수 싸이의 이름은 '싸이코'를 줄인 말이다. 싸이코는 정상적이지 않은 정신구조를 지닌, 병리적으로 악한 사람이다. 물론 가수 싸이는 병리적 악인이 아니라 유쾌한 악동이다. 그가 이름을 지을 때 의도한 싸이코는 진짜 미친 사람을 뜻한다기보다는 독특하고 개성이 강하며 자유로운 사고의 소유자를 말한다. 가수 싸이가 스스로 싸이코를 표방하지 않았다면 〈강남스타일〉이 세계적인 히트를 치지 못했을 것이다. 가수 싸이가 누구나 막연하게 선망해왔던 강남 문화를 전복시킨 힘이 거기 있다. 그것은 사람들이 원하는 것이기도 했다. 또한 세계적으로 통하는 보편코드(말춤)와 집단적 참여 퍼포먼스 코드를 지녔기 때문에 그는 영웅이 될 수 있었다.

중요한 것은 악당의 매력이자 본질이다. 악당이 악인과 차별되는 이유는 사람들을 끌어당기는 무엇인가가 있기 때문이다. 예컨대 악당이 진짜 악인이 되지 않으려면 사람들이 따를 수 있는 가치, 즉 진실이 있어야 한다. 악당은 지지하는 세력을 갖기 마련인데 그 이유는 그들이 옳은 말을 하기 때문이다. 하지만 절대 다수가 인정하지 않는다는 이유로 악당이 된다. 그렇지만 그들은 미래의 영웅이다.

사람들은 흔히 친근하고 익숙한 것이 아닌 낯선 것을 부정적으로 평가

한다. '나쁘다', '불편하다'고 하는가 하면 그 행위자를 '나쁜 사람', '괴짜'라고 비난한다. 하지만 익숙한 것만 추구하다 보면 뒤떨어지거나 도태될 수밖에 없다. 세계사에서 인류의 진보는 악당으로 몰린 사람들이 일구어냈다. 악당들이 없었다면 인류의 문명도 없을 것이고 우리도 존재할 수 없다. 우리 자신뿐 아니라 우리가 누리는 모든 것들이 모두 악당의 고군분투 덕분이다. 오히려 기존의 영웅들은 혁신과 진보를 위해 기여한 일이 없으며 새로운 영웅을 악당으로 몰아 견제하기에 급급했다. 이는 과학과 경제의 물질적 진보뿐 아니라 정신과 사상사 측면에서도 마찬가지다. 더 나은 세상을 주도해 온 수많은 이들이 악당이라는 이름을 가졌다.

비록 악당은 기존 사회질서에 반대하는 이들이지만, 그렇다고 악당이 무조건적인 반대만 일삼는 안티세력은 아니다. 악당들은 경험과 체화를 통해 진리를 깨우친 이들이다. 진리를 보았기 때문에 열정과 끈기 그리고 추진력을 발휘할 수 있는 것이다.

경험과 체화 없이 관념적으로 옳고 그름을 따지는 이들은 진정한 악당이 될 수 없다. 악당은 남의 평가에 연연해하지 않는다. 자신을 억압하지 않기 때문에 정신이 건강하며, 다른 누군가에게 기대하지 않는다. 그들은 스스로 독립하여 항상 새로운 것을 창조해낸다. 그러려면 둔감력을 길러야 한다. 비난에 무뎌져야 한다. 악당들은 불편한 진실을 드러내는 과정에서 종종 탄압을 받기도 하니 말이다. 재미있는 것은 사람들이 악당에 환호하는 이유가 바로 그런 불편한 진실, 세상이 숨기려는 진실을 거침없이 드러내는 데 있다는 점이다. 은폐되어 있던 것을 드러내는 그의 용기와 통찰력은 사람들의 가슴을 시원하게 한다. 그래서 악당은 용기가 있는 이들이다. 보통 사람들은 옳은 것을 알고 있음에도 비난이 두려워 진실을 숨긴다. 악당이 공개하는 불편한 진실은 항상 기존 체계나 사회, 조직의 문제나 모순의 핵심을 건드린다. 악당들은 더 나은 세상을 위해 그러한 모순을 바로잡으려는 이들이다.

하지만 기존의 것에 익숙한 사람들에게 이들은 사회를 혼란에 빠뜨리는 악당일 뿐이다. 다행한 것은 시간이 흐를수록 사회적 모순과 문제가 낳은 폐해가 확대되고 결국 악당의 편을 따르는 이들이 많아진다는 것이다. 역설적으로 그것이 바로 민주주의 힘이다. 민주주의는 악당의 역사다. 악당이 민의에 지지를 받지 못하면 악인으로 남게 된다. 아무리 기득권 세력이 죄인으로 낙인찍은 악당이라도 민의(찰나적인 것이 아니라 오랜 세월 축적된 대중의 지혜를 함의한다)를 등에 업으면 거꾸로 그는 혁신자이자 민중의 리더가 된다.

이 책은 악당론이다. 악당론을 통해 악당의 정신이 무엇인지 살펴보려 한다. 이는 단순히 악당의 말과 행동을 단편적으로 되새겨보자는 것이 아니라 그들의 사고방식이나 가치관 그리고 행동의 긍정적 특징을 집대성하고 유형화하려는 것이다. 그들의 긍정성은 우리 삶의 진실과 깨달음을 함의하지만, 고착된 주류 질서에서는 이단시하는 점들이다. 이 책의 초점은 악당의 패러독스가 내포한 세상의 본질이다. 이는 현대적으로 더욱 큰 의미를 갖는다. 언제나 화려하고 거창한 영웅이 되기보다 은밀하고 불온하게 취급당하는 악당이야말로 오히려 이 거친 현대사회에서 가치 있는 것을 잉태하기 때문이다. 단순한 개인적 처세를 넘어 조직경영, 국정운영 차원에서도 악당의 함의를 음미하는 기회가 되기를 바라며 이 책을 썼다.

우리가 악당이 되기를 기피할 때 그것이 공동체를 위하는 선행인 것 같지만, 때로는 전체의 악이 되지 않는지 생각해볼 일이다. 그것은 가족과 기업은 물론 국가와 국민의 생존문제와도 직결된다. 삶의 목적은 행복이어야 한다. 가족과 기업, 국가의 목적 또한 개인의 행복이어야 한다. 이런 차원에서 이 책은 무엇보다 아름다운 포획(영웅론)에서 벗어난 나쁜 자유(악당론)에 개인적으로나 사회적으로 건강한 행복의 코드가 있다는 점을 드러내고자 한다.

2012년 12월,
김헌식

1장

악당의 탄생

삶에서 마주치는 악당들은 결국 우리 자신이다

죽어야 사는 악당

악당을 '안티히어로anti-hero'라고 한다. 안티는 대상에 대한 반대, 즉 극복의 개념이다. 따라서 안티 그 자체를 중심으로 놓고 볼 수는 없다. 악당은 기존의 질서에 대항하여 새로운 생각과 사상을 주장하는 사람들이다. 그러나 그들의 판단이 옳았다고 판명되면 영웅으로 평가가 바뀐다. 악당과 영웅은 상대적이어서, 당대에 영웅이었다가도 악당이 영웅이 되는 시기에는 악당으로 몰렸다. 지금 우리가 당연시하는 제도와 사상은 처음에는 악당의 것이었다. 과거에는 악당의 영역에 접촉하는 것 자체가 악이었고, 죽음을 면할 수 없었다. 대개 이러한 사상과 생각은 지배층의 논리에서 비롯되었다. 현재와 미래, 그 사이에 악당과 영웅의 상대성이 존재하는 것이다.

기득권자들은 그 기득권을 유지하기 위해서 악당을 죽여야 했다. 기존 질서에 반한다는 이유로 악당은 죽어서 그들의 사유와 통찰력을 남긴다.

〈배트맨Batman〉 시리즈에서 조커joker가 살아남을 수 있었던 것은 그가 죽었기 때문이다. 악당은 죽어야 살아남을 수 있고 영화감독과 작가는 작품 속의 악당을 죽여야만 비로소 악당의 철학을 세상에 내놓을 수 있다. 그것은 비단 영화감독과 작가에게만 해당하는 것이 아니다. 사상사에서도 많은 철학자들이 악당의 철학을 구현하였다는 이유로 목숨을 잃었다.

우리도 어쩌면 스스로 죽어야만 악당의 철학을 구가할 수 있을지 모른다. 하지만 그렇지 못하기 때문에 이야기 속의 악당에 몰입하거나 악당 철학자의 말에 자신을 투영할 수밖에 없다. 기득권의 세력과 가치관에 맞서 근본적인 사회의 변화를 이끌어낼 때, 이것은 악인의 철학이 아닌 악당의 철학이 된다.

악당, 악인 그리고
악역과 악동의 차이

그런데 악당의 사상이나 철학은 혼자만 믿거나 주장하면 별 의미가 없다. 사상이나 철학적 차원을 벗어나 사회문화적으로 악당이 주목을 끄는 것은 '나 홀로' 존재하지 않기 때문이다. 악을 지지하는 세력, 집단을 '악당'이라고 말한다. 이런 점은 '악인'이라는 개인적 관점이나 사회적 역할을 강조하는 '악역'과는 차이가 있다.

생각을 좀 더 가다듬기 위해 구분해야 할 것은 악당인가, 악역인가, 아니면 악인이냐다. 먼저 악당惡黨은 나쁜 짓을 하는 사람의 무리 또는 나쁜

나는 악당이 되기로 했다

짓을 하는 사람을 말한다. 한 사람은 개인적인 차원, 두 사람은 서로 아는 사적인 관계를 의미한다. 연인이나 부부, 형제자매를 생각하면 알 수 있다.《삼총사Les Trois mousquetaires》,《삼국지三國志》는 모두 세 사람 이상의 관계를 담고 있다.《삼국지》에서 유비, 관우, 장비 중 한 사람만 빠져도 그들의 모임은 사회적·국가적인 의미를 가질 수 없을 것이다. 두 사람일 경우 의형제의 범주에서 벗어나기 힘들지만, 세 사람 이상은 이미 공적인 의미를 갖는다. 아무리 숫자가 적어도 셋 이상의 구성원이 있어야 사회 활동에 나서는 모임이 될 수 있다. 예컨대 두 사람을 '조폭'이라고 할 수는 없다. 조폭이라면 세 명 이상이어야 한다. 악당이 주로 범죄 조직의 형태로 등장하는 것은 그들이 사회적 관계 속에서 일정한 가치에 저항을 하기 때문이다.

무리를 짓고 집단을 구성하면, 이를 지지하는 쪽과 반대하는 쪽이 생겨난다. 이는 정치적 의미를 내포한다. 악당에서 '당黨'이라는 한자를 보면 그 사회적 의미가 드러난다. 예컨대 정당은 정치적 무리다. 정치적 무리는 특정 이념을 둘러싸고 이를 지지하는 이들과 반대하는 이들로 나뉘기 마련이다. 악당이 전혀 지지를 받지 못한다면 그들은 운영될 수 없으며 악인으로 치부될 것이다. 많은 세력을 거느렸다면 실제로는 악해도 선의 세력으로 행세할 수 있다. 결국 악당으로 불리는 사람들은 다수의 지배세력에 한목소리로 대항하는 이들이다.

악인惡人은 악한 사람이다. 여기에는 개인적인 인성이 나쁘다는 의미가 강하다. 자기의 이익을 위해 나쁜 사고와 행동을 일삼는다. 사회 질서나 체제에 어긋나는 나쁜 짓이라 해도 오로지 개인적 욕망을 위해 서슴지 않는 사람이 악인의 범주에 든다. 악인은 자신이 악한 짓을 하는지조차 모른다. 그렇다면 악한 것은 과연 무엇일까? 악은 인간이 보편적으로 생각할 수 있는 반인륜·비도덕적인 행태다.

한편 악역은 집단과 공동체의 목적을 위하여 일정하게 나쁜 짓을 하는 사람이다. 이들은 개인적인 이득을 취할 생각이 없다. 영화에서 악역을 맡은 배우가 자신의 욕망을 채우기 위해서가 아니라 작품성이나 흥행을 위해 연기하는 것과 같다. 악역이 악당과 다른 점은 크게 두 가지다. 악당은 자신의 신념에 따라 사고하고 행동하는 반면, 악역은 자신의 신념과 행동을 일치시키지 않는다. 악당은 일상적 삶과 사회적 관계의 삶이 일치하지만, 악역은 그 자신이 악인이 아니어도 사회적·조직적인 맥락에서 악인이 될 수 있다. 때로는 이러한 신념과 역할의 부조화 때문에 갈등과 혼란이 나타나기도 한다. 공동체를 위해 자발적으로 악역을 맡기도 하고, 떠밀려서 악역을 맡는 경우도 있다. 자발적으로 악역을 맡는 사람은 목표를 달성하기 위해서는 악한 행동이 필요하다는 인식이 있으므로 어느 정도 신념과 일치한다. 그러나 비자발적인 경우는 자신의 뜻과는 상관없이 주어진 역할이기 때문에 이에 충실하려는 의무와 책무의 관점에서 접근하게 된다. 이럴 경우 악역은 자칫 분열적인 정신상태에 빠진다.

악역은 그야말로 악역을 맡은 자의 슬픔이 밴다. 철학이 없으면 악당이 되지 못하고 악인으로 머물게 된다. 본성이 악하지 않다고 해도 철학이 주체적이고 독립적이지 못하면 악역이다. 그들은 연출자와 감독자의 말을 듣는 존재에 불과하다. 심지어 현실의 논리에 순응하거나 패배주의적인 추종주의에 따른다. 따라서 악역은 보수의 논리를 수동적으로 받아들이기 쉽다. 물론 진보적인 관점에서의 악역도 있다. 기존의 가치체계를 허물고 새로운 질서를 만들어 구성원들을 이끌고자 할 때 그들은 악당, 심하면 악인이라는 비난도 감수해야 한다. 이때 그들은 현재 시점에는 악당이지만 미래의 영웅이 된다.

악당과 악인, 악역을 넘어서는 존재가 있는데 바로 악동이다. 악동의 특징은 순수성에 있다. 어린아이들은 자신의 감정과 생각 그리고 욕망에 충실하다. 그렇기 때문에 다른 사람의 평가나 결과에 연연하지 않고 자신을 실현시키려 한다. 그 과정에서 다른 이들에게 피해를 주기도 한다. 하지만 그들은 강력한 힘과 수단을 지니지 않기 때문에 치명적이거나 가공할 피해를 주지는 않는다. 악동은 순수성과 귀염성 그리고 그에 대응할 수 있는 통제성의 감정이 작용하여 만들어진다. 여기에서 귀염성은 놀이성과 연결된다. 개구쟁이 중에서도 센 게 악동이다. 장난을 좋아하는 그들은 세상을 놀이의 관점에서 보기 때문에 상대를 괴롭히는 것마저 놀이로 여긴다. 악동은 때로 동정과 연민을 불러일으키므로 미워할 수 없다. 예컨대 프로레슬링 경기장에서 악동 같은 짓을 하는 선수는 상대 선수나 관객에게 치명적인 위해危害를 가할 수 없다. 악동은 니체Nietzsche가 말하는 '아이의 단계'다.

니체는 《짜라투스트라는 이렇게 말했다Also sprach Zarathustra》에서 인간의 정신발달에 세 가지 단계가 있다고 했다. 낙타의 단계, 사자의 단계 그리고 마지막이 어린아이의 단계다. 낙타는 참을성이 많고 복종을 한다. 주인이 아무리 무거운 짐을 지우고 무덥고 험한 사막을 걷게 해도 묵묵히 따른다. 낙타에게는 자유와 권리를 생각할 여지가 없다. 주인은 낙타가 묵묵하게 일을 하면 할수록 더욱 많은 일을 시킨다. 이때 낙타의 마음 안에는 르상티망ressentiment, 즉 원한의 감정이 쌓여간다.

사자의 단계는 자유와 권리가 침해당할 때 맹렬히 달려든다는 점에서 낙타와 차이가 있다. 자신의 선택과 행동을 중요하게 생각하며, 늘 혼자이기를 자처한다. 그러나 혼자이기 때문에 고독하고 불안하며 협동하는 것이 서툴고, 큰 실수를 저질러도 막아주거나 수습해줄 이들이 없다. 이것은 치명적인 결과를 낳을 수 있다.

그 다음은 어린아이의 단계다. 사람이 늙으면 쉽게 어린아이와 같아진다고 했다. 공자는 이순耳順과 고희古稀를 말했으며, 니체는 "아이는 잘 잊어버리고 항상 자신이 하는 일을 즐긴다"고 했다. 어린아이들은 마음에 담아두지 않기 때문에 금방 잊어버린다. 친구와 싸우다가도 얼마 안 있어 다시 어울려 논다. 마음에 담아두는 것이 없으니 언제나 건강한 정신상태를 유지한다. 불교에서도 깨달은 자는 어린아이와 같다고 했다. 그렇기 때문에 불교에서는 동자승을 중히 여긴다.

　악당이나 악동, 악역은 절대적인 악인이 아니다. 이 책에서 살피고자 하는 대상도 절대 악인은 아니다. 악인이라 해도 악당의 측면을 부각시킬 것이다. 그러기 위해서는 악당들이 행하는 악에 관하여 살펴보아야 할 것이다. 악에 대한 논의는 워낙 다양하기 때문에 그 관점들을 속속 살펴보는 것은 제한된 상황에서 불가능하다. 악에 대한 주요 관점들을 살피고 악당의 행태 속에서 어떤 함의를 이끌어낼 수 있을지 준거를 마련해보려 한다. 물론 그것은 악당의 상대론적 관점이다.

선악의 경계에 내가 서 있다

진흙탕 위에 통나무 다리가 놓였다. 양끝에는 반대편으로 건너가려고 선 두 사내가 있다. 그런데 공교롭게도 두 사람은 적대적인 관계여서 어느 쪽도 먼저 양보하려 하지 않았다. 한 사나이가 먼저 '나는 악당에게는 길을 비키지 않는다'고 말하자 반대쪽 남자가 '나는 악당과 마주치기 싫으니 내가 피하겠다'고 말하며 길을 텄다. 결국 길을 양보 받은 상대방은 꼼짝없이 악당이 되었다. 우스개와 같은 이야기이지만 이러한 악당 프레임은 곧잘 사람을 파멸과 왜곡으로 몰아넣는다.

할리우드 서부영화에서 극악한 악당으로 등장하는 '판초'가 있었다. 판초는 하층민을 대변하고 농지개혁을 이끈 멕시코혁명의 지도자 프란시스코 비야Fransico Villa의 이름에서 비롯했다. 페르난도 데 푸엔테스Fernando de Fuentes 감독의 〈가자, 판초 비야와 함께Vamonos con Pancho Villa!〉는 1910년대 활약했던 멕시코 혁명군 판초 비야의 이야기를 담은 흑백영화로, 여섯 명의 목동이 어떻게 해서 혁명에 참가하게 되는지, 그리고 판초 비야가 이끄

나는 악당이 되기로 했다

는 북부군이 얼마나 용맹한지를 그려냈다. 악당 산초에 익숙한 관객들에게는 낯설고 놀랄 만한 내용이다.

또 《가면을 벗은 역사Debunking History》에서 에드 레이너Ed Rayner와 론 스테이플리Ron Stapley는 미국 서부 개척시대의 영웅 와이어트 어프Wyatt Earp가 세간에 알려진 '정의의 화신'이 아니라 "보안관 배지를 달고 설치는 무법자"였다고 평가했다. 평화롭게 살아가던 원주민들을 몰살하고 그들의 땅을 강탈한 미국의 역사에서 이러한 일들은 비일비재했으나 역사는 이를 철저히 은폐했다. 악당이라는 불명예를 뒤집어쓰지 않기 위해서였다.

악당의 영웅화,
영웅의 악당화

서구 대중문화-특히 영화에서 악당은 대개 아시아인, 아랍인, 흑인 등 유색인이다. 이들은 얼굴이 거무죽죽하고 눈은 옆으로 찢어졌다. 부자도 아니고 성적인 매력도 없으며, 교양과 품위와는 거리가 먼 무식하고 폭력적인 존재로 묘사된다. 그 대표적인 것이 영화 〈007〉 시리즈다.

하지만 우리는 그러한 왜곡된 논리에 동의하지 않으며 거꾸로 백인을 악당으로 그리고 싶어 한다. 오리엔탈리즘Orientalism에 대응하는 옥시덴탈리즘Occidentalism이다.

우리는 항상 우리가 아닌 어떤 것, 외부의 대상을 경계한다. 외계인에 대한 우리의 무의식적인 두려움이 대표적이다. 인류는 항상 외계의 존재에 대한 호기심과 함께 외계인의 침공을 우려하고, 그에 대비해야 한다는 상상을 해왔다. 그런데 영화 〈디스트릭트 9 District 9〉에서 악당은 외계인이 아니라 바로 지구인, 우리 자신이었다. 영화에서 외계 난민들이 지구로 몰려들자 대혼란이 빚어진다. 외계인은 선진국으로 몰려드는 난민이라는 메타포를 지니고 있다.

그런데 이 영화는 난민은 악, 선진국은 선이라는 기존 구도에서 벗어나 난민을 받아들이는 선진국이 선이 아니라 오히려 악일 수도 있다는 점을 은유하고 있다. 〈엑스맨 : 최후의 전쟁 X-Men : The Last Stand〉에서 초능력자들이 가진 능력은 '신이 내린 선물 gift'이지만 바로 그 때문에 세상 앞에 당당하지 못하고 외톨이로 지내야 한다는 점에서 '저주 curse'이기도 하다. 선인줄 알았는데 악이었던 것이다.

또한 선의 의지에서 비롯된 행위일지라도 정도를 넘어서면 언제든 악이 될 수 있다. 안 좋은 것으로 알려진 것이 누군가에게는 좋은 것이고 악당인 것 같은데 정작 알고 보면 악당이 아닌 상황도 많다. 에피쿠로스 Epicouros는 자기중심적 선악 분별의 위험성을 일찍이 경고한 바 있다.

> 대중들의 잘못된 추측에 따르면 악한 자들에게는 가장 불행한 일이 생기는 반면, 선한 자들에게는 가장 큰 이로움이 생긴다. 이렇게 사람들이 잘못된 추측을 하는 이유는 그들이 항상 자신에게 고유한 탁월함에 익숙해져 자신과 비슷한 것은 받아들이지만, 그렇지 않은 모든 것을 이질적인 것으로 간주하기 때문이다.

사람들은 자신이 추구하는 가치와 맞아떨어지면 선, 그렇지 않으면 악으로 규정하기 때문에 자신과 비슷한 사람에게는 좋은 일이 있기를 바라고 그렇지 않은 사람들에게는 징벌이 내려지기를 바란다. 그래서 우리는 누구나 악인이고 악당일 수 있으며 악당이 되었다가 선인이 되기도 한다.

우리에게 너무나 익숙한 〈장화홍련전〉의 프레임에 대해 이야기해보자. 우리 사회에서 계모에 대한 인식은 전통적으로 좋지 않다. 장화홍련 설화는 1656년 평안도 철산에서 실제 일어난 살인사건에서 모티브를 딴 이야기다. 그런데 실상을 알고 보면 당시 사회에서 계모의 현실은 가혹했다. 가부장적인 유교적 관념이 지배하는 사회에서 계모는 제대로 대접받지 못했으며, 남편이 외면하면 살아도 사는 것이 아니었다. 또한 남편이 경제적으로 무능하면 피 한 방울 섞이지 않은 아이들까지 먹여 살리기 위해 생계를 책임져야 했다.

그녀들의 억센 말과 행동은 단지 살아남기 위한 몸부림이었는지도 모른다. 그러나 계모가 처한 상황과 어려움은 외면한 채 그녀들의 악행에 초점을 맞추는 것은 계모를 가족의 일원이 아닌 이방인으로 보고 경계하는 아이들의 시각을 그대로 답습하는 것이다.

공포를 제공하는 것은 악당의 몫이라고 흔히 생각하는데, 이를 전복시킨 것이 옴니버스 영화 〈무서운 이야기〉에서 '해와달' 편이었다. 이 작품은 공포를 주는 대상에 대한 인식적 전복이 필요하다는 주제의식을 날카롭고 압축적으로 담고 있다. 아버지와 이혼한 엄마가 남매와 사는 집은 어둠과 함께 공포감이 가득하다. 외출한 엄마는 곧 들어간다며 택배를 받아

놓고 단단히 문단속을 하도록 당부한다. 그런데 누군가 끊임없이 집안으로 침입하려 하고 시시각각 남매를 위협한다. 공포의 존재는 그들을 파괴하려는 존재임에 분명하다. 하지만 감독은 여기에서 반전을 꾀했다. 남매에게 공포를 안겨주는 그 존재가 누구인가를 생각해보자는 것이다.

장면은 노동집회 현장으로 이동한다. 부당해고 집회현장에서 누나가 죽음을 맞자, 동생은 늦은 밤 악덕 기업주의 집을 찾아간다. 마침내 악덕 기업주의 집에 들어가는 데 성공한 그는 두 남매와 집안 곳곳에 휘발유를 뿌리고는 울음을 터트린다. 억울한 죽음과 가난에 대한 울분과 분노로 불을 쥔 손을 덜덜 떨면서….

누가 공포를 준 대상이고 받은 대상인가? 누가 악당이고 누가 악당이 아닌가? 일상의 공포는 어느 한쪽의 일방통행이 아니다. 악당에 대한 이분법적 생각은 현실적이지 않다. 일본의 니체로 불리는 사사키 아타루佐々木 中는《잘라라 기도하는 그 손을切りとれ,あの祈る手を》이라는 책에서 이렇게 말했다.

'이쪽은 좋고 저쪽은 나빠'라는 사고에 빠져서는 안 됩니다. 그런 유치한 사고방식에 굴복한다면 그것은 아무것도 생각하지 않는 것과 같습니다. 그러나 생각을 가진 사람은 종종 자신의 손만은 한 방울의 피도 묻히지 않는다는 몽상 속에 스스로 갇혀 있습니다.

민주주의에서는 특히 이분법적인 수용자, 독자, 관객의 태도가 더욱 위

나 는 악 당 이 되 기 로 했 다

험하다. 영화 〈3인조〉에서 자신에게 총을 겨누는 친구 문에게 안이 역으로 총을 겨누면서 이런 말을 한다. "어느 날 마조히스트가 말했다. '제발 나를 쏴주세요.' 그러자 새디스트가 말했다. '싫어. 난 널 못 쏴. 왜냐면 그건 네게 너무나 큰 선물이거든'." 그의 말대로 마조히스트에게 총을 쏜다면 상대가 원하는 일을 해준 것인데 이를 어떻게 선과 악의 잣대로 판단할 수 있을까?

과연 선과 악을 명확하게 진단하고 구분하고 제거한다는 것이 가능한 일일까? 지젝Zizek은 선악을 쉽게 구분지어 확정할 수 없다는 측면에서 시차視差, parallax 관점을 중요시한다. 시차적 관점이란 같은 물체라도 관찰자의 위치에 따라 다르게 보일 수 있다는 개념인데, 이를 철학적으로 수용하면 개인 · 민족 · 성별 · 정치적 차이에 따라 해석을 달리할 수 있다는 상대주의로 귀결된다.

그러나 이런 포스트모던 관점에도 보편적인 코드는 있는 법이다. 악당에게도 모두가 공감할 만한 보편적인 깨달음이 있다. 무조건 상대화를 하는 데만 열중한다면 짙은 회의와 냉소, 그리고 악행과 악만 남게 될 것이다. 선악의 상대성은 상황에만 의지하지 않는다. 선과 악 그 자체에 상대되는 요소가 잠재되어 있다.

선과 함께 많이 쓰이는 말이 '정의正義'인데 이는 정의롭

빛나는 위대한 달성은 방대한 죄 없이는 있을 수 없습니다.

사사키 아타루, 《잘라라 기도하는 그 손을》 중에서

악은 무(無)가 아니다. 단순히 무엇이 빠지거나 질서의 결여가 아니다. 악은 어둠의 권세다. 돌출된 것이다. 그러므로 '제거해야 할' 무엇이다.

폴 리쾨르(Paul Ricoeur), 《악의 상징(La symbolique du mal)》 중에서

우리는 삶에서 숱한 유령과 악당을 만난다. 그러나 결국 우리 자신과 만난다.

제임스 조이스(James Joyce)

지 못함, 즉 '불의不義'를 상대적인 개념으로 생각할 수 있다. 선이나 정의는 모두 도덕적인 올바름에 연관된 개념이지만 차이가 있다. 선은 개인이 스스로 어떻게 생각하고 말하며 행동하는가에 달려 있다. 개인이 나쁜 일을 꺼리고 좋은 일을 하면 선인이 된다. 반면 나쁜 일을 하는 이들은 악인이다.

이와 달리 정의는 사회적 차원의 개념이다. 누군가로 하여금 나쁜 일을 못하게 하거나, 잘못된 일을 바로잡는 것이다. 약간의 불법을 저지르더라도 '목적'이 정의로우면 사람들은 '의적義賊'이라고 칭송한다. 정의는 개인이 좋은 일을 하는 선에서 그치지 않고 공적인 행동이나 사회적으로 미치는 영향력을 중요하게 본다. 이때 악당과 공공의 적은 사회적인 의미에서의 악인에 해당한다.

철학자인 셸러Scheler와 만하임Mannheim은 지식의 존재구속성을 말했다. 모든 지식은 인간의 존재조건에 한정된다는 것이다. 인간의 사유와 지식은 사회적 상황과 맥락에서 비롯될 수밖에 없다. 특수한 상황이나 사회적 문화가 다를 수는 있지만 대체로 사람들은 선한 행동을 해야 하고, 불의를 보면 참지 말라는 가르침을 받으며 성장한다. 나쁜 행동을 보면서도 참거나 회피하면 용기가 없는 사람이거나 비겁한 사람이 된다. '정의 사회 구현', '정의의 사자' 등의 개념은 불의의 상황에서 요구되는 사회적인 행동을 의미한다.

정리해보면, 선한 사람은 혼자서 좋은 일을 하거나 바른 행동을 하면 그만이지만 정의로운 사람은 올바르지 못한 사건이나 악한 행동을 하는 악인이 있어야 비로소 탄생할 수 있으며 그들의 악행을 제지하는 데 역할이 있다.

선한 사람 vs. 정의로운 사람

선한 사람은 스스로 어떻게 마음먹고 행동하는가에 따라 규정되지만, 정의로운 사람은 다른 사람에게 올바른 행동을 강요할 때 의미가 있으므로 때에 따라 공격적인 행동을 할 수도 있다. 사람들은 대체로 선한 사람들을 좋아한다. 심지어 악당들도 선인들을 좋아한다. 선한 사람들은 다른 이에게 강제를 하거나 듣기 싫은 말을 하기를 꺼리기 때문이다. 그들은 거친 말과 행동을 경계하며, 화가 나거나 손해 보는 일이 있어도 적극적으로 항의하지 않는다. 인내하고 견디면서 나쁜 상황을 참고 견딘다. 심지어 불의를 묵묵히 용인하는 지경에 이른다. 그래서 악당들은 선한 사람을 이용해 먹고산다. 이러한 선한 사람은 정말 선한 사람일까?

다른 사람들의 평가에 연연해하는 이들은 진정한 의미에서 선을 실현하는 사람이 아니다. 이런 유형의 선한 사람들은 악당들의 먹잇감이 될 뿐이다. 악당은 그들의 선한 행위를 위선이라고 비난하며 조롱하고 끊임없이 시험하려 한다.

한편 정의로운 사람들은 말이나 행동을 통해 강제력을 발휘한다. 대체로 사람들은 선과 정의라는 명분을 내세우면 수긍하는 경향이 있다. 그래서 평소에는 절도, 폭력, 살인 등을 금기시하던 사람이라도, 불의를 저지른 사람을 벌하고 공격하는 과정에서 일어난 범죄에 대해서는 관대해진다. 악인을 벌하기 위해 물건이나 돈, 생명을 빼앗는 일에 문제의식을 느끼지 못하거나 방관하는 것이다. 오히려 악당을 물리치는 데 쾌감을 얻는 사람들도 많다. 시대 사극이나 활극, 추리물과 액션물에서는 주인공이 아무런 거리낌 없이 악의 무리를 살상한다. 이러한 장면에 익숙해질수록 피해자를 걱정하고 도와줄 방법보다는 어떻게 해야 더 잔인하고 통쾌한 방법으로 악당에게 복수할 것인가에 골몰하게 된다.

선인과 의인義人은 자신의 이익을 챙기기보다 다른 이들과 사회적인 가치에 더 비중을 둔다는 점에서 공통적이다. 따라서 올바른 가치를 수호한다는 공통점이 있지만 사회적으로 다른 결과를 가져온다. 선인은 과격하거나 급격한 변화, 강요, 강제와 같은 요소와 거리가 멀다. 그들은 대개 말이 없고 순종적이며, 인내와 용서를 강조한다. 인격적인 자기 수양에 힘쓰면 언젠가는 더 좋은 사회가 올 것이라고 믿는다. 또한 무탈하고 안정적인 사회를 이상으로 삼는다. 선인의 개념에는 누군가에게 인정받아야 한다는 인정 심리가 담겨 있고, 의인의 개념에는 악당을 응징하고자 하는 공격 심리가 강하게 작용한다.

여기에서 단순한 '의'와 '정의'는 구분되어야 한다. 정의에는 바로잡겠다는 심리가 강하다. 즉, 권선징악勸善懲惡에서 '권선'은 정적인 상태로써 선인들의 담당이고, '징악'은 의인들의 임무이다. 의인은 어떻게 하면 사회적으로 일정한 행동을 만들어낼 것인가를 고민한다. 기존의 사회가 잘못되었거나 바르지 못할 때, 의인은 그것을 바로잡기 위한 사회적인 행동에 나서는데, 이러한 행동이 기존의 질서와 충돌하면 사회를 파괴하는 결과를 낳는다. 성공하면 개혁가나 혁명가로 추앙받지만 실패하면 역적으로 몰리는 것도 그 때문이다.

문제는 이렇게 정의를 내세우는 사람들 중에 욕심 없는 사람, 선한 사람만 있는 게 아니라는 사실이다. 자기만족을 모르고 끊임없이 욕심을 채우려는 사람, 자신의 처지를 비관하고 불평하면서 남을 시기 질투하는 사람, 감정이나 행동을 조절하지 못하고 거침없이 쏟아내려는 사람이 있다. 선한 사람, 의로운 사람들이 많은 사회에서 올바르지 못한 행동을 하는 사람은 손가락질의 대상이 된다. 바른 사회를 건설하기 위해서는 없어져야 마땅한 대상이므로 그들을 응징한다고 해서 문제될 것은 없다. 사회적인 르상티망이 형성되어 있을수록 그들을 처벌하기가 유리해진다. 이에 대해 니체는《도덕의 계보On Genealogy of Morals》에서 약한 노예가 약함을 선으로, 강함을 악으로 규정하는 도덕상의 반란을 통해 주인을 부정하고, 끝내는 본능을 전도시킨 명제를 따라 폭력을 행사하는 것과 같다고 했다.

정의를 앞세워 반체제를 내건 이들 중에는 이러한 원한과 증오, 질투를 바탕으로 전복을 꿈꾸는 사람들이 많다. 다르게 말하면 공적인 명분에 기대어 욕구불만을 해소하는 일종의 보상작용compensation이 일어난다. 권력을 지나치게 비판하는 사람은 사실은 권력에 관심이 많은 사람이다. 음란물에 대해 필요 이상으로 몸서리를 치는 사람은 누구보다도 포르노에 연연해한다. 도통한 스님이나 돼야 여자가 벌거벗고 지나가도 신경 쓰지 않는다.

그런데 정의를 강조하고 과도하게 집착할수록 오히려 정의를 훼손하게 된다. 20세기 전반 유럽의 지성을 대표하는 프랑스 시인 폴 발레리Paul Valery는 "질서를 향한 열망이 혼란을 낳고, 덕이 공포를 부르며 합리성이 비합리를 조장한다"고 했다. 정의라는 이름으로 명분을 획득한 이들은 가해자들을 벌하면서 자신의 이득을 챙긴다. 여기에서 말하는 이득은 반드시 금전적인 이득만은 아니다.

정의를 위한다는 이들은 때로 사회의 발전과 진보를 가로막기도 한다. 모난 돌이 정 맞는다는 말처럼, 창조적으로 행동하거나 새로운 변화를 모색하는 이들을 정의라는 이름으로 제거할 때 사회는 정체될 수밖에 없다.

순수에 집착할수록
주변의 어둠이 짙어진다

우리 사회는 종종 공공의 적을 만들어 그 악당에게 한풀이를 하도록 허가증을 준다. 종교계의 악당 만들기는 오히려 그 스스로가 악당이 되는 메커니즘을 보인다. 종교의 절대성이나 권위를 강조할수록 독선적인 경향이 강해지기 때문이다. 자기네 종교를 믿으면 선한 편이고, 믿지 않으면 사탄이 된다는 식이다. 그리고 종교의 규율을 통해 구원을 받기 위한 조건을 내건다. 그 조건이 엄격하고 고난에 가까울수록 보상이 더욱 큰 가치를 지니는 것으로 여겨진다.

니체는 양심을 '밖으로 배출될 수 없을 때 안으로 방향을 돌리는 잔인성

　　　　　나 는 악 당 이 되 기 로 했 다

의 본능'으로 보았다. 그는 책임감, 정의, 기억 등도 이러한 양심을 보조하기 위해서 나타난다고 했다. 양심을 강조할수록 다른 사람들을 잔인하게 짓밟고자 하는 독선적 본능이 강하게 나타난다는 것을 지적한 말이다.

종교는 개인적인 차원을 넘어 선과 옳은 일을 사회적으로 퍼뜨려야 한다고 강조한다. 물론 자기 현실에 대한 한계를 인식하고 보다 뛰어난 능력을 갖기를 기원하며 종교적 믿음을 택하는 사람들도 많다. 이 경우에는 종교를 통해 세상에 대한 불만이나 콤플렉스를 해소하려는 심리가 두드러진다. 가난하고 무능한 사람도 종교를 가지면 절대적인 존재에게서 보살핌과 사랑을 받는 존재가 된다.

니체에 따르면 조로아스터교의 짜라투스트라Zarathustra가 선과 악을 나눈 최초의 인간, 즉 악당을 만들어낸 인간이다. 짜라투스트라는 우리들 모두가 악에 맞서 싸워야 하는 임무를 받고 내려온 천사들이라고 하였다. 천사와 악마는 종교적인 관점에서 도출되었다. 최고신 아후라 마즈다Ahura Mazdah에 대적하는 아리만Ahriman은 악의 신이었다. 화족華族의 시각에서 황제는 선이지만, 치우蚩尤는 악이다. 치우를 따르는 동이족東夷族의 시각에서는 반대로 치우가 선이고 황제는 악이다.

일신교는 악에 맞서는 선한 사람의 프레임을 가장 극적으로 대변한다. 일신교에서 신은 단 하나만 존재하고 그 외에는 신이 아니다. 따라서 다신교는 존재할 수 없다. 신이 많아지면 우주가 혼란에 빠질 것이라고 믿는다. 진리는 오직 하나, 세상의 질서도 하나, 그 질서를 관장하는 신도 하나라고 주장한다. 그리스 신화에서처럼 신이 많은 것은 각각의 신이 불완전하다는 것을 의미한다고 본다. 진정한 신이라면 전지전능하고 어디에나 존재하면서 능력을 펼칠 수 있어야 한다. 또한 오직 하나뿐인 신의 말씀에 따라 신념을 공유하는 사람은 형제자매가 되고, 밖에 있는 이들은 철저하게 이방인으로 보며 배격한다. 기독교와 이슬람교가 수십억에 이르는 사람들을 형제자매로 묶으면서 강고하게 성장해온 이유가 여기에 있다. 절대 신과 절대 진리를 믿는 이들은 그만큼 악당을 판별하는 데 자신감을 드러내는데, 그런 사람들 주변에 악당이 많다는 사실은 역설적이다. 스스로 가장 정의롭고 선하다고 생각하는 이들이 정의롭지 못하고 악한 세상의 중심에 있는 것이다.

일본 작가 아사리 요시토浅利 義遠의 《루쿠루쿠Lucu Lucu》는 악마들을 제지하려는 천사들의 고군분투를 그린 만화다. 지옥이 만원이 되자 더 이상 사람들이 지옥에 떨어지지 않도록 악마들이 인간세상에 올라와 선행을 한다. 악마들이 쓰레기를 줍고 길 건너는 할머니를 도와주는 등 착한 일을 하자 천사들이 이를 막으려고 나선다. 한 천사가 이렇게 외친다. "악마의 '계략'을 막으려면 쓰레기를 버리고 할머니를 넘어뜨려야지!" 정의와 선을 위해서라면 무슨 짓이든지 한다는 말, 이것이 바로 악의 탄생이다. 이는 자기 외에는 모두 악이라고 규정하는 것과 다르지 않다.

천사와 악마의 연장선상에서 등장하는 마녀도 종교적 독선의 희생양이었다. 독일, 영국, 프랑스, 스위스 등 유럽에서는 16세기 중반부터 무려 110여 년 동안 마녀사냥이 성행했다. 10만~50만 명이 희생된 것으로 추측되고 있는데, 정작 피해자들은 악마와 아무런 관계가 없었다. 그렇다면 당시 대규모 마녀사냥의 목적은 무엇이었을까? 결혼을 못했거나 일찍 홀로된 여성 등 누구도 보호해주지 못하는 약자를 마녀재판이라는 이름으로 희생시키면서 자신들의 종교적 선명성을 과시하려 한 것이다. 물론 이런 만행을 주도한 이들은 주류이자 기득권을 가진 보수세력이었다.

비단 서양의 종교 이데올로기만의 이야기는 아니다. 조선시대 지식인들은 자신의 정통성과 선명성을 드러내기 위해 '사문난적斯文亂賊'이라는 말을 곧잘 입에 올렸다. 그들이 주장하는 정통성은 유학儒學, 특히 성리학에 있었다. 공맹사상과 아울러 주자학朱子學에 충실할수록 순혈한 것으로 간주되었다. 조선시대의 유학은 단순히 학문이나 학술의 영역을 넘어 종교의 영역이었다. 그렇기 때문에 '유교'라는 표현을 써도 무방한 것이다.

사문난적은 자신을 선으로, 상대방을 악으로 규정할 때 사용되는 용어였다. '사문'은 성인의 가르침, 다시 말해 정통 유학을 가리키는 말이다. 이에서 벗어나는 글이나 말을 하는 이들은 악당 즉, 사문난적이다. 일단 사문난적으로 몰리거나 규정된 자는 본인은 물론 친구와 가족까지도 멸문지화를 당하는 것이 당시 사회의 법도였다.

히틀러와 로베스피에르는
루소의 후예였다

영웅의 의로운 행동에서도 새로운 악이 탄생할 수 있다. 한일합작 애니메이션《신 암행어사》를 보면, 마을 사람들은 그저 손을 놓고 영웅이 오기만

두꺼비에게 미가 무엇인 가. 진정한 미, 토 칼론(to kalon)이 무엇인지 물어 보라. 두꺼비는 작은 머리 에서 튀어나온 왕방울처 럼 아름답고 둥근 두 눈, 넓고 납작한 목, 노란 배 와 갈색 등을 가진 암컷 두꺼비가 아름답다고 대 답할 것이다. 기니의 흑 인에게 물어보라. 그에게 는 검고 기름진 피부, 깊 이 파묻힌 눈, 납작한 코 가 아름다움일 것이다. 악 마에게 물어보라. 악마는 '미'란 두 개의 뿔, 네 개 의 발톱, 그리고 하나의 꼬리라고 대답할 것이다.

움베르토 에코(Umberto Eco), 《추의 역사(Storia della bruttezza)》의 서문 중 에서

신과 악은 그 어느 것도 영원하지 않다. 악이 오래 지속되었다면 이미 신이 가까이 와 있는 것이다.

세르반테스(Cervantes)

을 기다린다. 그들 스스로 자신들을 구원하거나 문제를 해 결할 의지는 없다. 이것은 그들의 내면에 있는 악이 모습을 드러낸 것이고 또 다른 악의 토양이 된다. 영웅은 그런 마 을 사람들을 책망한다. 하지만 그것이 마을 사람들만의 잘 못일까?

사람들이 영웅을 기다리며 무기력하게 살아가는 데에는 영웅 자신의 책임도 있다. 일이 생길 때마다 나타나 해결해 주었기 때문에 사람들은 스스로 힘과 지혜를 길러 악당을 물리칠 능력을 상실하고 말았다. 결국 영웅의 선한 행동이 마을 사람들의 악한 행동을 만들어낸 셈이다.

2차 세계대전 이후 많은 학자들이 파시즘fascism의 기원 에 대해 탐구했다. 아도르노Adorno를 비롯한 지식인들은 독 일이라는 나라에 대해 연구하면 할수록 엄청난 충격을 받 았다. 수많은 유대인을 학살한 독일은 베토벤Beethoven, 바 그너Wagner, 쇼펜하우어Schopenhauer, 괴테Goethe, 니체, 아인 슈타인Einstein 같은 위인들을 배출한 당대의 대표적인 문 명국 중 하나였기 때문이다. 대부분의 연구는 파시즘에 대 하여 정상적이지 않은 것, 악성이라고 규정함으로써 결론 지었다. 에리히 프롬Erich Fromm은 《인간 파괴성의 분석The Anatomy of Human Destructiveness》이라는 저서를 통해 정신분석 학적 관점에서 히틀러Hitler와 나치즘Nazism을 분석했다. 그

나 는 악당이 되기로 했다

는 또《자유에서 도피Escape from Freedom》에서 자유에 대한 두려움이 나치즘을 만들어냈다고 썼다. 하지만 여기에서 정치제도적인 측면들은 간과되었다. 한나 아렌트Hannah Arendt는 아이히만Eichmann이라는 지극히 정상적인 인간이 어떻게 나치의 유태인 학살을 자행할 수 있었는가를 연구하면서, 관료제적 제도와 기구가 악을 만들어내거나 그것을 방조할 때 정상적인 사람도 얼마든지 악행의 메커니즘에 일조할 수 있음을 논파했다. 하지만 이 점도 나치즘과 관련한 제도적 속성 자체를 언급하였을 뿐 제도의 탄생과 이를 움직이는 사상적 기원에 대해서는 간과한 면이 있다.

선과 악이라는 상대성의 측면에서 보자면 파시즘은 악성을 지닌 소수가 지배하는 현상만이 아니며, 제도와 기구를 통해 기계적으로 악을 확산시킨다는 전제를 넘어서는 또 다른 측면이 필요하다. "파시즘은 역사의 정상궤도를 이탈한 것이고 야만적 소수가 나라를 점령한 것"이라는 신화가 일거에 무너진 것이다.

역사학자 조지 L. 모스George L. Mosse는 1975년《대중의 국민화 : 나폴레옹 전쟁에서 제3제국에 이르기까지 독일의 정치적 상징주의와 대중운동The Nationalization of the Masses》에서 파시즘은 우리가 당연히 선이라고 생각해온 사상을 바탕으로 탄생된 악이라고 주장했다. 선한 사상이라고 생각했기 때문에 그토록 많은 지지 세력이 모일 수 있었던 것이다. 그렇다면 그 선한 사상이라는 믿음의 근거는 무엇일까?

모스가 지목한 인물은 루소Rousseau였다. 루소는 "모든 권력은 국민에게 있고 모든 권력은 국민으로부터 나온다"고 주장했다. 요즘 같은 민주주의 시대에 이는 너무나 당연한 말이다. 루소는 전제주의와 독재사상에 맞서 시민들에게 인간 평등과 자유를 되돌려준 사상가로 알려져 있다. 왕정 체제의 전제주의와 종교적 억압을 타파한 루소 덕분에 사람들은 존엄성 있는 개인으로 돌아올 수가 있었다. 그런데 모스에 따르면, 18세기 이후 루소가 믿어 의심치 않았던 인민주권사상이야말로 파시즘의 뿌리가 된다. 루소는 "모두가 하나의 인민으로 뭉쳐 함께 행동할 때 비로소 시민이라는 인간 본질이 실현된다"고 굳게 믿었다. 이러한 일반의지는 하나의 종교처럼 굳어졌다. 이는 곧 민중의 숭배이며 시민의 숭배이자 국가의 숭배였다. 그 예로 독재자 로베스피에르Robespierre는 루소의 열렬한 신봉자였다. 민중과 시민들이 창출한 정권은 자연스럽게 숭배의 대상이 된다. 그런데 이러한 숭배는 본래적인 열정적인 숭배, 예컨대 혈연적인 감정의 수준에 도달하지는 못했다.

왕권과 종교의 엄격한 틀에서 벗어난 개인들은 본질적이고 항구적인 관점에서 이성을 초월한 어딘가에 소속됨으로써 자신의 정체성을 확인하고 존재적 안정감을 지속시키고자 한다. 속세의 권능과 초월적 존재자로부터 해방되어 뿔뿔이 흩어져 있던 개인들에게 루소는 민족주의를 제시했다. 민족주의는 일반의지 혹은 시민종교라는 이름으로 미명美名화되었다. 민족주의는 '상상의 공동체Imagined Communities'일 뿐이라고 비판한 베네딕트 앤더슨Benedict Anderson이 들으면 대경실색할 일이지만 말이다.

독일에서 나치당원이 되려면 기독교를 포기해야 했고, 게르만 민족주의를 신봉할수록 유리했다. 민족주의(게르만족)와 시민 권력의 숭배(대중선

거)는 바로 나치즘과 같은 파시즘의 토양과 동인으로써 작용한 것이다. 즉, 선민의식 그리고 영웅 신화의 재생산이 현실화되면서 나치즘은 맹위를 떨치게 되었다. 히틀러가 루소의 후예가 될 줄 누가 생각이나 했을까?

선악을 고민하지 않는
보통 사람의 무서움

선악의 상대성이 부각될수록, 영웅이 되고 싶어 하는 사람들의 심리는 여전했다. 바로 그런 이유로 영웅이 악당을 통쾌하게 쳐부수는 이야기가 여전히 사람들의 마음을 끄는 것이다. 사람들은 선과 악이 명확하게 나누어지고 선이 승리하기를, 그리고 자신이 선의 편에 있다는 것을 확인받고 싶어 한다.

하지만 그럼에도 불구하고 악당이 내보이는 철학은 무시할 수 없는 매력을 발산하며 묵직한 존재감을 드러낸다. 그들의 말과 행동에는 영웅이 말해줄 수 없는 또 다른 삶의 진실과 원리가 담겨 있기 때문이다.

현실에서 선과 악은 명쾌하지 않다. 선악의 경계선은 어디인가? 선은 어떤 경우라도 선이고 악은 영원히 악일 수밖에 없는 것인가? 한나 아렌트는 '악의 평범성'을 이야기했다. 법정에 선 아이히만은 뿔 달린 악마도, 전대미문의 악당도 아닌 평범한 인간이었다. 그는 유능한 관료였으나 자신이 무슨 일을 하고 있는지는 잘 몰랐다. 유대인들을 가스실에 보내는 계획이 차질 없이 실행되도록 맡은 임무를 수행했을 뿐이다.

영화 〈황해〉에서 '면가'는 그야말로 무시무시한 인물로 형상화된다. 사람의 목숨을 벌레 잡듯 대수롭지 않게 여기는 그에게 청부업은 돈을 버는 수단일 뿐, 가책이나 죄책감 따위는 없다. 결국 선과 악을 진지하게 고민하지 않는다면, 인간 세상에서 누구보다도 평범하게 보이는 사람이 가장 무서운 악인이라는 결론이 나올 수 있다.

십자가에 못 박혀 죽어가던 예수는 자신을 죽음에 몰아넣은 이들에 대해서 이렇게 말했다. "아버지, 저들을 용서해주십시오. 저들은 자기들이 무슨 일을 하는지 모릅니다." 그들이 무슨 짓을 하는지 몰랐듯이 우리 역시 우리가 하는 일을 잘 모르고 있는 건 아닐까?

나 는 악 당 이 되 기 로 했 다

사람들은 왜 악당에게 열광하는가

1989년 〈배트맨〉의 제작 시사회가 열렸다. 팀 버튼Tim Burton에게 5000만 달러를 투자해 만든 대형 작품인 만큼 영화는 많은 기대를 모았다. 그런데 투자자들이 막상 영화를 보니 이건 엉망이었다. 배트맨은 영웅이라기보다는 정신외상 환자였고, 조커는 하얀 분칠을 한 입 큰 미치광이 악마였다. 영화의 배경이 되는 고담 시는 지옥의 복마전이라 할 정도로 처절하고 우울한 공간이었다. 눈에 거슬리는 장면들을 잘라내고 싶어도 대체할 분량조차 없이 촬영을 해놓았고, 이러한 반응을 예상이라도 한 것처럼 감독은 해외로 도망 나가 돌아올 줄 몰랐다. 시사회를 본 관객들은 자신들이 좋아하는 배트맨 만화와 달라도 너무 다르다며 아우성이었다. 그들에게는 영화 자체가 악당이었다.

그러나 막상 영화가 개봉되자 관객들의 호응은 폭발적이었다. 〈배트맨〉은 1억 달러 이상의 수익을 벌어들였고, 〈인디아나 존스: 최후의 성전Indiana Jones And The Last Crusade〉을 제치고 최고의 흥행영화로 등극했다. 또한 이 영화를 통해 조커는 가장 매력적인 악당의 반열에 올라간다.

〈배트맨〉뿐 아니라 영상콘텐츠와 스토리는 항상 악당이다. 영웅인가 악당인가는 선택을 하는 사람에게 달려 있다. 대중민주주의 시대에는 더욱 그러하다. 무엇보다 디지털 인터넷의 무한 확장은 선택의 힘이 갖는 파급력을 한층 키운다. 도덕적·윤리적 교훈이나 교육적 메시지의 일방적 강요는 지식권력을 장악한 지식인 국가 그리고 종교의 연합체에서만 가능한 일이었다.

개인이 대중을 넘어선 다중의 시대가 되면서, 그동안 묻혀 있거나 저평가되었던 가치들이 본래의 자리를 찾기 시작했다. 특히 악당 캐릭터를 선호하는 경향이 강화되는 90년대 말은 디지털 네트워크를 통한 공감과 공유의 문화가 활성화된 시점이었다. 갈수록 악당 캐릭터들이 다양해지는 것도 대중의 선호와 욕구에 호응하고 이를 적극적으로 반영하기 때문이다. 과거 수퍼맨Superman과 같이 틀에 박힌 슈퍼영웅은 배트맨, 스파이더맨Spider-Man, 엑스맨 등 악당 캐릭터의 특성을 일부 반영한 개성 있는 영웅으로 진화하고 있다.

악당에게 이끌리는
현대인의 마음

악당 캐릭터가 인기를 끄는 이유는 현대인들의 심리상태와 관련이 있다.

나는 악당이 되기로 했다

일반적으로 성격이 좋고 매너가 부드러우며 인간미가 있는 사람은 호감을 얻는다.

하지만 악당에게서 호감을 느낄 때는 그러한 점이 중요하지 않다. 누구에게나 친절하고 성격이 둥글둥글한 사람보다는 약간 반항적이고 모난 사람에게 더 끌리는 심리와 일맥상통한다. 자신에게 덜 친절한 사람에게 묘하게 끌리고, 나쁜 여자나 나쁜 남자에게 매력을 느끼는 사람이 우리 주변에 얼마나 많은가?

닮고 싶은 악당

사람들은 악당이 지닌 특출한 능력을 동경한다. 일본 영화감독 겸 배우이자 '비트 다케시'로 불리기도 하는 거물급 코미디언 키타노 다케시北野武는《위험한 일본학おまえの不幸には, 譯がある!》에서 20세기의 인물 100명을 직접 뽑았는데 세계 편 50명 중 가장 먼저 꼽은 사람이 아돌프 히틀러였다. 그는 히틀러가 '최고의 악당'이라 하면서도 발상과 행적만큼은 천재적이라고 추켜세웠다. 재미있는 것은 체 게바라Che Guevara에 대해서는 쿠바혁명에 참가하고 콩고, 볼리비아까지 헤집고 다닌 '오지랖 넓은 참견쟁이'라고 쓴 점이다.

사람은 누구나 사회적으로 영향력 있는 인물에 대해 좋

"죄책감은 벽돌더미와 같은 거야. 쓰러뜨리기만 하면 돼. 누구를 위해 짐을 져야 하지? 신을 위해? 그는 지켜보기를 즐기지. 그는 자신의 본능을 인간에게 옮겨주었어. 그러고는 뭘 하는지 아나? 단순히 자신의 만족을 위해 구경할 뿐이야. 말도 안 되는 모순되는 규칙만 만들어놓고 보되 만지지 마라. 만지되 맛보지 마라. 맛보되 먹지 마라. 이런 말에 허둥지둥하고 있는 너를 보면서 배꼽 빠지게 즐기면서 웃고 있는 거야. 아주 못됐어. 사디스트야. 무책임한 방관자야. 이런 자를 숭배해? 나는 인간들의 욕구들을 존중해왔고 비판한 적이 없어. 불완전함에도 인간의 욕구와 요구에 거절한 적도 없었지. 난 인간의 팬이야. 또 나는 휴머니스트야. 마지막 휴머니스트라구."

영화 〈데블스 에드버킷(The Devil's Advocate)〉 중에서 알 파치노(Al Pacino)가 연기한 존 밀튼의 대사다 싫다 혹은 이렇다 저렇다 평가를 내린다. 물론 그것은 절대적인 평가일 수 없지만 각자 추구하는 인간상에 비추어 대상을 규정한다는 점에서 의미가 있다. 다케시 역시 그들 인물에게 자신을 투영했기 때문에 이 같은 평가를 할 수 있는 것이다. 다케시에게는 히틀러의 발상과 행적의 천재성을 실현해보고 싶은 마음이 있는 것이다. 또 체 게바라에 대해서는 수많은 지역을 돌아다니는 것이 과연 영웅적인 행동인가에 대해 냉소에 가까운 질문을 던지고 있다. 다케시 자신은 그렇게까지 이곳저곳 참견하면서 다니는 대신, 히틀러처럼 천재적 발상으로 전 세계에 대해 조종과 통제감을 발휘하고 싶은 것인지 모른다.

나의 욕망을 대신 실현해주오

평범한 사람들은 악당을 통해 욕망과 일탈의 충족 심리를 대리만족한다. 그러나 한발 더 나아가 실제로 악당이 되려는 사람은 거의 없다. 있다면 현실감각이 없거나 위험을 무릅쓰고서라도 높은 이익을 추구하는 무모한 사람일 것이다. 여기서 말하는 '위험'은 범죄자가 되어 철창신세를 지거나, 부상 또는 사망 등을 포함한 일상적인 삶의 포기를 의미한다.

영화나 소설 속에서 악당들은 거리낌 없이 악행을 저지르며 욕망을 충족하지만, 그 대가로 치명적인 죗값을 치르게 된다. 하지만 관객들은 자신들에게 즐거움을 주었던 악당이 결말에 가서 어떤 운명을 감당해야 하는지 관계없이 자리를 뜨면 그만이다. 악당 캐릭터들은 평범하게 살아가는 사람들이 차마 드러내지 못하는 자유와 욕망의 질주본능을 충족시켜주고 징치당하고 만다.

그런데 악행을 저지르면서도 징벌을 당하지 않고, 대중적인 욕망을 채워주는 예외도 있다. 바로 나쁜 놈들의 것을 빼앗는 악당이다. 영화 〈도둑들〉에서 마카오 박은 "똥구덩이에서 연꽃 한번 피우려고 하는 거다"라고 말한다. 더럽고 추악한 곳에서 피어나는 성스럽고 아름다운 꽃. 이 말은 악질 도둑의 소굴에서 '태양의 눈물'이라는 보석을 훔치겠다는 것이다. 선량한 사람들의 것이 아니라 부당하게 축적한 재물을 훔치는 내용은 관객들에게 통쾌한 재미를 선사한다. 그래서 "인격은 지갑에서 나온다"는 마카오 박의 말은, 돈에 눈이 먼 범죄자의 탐욕이라기보다 솔직 담백한 악당의 명대사처럼 느껴진다.

영화 〈미쓰GO〉에서 형사인 계 반장은 500억 원을 빼돌리는 계획을 세우면서 이렇게 말한다. "나쁜 놈들 돈을 뺏는 거야, 가난한 서민의 돈을 뺏는 게 아니라고…"

관객들은 나쁜 일당의 것을 빼앗는 도둑질에 안심하고 몰입하며 심지어 찬사를 보낸다. 만약 실제로 마주하면 도저히 용서할 수 없을 만큼 독한 캐릭터가 지지를 받는 것도 사람들의 욕망을 대리 표출해주기 때문이다. 가정과 직장에서 할 말 못하고 억누르며 사는 사람들일수록, 제멋대로 행동하고 소리치며 자신의 이익과 권리를 주장하는 당찬 캐릭터에 호응한다. 악녀라는 이름을 붙이고도 결코 미워할 수 없는 캐릭터를 우리는 많이 보아왔다. 일반적인 작품에서는 내내 칼을 갈다 막판에 가서 복수를 하면 그것으로 끝이지만, 막장 드라마에서는 온몸에서 독기를 뿜어낼수록 지지를 받는다.

어둠에 가려진 상처에 연민을 느낄 때

'복수'가 주된 소재일 때, 복수를 하는 쪽이 얼마나 호감이 가고 인간미를 갖춘 사람인가에 따라 그의 행동은 설득력을 갖는다. 선량했던 주인공이 벼랑 끝으로 내몰려 악당이 될 수밖에 없는 절망적인 상황에 처할 때, 관객은 그에게 동정심과 친근한 감정을 느낀다. 공감을 하는 순간 악당의 이야기는 더 이상 남의 이야기가 아니게 된다.

〈스타워즈Star Wars〉에서 다스베이더는 본래 착하고 온순한 소년이었다. 아나킨 스카이워커는 어린 시절 노예로 살면서 말할 수 없는 고생을 겪었다. 홀어머니의 비극적인 죽음을 보아야 했고 사랑하는 이를 지켜낼 수 없었다. 그리고 파드메를 사랑했다는 이유로 제다이 기사 자격마저 박탈당했다. 그는 선의 세계에 회의를 느낀다. 착하게 살아왔지만 결국 그에게 돌아온 것은 파국뿐이었다. 절망한 그는 어둠의 힘에 심취하고 악의 제왕으로 다시 태어난다.

〈배트맨 2〉의 펭귄맨은 슬픈 사연을 가지고 있다. 그는 태어났을 때 펭귄을 닮았다는 이유만으로 하수구에 버려졌다. 펭귄이 펭귄이면 귀여움을 받지만, 인간이 펭귄을 닮았기 때문에 사망선고를 받은 것이다. 그것도 친부모에게

전체주의 국가보다는 민주주의 국가에서의 거짓말 가능성이 더 크다. 민주국가는 여론의 도움이 필수적이기 때문이다.
존 미어샤이머(John J. Mearsheimer)의 《왜 리더는 거짓말을 하는가(Why Leaders Lie)?》 중에서

"악당이 악당 물리치면 안 되는 법이라도 있어?"
영화 〈주유소 습격사건 2〉에서 탈옥수 대장 '망치(박상면 분)'의 대사

"도둑이 왜 가난한지 아니? 비싼 거 훔쳐서 싸게 팔잖아."
영화 〈도둑들〉에서 '팹시(김혜수 분)'의 대사

서 말이다. 사랑받지 못하고 자라난 어린 시절에 대한 기억이나 상처를 가진 사람이라면 그에게 연민을 느낄 수밖에 없다. 어린 시절 버려졌을 때 느꼈을 세상에 대한 두려움과 상처를 감안하면, 무조건 손가락질할 수만은 없는 캐릭터인 것이다.

드라마 〈해신〉에서 염장은 어린 시절 해적의 손에서 자랐기 때문에 장보고와 대립할 수밖에 없었다. 태어나 자란 환경이 악당의 환경이었기에 그곳에서 벗어나지 못한다. 또한 해적의 길을 가야 했기 때문에 사랑하는 여성 앞에서 당당할 수가 없었다. 자신의 힘으로 어쩔 수 없는 환경과 지위 때문에 실패하거나 좌절하고 또 사랑에 실패하는 일들은 평범한 사람들도 빈번하게 겪는 일이다. 그런 크고 작은 상처와 실패들이 악당과 관객을 하나로 연결해주는 것이다.

세상과 다른 신념을 실현하는 자

영화 〈미이라 3 The Mummy : Tomb of the Dragon Emperor〉에 출연한 홍콩 배우 이연걸李連杰은 인터뷰에서 악당에 대해 이렇게 말했다.

> "내가 생각하는 악당은 자신의 신념에 따라 세상을 다른 각도로 보고 행동을 취하는 역할이다."

이런 악당이라면 그의 팬뿐 아니라 일반 관객들도 충분히 좋아할 것이다. 신념이 확고한 악당들은 진지하게 자신이 갈 길과 세상의 변화를 고민하기 때문에 영웅보다 돋보이는 경우도 많다. 〈엑스맨〉 시리즈의 마그네토만큼 대의명분이 확실한 캐릭터도 없을 것이다. 제2차 세계대전 당시 폴란드 수용소에서 사랑하는 어머니를 잃은 그는 600만 명이 살육당하는 홀로코스트에서 극단적으로 생존한 인물로 그려진다. 그 뒤부터 그는 한 순간도 개인적인 성공과 행복을 위해 고민한 적이 없다. 오직 차별과 불평등으로 병든 세상을 바꾸겠다는 신념이 그를 압도한다. 마그네토는 돌연변이 격리정책에 극렬하게 반대하며 무력을 사용한다. 마치 말콤 엑스Malcolm X가 흑인의 인권을 위해 무장투쟁을 불사하자고 소리 높여 외친 모습을 연상시킨다. 인간의 편에서 싸우는 엑스맨들은 같은 돌연변이 종족인 마그네토를 저지하기 위해 마찬가지로 폭력을 사용해야 한다.

사람들은 저마다 크고 작은 억울한 일을 겪고 살아가며, 때때로 자신의 답답한 속내를 풀고 싶은 충동을 느낀다. 심지어 폭력을 동원해서라도 울분을 되갚아주고 싶을 때도 있다. 그것이 사적인 복수일 때는 공권력 차원에서 금지되지만 그렇다고 해서 공권력이 억울한 개인을 보호하거나 그들의 고통을 치유해주지는 않는다. 무엇보다 법체계 안에서 각 개인이 당한 만큼 처벌하기란 불가능하다. 법에 의한 징벌은 개인이 아니라 법 자체를 위해서 존재하기 때문이다.

스타일과 쿨한 문화에 반하다

많은 사람들이 악당들의 스타일과 멋에 매혹된다. 악당들은 대체로 쿨cool하게 묘사된다. 어디에도 얽매이기 싫어하고 자유분방하게 행동하며 성취한다. 그렇기 때문에 항상 다른 이들의 위에 있는 것처럼 우월한 존재로 비치기도 한다.

'괴도 루팡', '몽테크리스토 백작', 《보물섬Treasure Island》의 '존실버', '검은 별' 등의 악당들은 악당 같지 않은 신뢰감 넘치는 목소리와 신사다운 매너, 그리고 감각적인 패션을 갖추고 있다. 이들은 타고난 실력과 치밀한 계획에 따라 언제든 스스로 필요할 때 나타났다가 한바탕 큰 웃음을 터트리고는 홀연히 사라진다. 그들이 남긴 말에는 때로 깊은 울림을 주는 메시지가 있다. 그들은 거칠 것 없는 영원한 자유인 같다. 물론 법의 망을 피해 금지된 일을 꾸미기 때문에 경찰의 추격에서 자유롭지 못하지만, 사람들은 그들의 자유로움을 동경하고 몰입한다.

인생은 동화 같지 않으니까

착한 사람들이 뛰어난 능력을 발휘해 악당을 잡아 혼쭐을 내주었다는 식의 이야기는 다소 현실성이 떨어진다. 착하게만 사는 주인공들의 이야기는 워낙 단조로운데다 결말이 뻔한 교훈으로 끝날 가능성이 높다.

〈슈렉 3 Shrek The Third〉의 크리스 밀러Chris Miller 감독은 인터뷰에서 이렇게 말했다.

> "어렸을 적 읽었던 동화는 대부분 멋진 영웅이 나와 악을 물리치고
> 해피엔딩을 맞이한다. 하지만 어른이 되면 인생이 동화 속보다는
> 훨씬 복잡하다는 걸 깨닫게 되고, 모든 것이 흑백으로 나눠지지 않

는다는 것을 이해하게 된다. 동화의 엔딩을 바꿔보는 것, 현실에 맞게 동화를 업데이트하는 게 중요했다."

자라서 어른이 될수록 어린 시절 보았던 유아용 만화나 동화책이 현실과 얼마나 다른지 뼈아프게 알게 된다. 현실의 벽에 부딪힌 무능력한 자신을 자책하거나 죄의식에 휩싸이기도 한다. 오히려 악당의 이야기가 현실적인 이야기를 더 많이 다루고 있으며, 악당의 욕망이나 행동에 경도되는 상황이 우리 삶에 비일비재하다. 악당이 되는 유혹에 빠지는 상황, 그리고 그러한 상황 속에서 치열하게 고민하는 캐릭터들은 바로 우리들 자신이 된다.

《안정효의 글쓰기 만보》에는 이런 대목이 있다.

모범적인 주인공은 흔히 판에 박힌 관념의 수준을 넘지 못하는 반면에, 악당은 오히려 화려하고 다채로운 인물 군群을 구성한다. 그리고 개성은 인물 만들기의 생명이기 때문에 조연을 맡은 들러리 등장인물(들)이 때로는 주인공이나 상대역의 배경 및 보조 역할을 담당해 줄거리를 전개시키는 데서 그치지 않고, 독자적으로 희극적인 막간comic relief에서 작은 닭대가리 주인공이 되어 뱀 꼬리 주연급보다 훨씬 두드러져 보이기도 한다.

드라마 〈하얀거탑〉에서 장준혁을 주축으로 한 악인들의 세계는 너무나

　　　　　　　　나 는 악 당 이 되 기 로 했 다

리얼하고 구체적이며, 최도영이 중심이 된 선인들의 세계는 다소 비현실적으로 느껴지는 것도 같은 맥락이다.

그렇다고 주인공이 무턱대고 악행만을 일삼는다면 곤란하다. 아리스토텔레스Aristoteles는 주인공은 반드시 착한 사람이어야 한다고 했다. 누구나 착한 사람, 선한 사람이 되기 위해 노력을 하지만, 살다 보면 자신의 이익을 위해 남에게 피해를 주기도 하고, 다른 사람의 눈을 피해 나쁜 짓을 하기도 한다. 그러나 처음부터 끝까지 나쁜 짓만 하는 사람은 없다. 시나리오 작가이자 영화감독인 마이클 티어노Michael Tierno는《스토리텔링의 비밀 Aristotle's Poetics for Screenwriters》에서 본성이 선한 사람이 위기에 빠지고 그로 인해 악행을 저지르게 되면 사람들이 공감하고 동정심을 느낀다고 했다. 또 피도 눈물도 없을 것이라 생각했던 악당이 뜻밖에도 여린 심성이나 태도를 보이면 연민을 불러일으킨다. 배우 오달수는 인터뷰에서 이렇게 말했다.

"저는 악당일수록 연민을 느낄 수 있는 부분이 많다고 봐요. 때려 죽이고 싶은 악당도 선한 마음을 갖고 있습니다. 이런 면면을 품은 악당이 약간 모자라 보인다면 더 연민을 느낄 수밖에 없지 않겠습니까?"

알아주는 이 없지만 누군가는 해야 하는 일이기에
일상생활에서 어떤 일을 하다 보면 악당의 역할을 요구하는 상황에 맞

닥뜨리게 된다. 그러한 상황에 처하면 자신의 뜻과 관계없
이 악당의 역할을 해야 하는 경우도 있다.

드라마 〈그래도 당신〉에서 치킨가게를 하는 둘째아들은
저녁밥도 안 주면서 부려먹는다고 투정하는 막내 여동생
에게 말한다. 내가 악역을 해야 우리 식구가 먹고살 수 있
다고. 식구들이 먹고살기 위해서는 구성원의 고통을 감내
시키면서 운영하겠다는 것이다. 밥도 잘 먹이고 푹 쉬게 한
다면 좋은 소리가 나오겠지만 가게의 이익은 떨어질 것이
다. 그것은 곧 가족의 빈곤과 굶주림으로 이어질 수 있다.

드라마 〈무신〉에서 고려 도방 최고 실력자의 딸 송이는
스스로 악역을 맡겠다고 선언한다. 김준을 살리기 위해서
였다. 남편 김약선의 묵인 아래 측근들이 김준을 정적으로
여겨 없애려 했기 때문이다. 송이는 자신의 수하를 시켜 김
약선 일파가 모반을 꾸몄다고 고한다. 악역은 어떤 가치를
실현하고 다른 누군가를 지키거나 구하는 과정에서 사회
적 통념을 위반하기도 한다. 물론 여기에서 송이가 지켜낸
김준은 실력도 있고 인품도 훌륭한 인물이다. 악당의 역할
을 해야 하는 상황에 있어본 이들이라면 악당의 감정에 공
감할 만하다. 이러한 악역의 역할은 본인 스스로를 위한 것
이라기보다는 조직이나 공동체를 위한 것이다.

슈테판 클라인 Stefan Klein은 《이타주의자가 지배한다Der

나 는 악 당 이 되 기 로 했 다

sinn Des Gebens》에서 실제 사례 연구를 통해 착하게 행동하는 사람만 있으면 공동체는 망하게 된다고 했다. 이기적인 사람들이 증가할 때 각 이기주의에 대해서 냉정하게 징치를 해야 하는데 착한 사람들은 이를 용인하기 때문이다. 따라서 이기주의에 대해 과감하게 규제하고 처벌하는 악역이 필요하다는 논리다. 눈물을 머금고 총대를 메는 사람들이 이에 해당한다. 처벌해야 하는 대상에게 인간적으로는 연민과 동정을 느끼지만 다른 이들을 살리기 위해서는 어쩔 수 없이 눈을 질끈 감아야 하는 것이 이들 악역이 맡은 책무다. 이들은 알아주는 사람이 없다 해도 악역이 좋은 결과를 만들어낼 것이라는 믿음에 따라 홀로 그 길을 가야 한다. 악역을 맡은 자의 슬픔이 여기에 있다. 겉으로는 호령해도 속으로는 눈물을 흘린다.

선지자들은 그 진리를 알고 있기 때문에 다른 이들의 반대에도 불구하고 악당의 길을 간다. 스스로의 확신이 없으면 쉽게 택할 수 없는 길이다. 작품에서 악역이 필요한 것도 작품 전체를 생동감 있고 극적으로 만들기 위한 것이다. 조직 전체를 위해 악역이 되려는 이들은 비난과 수모를 당하더라도 스스로 희생하는 사람들이다. 심지어 그들은 영원히 악인으로 규정되어버리는 경우도 감수해야 한다.

착하게 살아야 하는
우리들의 그림자

배트맨을 연기한 배우 크리스천 베일Christian Bale은 악당이 인기를 끄는 이유에 대해 이렇게 말했다.

> "선한 캐릭터를 몇 차례 연기했는데 그다지 관심을 끌지 못했다. 반면 어둡거나 악한 면이 있는 캐릭터를 맡을 때는 언제나 주목받는 것 같다. 우리 모두에게는 어두운 그림자가 있다. 사회화·문명화의 미명 아래 스스로의 동물적 욕구를 억제하고 살아가고 있기 때문에 사회의 규칙을 깨뜨리는 악인들에 대해 비밀스럽게 공감하고 동경한다고 할까? 그래서 악인은 매력적이다."

악당이 갖는 매력은 그들이 우리들의 또 다른 분신이기 때문이다. 드라마 〈하얀거탑〉의 연출자는 장준혁 신드롬에 대해 다음과 같이 설명했는데 이는 현대인의 또 다른 자아가 악당이라는 점을 말해준다.

> "시청자들은 일단 장준혁이라는 타자를 보게 되는데, 시간이 지나면서 어느덧 거울을 보듯 그 안에서 자기를 보게 되는 거예요. 인간이라는 게 다 자기애가 있어서 그를 감정이입해서 사랑하게 되고 결국 자기와 동질화시키게 되죠. 이 드라마는 장준혁이라는 인간을 철저히 해부하는 드라마인데, 결국 관객은 자기해부를 하게 되는 거예요…. 장준혁 편을 들어주시는 건 옹호하기 때문이 아니라 공감하기 때문이겠죠. 무모하고 악당 같기도 하지만 그 속에서 자화상을 보신 것 같아요. 본인의 모습을, 공통점을 보신 거죠."

나 는 악 당 이 되 기 로 했 다

자기 안에 숨겨진 또 다른 모습이 악당이기 때문에 공감하고 몰입하면서 적극적으로 호응을 보낸다는 말이다. 하지만 앞서 말한 것처럼, 악당은 언제나 제거의 대상이 된다. 하지만 실제로 악당을 단죄한다는 것이 영상 콘텐츠 안에서처럼 쉬울까?

일본의 저널리스트 다치바나 다카시立花隆는 그 자신이 암에 걸리자 세계의 암 권위자들을 찾아다닌 끝에《암, 생과 사의 수수께끼에 도전하다がん 生と死の謎に挑む》라는 책을 펴냈는데, 그중에 다음과 같은 구절이 있다.

> 암은 나의 외부에 있는 적이 아니다. 나의 내부에 있는 적이다. 당신의 암은 당신 자체다. 암에는 생명의 역사가 담겨 있다. 암의 강인함은 당신 자신의 생명 시스템의 강인함이기도 하다. 바로 그렇기 때문에 암 치료는 결코 쉬울 수 없다. 암을 죽이는 데 지나치게 열중하면 결국 자기 자신을 죽이는 결과이기 쉽다. 거기에 암 치료의 커다란 패러독스가 있다.

악당의 패러독스도 마찬가지다. 악당은 나의 외부에 있는 것이 아니라 내부에 있다. 악당은 바로 우리 자체다. 악당이 강인하다면 우리 자신의 강인함을 말하는 것이고 악당이 강하기를 바란다면 우리 스스로 강해지기를 바라는 것이다. 그렇기 때문에 악당을 처치하는 것은 쉬운 문제가 아니다. 악당 자체를 죽인다면 어쩌면 우리 자신이 죽을 수도 있기 때문이다.

〈다크 나이트The Dark Knight〉에서 배트맨에게 던진 조커의 마지막 대사는 이러한 악당의 패러독스를 잘 담고 있다.

"언젠가 다시 또 보게 될 거야. 넌 나를 죽일 수 없어. 나 역시도 너를 죽일 수 없지. 넌 날 완성하거든."

나 는 악 당 이 되 기 로 했 다

피할 수 없는 악당의 최후

언제나 그렇듯이 폭탄은 아슬아슬한 순간 해체되고 영웅은 죽지 않는다. 죽은 줄만 알았던 영웅이 살아나면서 방심하고 있던 악당은 목숨을 잃는다. 악당이 죽음으로써 영웅은 더 열렬한 칭송을 받고 사람들은 이 세상이 더 가치 있고 안전한 터전이 되었다며 안도한다. 영웅에게 죽음은 있을 수 없는 일이지만 악당에게는 죽음이 일상이다. 어느 쪽이 더 인간에게 가까운가는 묻지 않아도 알 수 있다.

악당은 사회 구성원들의 마음속 깊이 억압된 욕망과 죄의식을 투사한 집단무의식의 반영이다. 주변 사람들의 시선을 의식하고, 처벌이 두려워 실행하지 못한 욕망을 악당이 실현할 때 대리 만족을 느끼는 것은 그 때문이다. 하지만 악당이 남을 해치면서까지 자신의 욕망을 충족하면서 잘 먹고 잘살았다는 설정은 사회공동체의 질서를 해칠 수 있으므로 영화에서는 이들 악당을 죽이거나 감옥에 가두어버린다. 프로이트Freud의 정신분

석학에 따르면, 사람은 공포영화에 등장하는 악당이나 괴
물을 통해서는 가학적 욕구를 만족시키고, 잔인하게 살해
당하는 피해자들을 통해서는 피학적 욕구를 충족한다. 그
리고 결말은 대개 악당이나 괴물을 처단하는 것으로 끝난
다. 법과 규율을 깡그리 무시하고 거침없이 욕망을 분출하
는 악당에게 열광하다가도, 끝내는 죽여버리는 사람들의
이중적인 심리를 엿볼 수 있다.

악당놀음은 죽음을 초월하는 경지에 있어야만 할 수 있
다. 총알이 빗발치는 상황에서 죽음은 호시탐탐 악당을 노
린다. 악당은 총알을 단 한 방 맞아도 그 자리에서 숨을 거
두기 때문에 단 한 번의 실수도 용납되지 않는다. 따라서
실수를 하지 않기 위해 모든 것을 치밀하게 준비해야 한다.

그러나 악당이 쏜 총알은 영웅을 피해간다. 행여나 총을
맞더라도 치명상을 입지 않고 팔이나 다리에 빗맞는다. 폭
탄이 터질 때면 수십 명의 악당이 튀어 오르지만 영웅은 장
렬하게 포화 속을 뚫고 나온다. 영웅은 죽음이 가깝다가도
다시 멀어지기를 반복한다.

영웅은 실수를 하더라도 그것을 만회할 또 다른 기회가
있다. 하지만 악당은 일단 숨이 끊어지면 다시 부활할 수
없다. 영웅은 탄창을 갈지 않아도 총알이 끊임없이 나오지
만 악당의 총알은 탄창을 갈아도 금방 바닥나고, 결정적인

　　　　나 는 악 당 이 되 기 로 했 다

순간 고장을 일으켜 주인의 목숨을 앗아간다. 부상을 입었을 때 영웅은 금방 회복하는데 악당은 영영 깨어나지 않는다. 악당의 상처가 얼마나 깊건, 다시 살아나건 말건 아무도 관심이 없다. 그래도 악당들은 숨이 붙어 있는 한 끈질기게 자신들의 할 일을 다 하려고 노력한다. 죽어 넘어진 줄 알았는데 어느 순간 눈을 뜨고 영웅이나 영웅의 조력자에게 총을 겨누는 집념은 예사롭지가 않다. 이때 죽어가는 악당의 마지막 총격은 영웅에게 치명적인 위해를 입히지만 어쨌거나 죽음은 악당 혼자만의 몫이다.

영웅들은 피범벅 나는 현상을 막기 위해 몇 갑절 피를 만들어낸다. 그러나 직접 피를 묻히지 않는다. 백만장자인 배트맨과 아이언맨이 첨단장비와 비행기를 만들어 악당에 대응하는 것을 보라. 영웅들은 악당을 쓰러뜨리고는 저녁노을을 머리에 이고 표표히 황야로 사라지는 서부영화의 총잡이들처럼 '떠남의 미학'을 구현한다. 시체를 치우지도 않고 살인죄를 추궁당하는 일도 없다. 남겨진 악당에게는 무덤도 묘비도 없다. 쓰레기가 된다.

독자들은 범죄소설을 통해 폭력의 대리만족을 얻는다. 마음 내키는 대로 살인을 저지르는 악당을 보며 신나 한다. 악당이 살인을 하겠다고 결심하는 이유가 납득이 갈수록 독자들은 감동하고 악당의 행위에 감정을 이입한다. 하지만 결국에는 악당을 죽여버리는 결말로 일시적인 도덕적 일탈에 대해 속죄한다. 악당의 행위에 아무리 타당한 이유가 있다 해도 살인이라는 금기시된 수단으로 문제를 해결했기 때문에 파멸을 피할 수 없는 것이다.

에르네스트 만델Ernest Mandel은 "범죄소설은 부르주아 사회의 질병으로 고통받는 중간 계급을 위한 부르주아의 치료제"라고 했다. 그가 우려하는 것은 이런 것이다. "독자들은 이제 아무리 끔찍한 범죄를 그린 소설을 읽어도 눈 하나 깜짝하지 않는다. 그것은 죽음의 물신화에 따른 결과다." 특히 악당이라고 규정된 자들의 죽음은 전혀 고민의 대상이 되지 않는다.

짐승을 상대하려고
짐승이 되겠는가

악당은 대부분 스스로 죽는 것이 아니라 누군가에게 죽음을 당한다. 악당의 죽음을 만들어낸 이는 영웅이다. 영웅은 악당의 죽음을 이끌어냄으로써 스타가 된다. 악당의 죽음은 많은 이들에게 통쾌함을 선사한다(이때 죽은 자가 진짜 악당이었는지의 여부는 영웅과 그 지지자들에게 별로 중요하지 않다).

악당은 항상 죽음을 의식한다. 현실 외에는 삶이 없기 때문에 기필코 이 세상에서 행복을 찾으려고 노력한다. 그래서 악당은 치열하고도 처절하게 싸움에 임한다. 다른 무엇을 위해서가 아니라 살아남기 위한 투쟁이다.

한편 영웅은 누군가의 죽음을 계기로 영웅으로서의 각성이 시작된다. 〈스파이더맨〉에서 파커는 처음에 자기 자신의 이익과 즐거움을 위해 초능력을 사용한다. 큰 힘에는 큰 책임이 따른다고 삼촌 벤이 경고했지만, 파커는 그 말을 한 귀로 흘려듣는다. 그런데 큰돈을 벌기 위해 격투기 대회에 나간 날 밤, 벤이 차량 절도범의 총에 맞아 죽음을 맞는다. 사랑하는 삼촌을 잃고 나서야 피터는 다른 사람들을 위해 힘을 쓰기로 결심한다.

나는 악당이 되기로 했다

〈지킬 박사와 하이드 씨Dr. Jekyll & Mr. Hyde〉에서는 새 신부가 악당에게 처절한 죽음을 당하고 주인공 지킬은 만신창이가 되지만, 동양인 사부에게서 태극권과 만병통치의 한의학을 전수받아 강한 자가 되어 돌아온다. 영화 〈크로우The Crow〉에서 주인공 에릭은 애인과 함께 살해당하지만 까마귀의 힘을 빌려 초능력을 지닌 불사신이 되어 돌아온다. 영화 〈트리플 Xxxx〉의 주인공 션은 거리에서 자라 마약단속반 경찰로 성장하였다. 그러다 사랑하는 아내가 살해당하면서 분노의 화신으로 변한다. 악당보다 거칠고 폭력적인 경찰로 마약조직을 쑥대밭으로 만드는 주인공. 무표정한 얼굴의 반反영웅적 이미지가 새로운 지지의 코드가 된다.

누군가의 죽음을 통해 각성하고 새롭게 탄생한 영웅은 오히려 악당보다 더 많은 사람들을 죽여도 용인된다. 함석헌의 스승으로 잘 알려진 종교철학자 류영모의《다석 류영모 어록》에 이런 구절이 있다.

> 아무리 아힘사Ahimsa의 사상을 가진 사람이라도 악한 사람을 보면 금방 죽이고 싶어진다. 그러나 참으로 선을 알고 사랑을 알고 악을 없애려는 이는 악에 저항하지 않는다. (중략) 악에 저항도 보복도 하지 않는 것이 삶의 바른 원칙이다.

악을 악으로 대하면 어느새 자기도 악당이 되고 만다는 얘기다. 그러니 정의의 수호자인 영웅들은 악당을 선으로 대해야 마땅한데, 누구보다도 분노하고 심지어 무참하게 보복하고 살상한다. 다만 영웅이 악당을 해치울 때는 피와 살이 튀지 않는데 그 이유는 너무 잔인하게 죽이면 영웅의 이미지가 깎이기 때문이다.

어쨌든 그들은 악당을 단죄했다는 이유로 영웅이라는 명예를 얻는다. 객관적으로 보면 그들의 행위는 악한 행동과 다를 바 없으며 때로는 악당의 행위보다 더 무도한데도 말이다.

여기에서 평범한 이들이 괴물이 되어가는 과정을 다시금 일깨울 필요가 있겠다. 니체는 《선악의 저편 Jenseits von Gut und Böse》에서 "우리가 괴물의 심연을 오랫동안 들여다본다면, 그 심연 또한 우리를 들여다보게 될 것이다", "괴물과 싸우는 사람은 그 싸움 속에서 스스로도 괴물이 되지 않도록 조심해야 한다"고 했다. 영화 〈악마를 보았다〉에서 경찰인 오 과장이 내뱉는 한마디, "사람이 짐승을 상대하겠다고 짐승이 되면 되겠어?"라는 말이야말로 그 사상이 니체에게 빚지고 있음을 증명한다. 우리도 니체의 제자가 될 필요가 있다. 우리가 지향해야 할 것은 악인이 아니라 악당이니 말이다.

2장

영웅은 추억하고
악당은 꿈을 꾼다

대중문화를 통해 읽는 악당의 철학

영웅은 과거에 살고 악당은 미래에 산다

_변화에 대한 강렬한 의지

사람들이 생각하는 변화와 사고는 주로 그들이 공유하는 문화에 둥지를 틀게 마련이다. 기존 체제가 확고할수록 풍자와 해학으로 기득권을 비웃고 변화를 추동하는 움직임이 생겨난다. 우리나라의 안동하회별신굿은 지배층의 권위의식과 위선을 풍자하고 일상의 금기로부터 해방을 요구하는 대표적인 이야기다. 파계승과 백정, 과부 등 소외되고 핍박받는 계층이 등장하여 응어리진 서민들의 마음을 대변하는 이 탈춤에는 사회 변화에 대한 강렬한 열망이 담겨 있다.

현실을 부정하고 미래를 꿈꾸는 점은 악당의 가장 큰 특징이기도 하다. 악당은 꿈꾸는 데 머물지 않고 거침없이 행동에 나선다. 비록 실패하더라도 포기하지 않으며 다시 도전하고 새로운 계획을 세운다. 반면 영웅은 미래를 꿈꾸기보다는 평화로운 일상을 뒤흔드는 악당에 맞서 기존 사회의 보수와 복원을 위해 노력한다.

악당들은 기존의 질서에 만족하지 않고 자신들의 생각과 의지로 창조적인 작업들을 성취해낸다. 새로운 것은 언제나 낯설다. 그래서 사람들은 그를 미치광이, 괴짜라고 부른다. 악당들이 독자적이고 창조적일 수 있는 것은 한편으로 그들이 철저하게 주류사회에서 무시당하기 때문이다. 악당들은 처음부터 외모나 성격적으로 결함을 지닌 존재로 간주되기 때문에 자신을 인정해주지 않는 사회에 불만을 가질 수밖에 없다.

그러나 바로 그러한 한계 덕분에 악당들은 부지런히 자신의 실력을 연마한다. 차별받고 무시당할 때 남 몰래 복수를 꿈꾸고 치열하게 칼을 갈다가, 마침내 자신을 경멸하던 바로 그 지배층의 머리 꼭대기에 올라서서 지금의 사회가 얼마나 위선적이고 엉터리인지를 폭로하는 것이다. 그 과정에서 악당들은 스스로 뛰어난 존재임을 확인받고자 세계 지배와 같은 거창한 목표를 내세우기도 한다.

그러나 우리들이 기존 사회에 대한 악당의 저항에 매혹을 느끼는 것은 그들의 이유 있는 철학 때문이다. 악당의 철학은 사람들의 욕망과 생각을 반영한다. 그래서 악당의 철학은 고색창연하지 않다. 대중들의 눈높이와 가치관, 세계관이 고스란히 투영된 것이 바로 악당의 철학이다.

두렵지 않다,

꿈을 잃지 않는다면

독일의 철학자 에른스트 블로흐Ernst Bloch는 저서 《희망의 원리Das Prinzip

나 는 악 당 이 되 기 로 했 다

Hoffnung》에서 "우리는 누구인가? 우리는 어디에서 오는가? 우리는 어디로 가는가? 우리는 무엇을 기대하는가? 이러한 물음에 대해 많은 사람들은 혼란을 느끼리라. 문제는 희망을 배우는 일이다"라고 했다. 희망을 배우면 자기 자신에 대한 혼란이 사라진다는 말이다. 희망이란 미래를 꿈꾸는 것이기 때문이다.

니체는 《도덕의 계보》에서 "선한 인간 안에 위험, 유혹, 독, 마취제 같이 장래를 희생시켜 현재를 살게 하는 어떤 퇴락의 징후가 있다"고 했다. 즉, 미래에 대한 꿈보다 현재에 급급하며 살게 만드는 무엇이 있는데 그것이 다름 아닌 선한 인간 안에 있다는 것이다. 선한 인간의 삶은 자칫 장래와 미래에 대한 희생을 부른다. 반면 미래를 꿈꾸는 자는 현재의 삶을 구속하는 대상으로부터 자유로울 수 있다. 니체는 "가장 높은 수준의 힘과 광휘에 다다르지 못했다면 그 잘못은 도덕에 있을 것이다. 도덕은 모든 위험 중에 가장 큰 위험이다"라고 했다. 사람들은 저마다 희망과 꿈을 향해 앞으로 나아간다. 그런데 니체가 보기에 도덕이란 앞으로 전진하려는 걸음에 방해물이며 장애물에 불과했다.

문화예술 작품에는 복수하는 주인공이 종종 등장한다. 미래의 사건을 복수하는 일은 없다. 복수는 과거의 어떤 원한이나 상처에 대한 분노의 표출이자 치유다. 치유는 외연

"노루가 사냥꾼의 손에서 벗어나는 것같이 새가 그물 치는 자의 손에서 벗어나는 것같이 스스로 구원하라."
영화 〈올드보이〉에서 오대수(최민식 분)의 대사

"난 정신병자니까 이렇게 난동을 부리는 거라구. 그게 정상인 거지. 하하하!"
영화 〈12 몽키즈(Twelve Monkeys)〉에서 제프리 고인즈의 대사

"변호사는 탐욕에 휩싸여 범죄자와 살인자를 변호하고 있는데 살려둘 수 있을까? 아름다운 여자의 마음에 더러운 마음이 있을 수는 없다고 했다. 또한 마약을 하며 나태에 빠진 이들을 그냥 둘 수는 없다는 말이다!"
영화 〈세븐(Se7en)〉에서 일곱 가지 죄악, 즉 탐식(Gluttony), 탐욕(Greed), 나태(Sloth), 음란(Lust), 교만(Pride), 시기(Envy) 그리고 분노(Wrath)에 해당하는 사람들을 죽이는 연쇄 살인범의 말

을 확장하는 것이 아니라 과거의 상태로 돌아가려는 심리의 발현이다. 복수하는 영웅도 결과적으로는 모든 것을 원점으로 돌려놓으려는 것이다. 그것은 한편으로 과거에 대한 향수와 집착을 의미한다. 과거는 아름다웠으나 그 이후에 벌어진 상황은 좋지 않다. 그래서 복수하는 영웅은 과거의 사건에 얽매여 있다. 그의 복수는 원상복귀를 목표로 할 뿐, 미래를 위한 생산적 행위를 의미하지 않는다. 그러나 시간은 결코 되돌릴 수 없고 이미 파괴된 원형을 회복하기란 불가능하다. 그런 까닭에 영웅들은 과거에 현재와 미래가 담보 잡혀 있는 이들이다.

하지만 악당은 과거에 연연해하지 않는다. 그들은 미래를 꿈꿀 뿐이다. 드라마 〈추적자〉에서 딸과 아내를 잃은 백홍석은 과거에 살았다. 그가 법정에서 총을 쏜 것은 과거의 사건을 해결하고, 훼손된 것을 복원시키기 위해서였다. 그러나 악당 강동윤은 흔들림 없이 미래를 향해 달려갔다. 과거는 돌아보지 않는다. 상황이 불리해지고 상처가 생겨도 그는 뜻을 굽히지 않는다. 강동윤은 이렇게 말했다.

"내가 여덟 살 땐가 하루 종일 굶은 적이 있었다. 골목길에 쭈그리고 앉아 있다가 아버지 이발소에 들어갔는데 바닥에 머리카락이 수북이 쌓여 있더라. 그걸 보면서 난 저게 다 돈이었으면 좋겠다고 생각했다. 난 거기서부터 왔다. 한 걸음, 한 걸음 기어서 걸어서 뛰어서 날아서 왔다. 그래서 난 내가 가진 모든 걸 잃는 게 두렵지 않다. 내 꿈을 잃는 게 두려울 뿐이다."

　　　　　　나 는 악 당 이 되 기 로 했 다

니체는 "살아갈 이유가 있는 사람은 어떠한 현실도 견뎌낸다"고 했다. 살아갈 이유는 언젠가 이루어야 할 꿈이고 그것이 바로 희망이다. 미래를 생각하는 사람은 상상을 하고, 과거를 생각하는 사람은 회상한다. 미래를 보는 것은 비전이다. 이 미래의 희망에서 용기와 열정이 나온다. 그러나 억눌린 자의 희망과 용기는 지배세력에게 위협이 된다. 백인 농장주들에게는 자유를 꿈꾸는 흑인 노예들이 달갑지 않았을 것이다. 자신들의 기득권과 지배권이 상실되기 때문이다. 따라서 농장주들에게 꿈을 꾸는 흑인들은 악당이다.

두려움이 크면 꿈조차 꿀 수 없다. 악당은 두려움을 모르는 존재들이다. 오히려 영웅이 두려움과 번민을 느끼는 존재로 그려진다. 악당을 저지하기에 골몰해야 하는 영웅에게는 구체적인 미래가 없다. 오늘도 내일도 좋지 않은 사건이 일어나지 않기를 바랄 뿐이다. 수퍼맨과 배트맨은 일이 벌어지고 난 다음에 출동하여 한발 늦게 악당의 자취를 추적해간다. 그런 점에서 영웅은 수동적이다. 배우 크리스천 베일이 "배트맨이 필요한 사회는 이미 실패한 사회"라고 말한 것도 영웅이 뒷수습 전문인 것을 우회적으로 꼬집고 있다.

영웅은 악당이 벌인 일들을 처리하다가 허망하게 죽음을 맞기도 한다. 옳고 그름을 떠나 일을 벌인 사람이 상황의 주도권을 쥐는 것은 어쩌면 당연하다. 다른 사람을 지키기 위해 살아가는 영웅의 삶은 명예롭지만 그 자신은 과연 행복할까? 악당들은 남의 시선에 연연하지 않기 때문에 내면이 피폐해지지 않는다. 악당을 무너뜨리는 것은 언제나 외부의 힘이다. 그러나 영웅은 항상 내면의 갈등으로 고통받는다. 다행히 영웅의 노력은 늘 성공적으로 끝나지만, 그들의 정신감정을 해본다면 결코 좋은 결과는 나오지 않을 것이다. 세상을 구원하는 영웅은 오히려 정신착란이나 사이코가 될 위험에 노출되어 있다.

다석多夕 류영모의 제자 박영호는《죽음공부》를 통해 현대인의 인정욕구와 우울증의 관계를 지적하면서 "인정받는 일에 목을 매면 그만큼 삶이 힘들어진다"고 했다. 도덕과 윤리적 원칙에 따르는 평가의 잣대는 개개인의 감정과 꿈을 중요하게 여기지 않는다. 또한 소수보다는 다수에게 좋은 것, 도덕적이고 윤리적인 관점에서 당위적인 것을 중시한다. 그렇기 때문에 영웅들은 대체로 보수적인 세계관을 가지고 있다.

잃을 것이 없으면
전진할 수 있다

한편 영웅은 자신을 지지하고 성원해주는 이들에게 애착을 느낀다. 사람들의 기대와 소망에 보답해야 한다는 과도한 책임감을 느낀다. 파스칼Pascal은《팡세Pensées》에서 "기꺼이 자발적으로 형성하는 애착이라 하더라도 만일 내가 어떤 사람들로 하여금 나에게 애착을 느끼게 만들었다면 나는 이들을 배반하게 될 것이다. 왜냐하면 나는 어느 누구의 목적일 수 없고 그들을 만족시키기에 충분한 것을 갖고 있지 않기 때문이다. 나는 당장이라도 죽을 수 있는 몸이 아닌가?"라고 했다. 본질적으로 인간은 내

나 는 악 당 이 되 기 로 했 다

일을 예측할 수 없기에 관계에 있어서 확신과 신뢰, 사랑을 갖게 하는 것은 또 다른 악이라는 말이다. 하지만 영웅에게 그러한 사랑과 지지를 포기하라는 것은 존재 자체를 포기하라는 것과 같다. 어느새 명예는 영웅에게서 떼어놓을 수 없는 분신이 되었기 때문이다. 조셉 에디슨Joseph Addison은 "명예가 주어지는 자리에는 사심이 생긴다"고 했고 랠프 왈도 에머슨Ralph Waldo Emerson은 "명예를 좇다 보면 자기 이익을 챙기기 마련"이라고 했다.

처음에는 우연히 영웅의 지위를 획득하고, 그 자체가 이익을 준다. 영웅이라는 평가와 대우 그리고 존중과 찬양은 물질적 보상이 아니라 해도 강력한 육체적·심리적 만족감을 주기 때문이다. 따라서 영웅은 자신의 명예와 지위를 유지하기 위해 끊임없이 악당을 벌하고 죽여야 한다. 그 의무를 다하지 못하면 존재 가치가 없어진다. 영웅은 자신의 지위를 잃는 비참한 사태를 항상 염려하고 전전긍긍하게 된다.

반면 악당들은 대범하다. 평범한 사람들의 시각에서 보면 그들의 목표는 허무맹랑하기까지 하다. 하지만 황당하게 보이는 수많은 발상과 계획들이 오늘날 우리가 누리는 삶을 만들어내지 않았던가? 새로운 세계를 모색하는 사람은 특정한 부분에 매몰되어서는 안 된다. 세계를 전체적으로 조망하고 그것을 대체할 새로운 무엇인가를 구상해야 한다. 세계를 차지하겠다는 야심이 있다면 그 세계가 어떻게 돌아가는지 꿰뚫어보아야 하고, 적을 능가하는 전투력을 지니고 있어야 한다. 이길 자신이 없이 섣불리 덤벼들다가는 죽음을 자초하게 된다. 실력으로 우위를 차지할 수 있다는 확실한 자신감을 가지려면 오랫동안 시간과 노력을 들여 공부하고 실행해야 한다.

그래서 악당은 철옹성과 같이 견고한 자기 세계를 구축하고, 때가 되었을 때 강력한 존재감을 드러내면서 등장한다. 이에 대항하는 영웅들은 때로 운이 좋아 승리하는 경우도 종종 있다. 악당들이 간과하는 사이 틈새 전략으로 전세를 역전하는 것이다. 악당 가가멜은 고양이 아즈라엘과 함께 갖은 수를 써가며 스머프 사냥에 나선다. 생쥐 제리를 잡으려는 고양이 톰도 항상 부지런하게 움직이며 함정을 만든다. 가가멜과 톰의 계획은 철두철미하지만 스머프와 제리는 늘 기가 막힌 운으로 위기를 피해간다.

악당의 입장에서 그런 영웅의 전략은 치사하고 옹졸해 보인다. 그래서 악당들은 철저하게 실력을 바탕으로 하는 승부를 요구한다. 운과 우연으로 인한 패배에는 승복할 수 없기 때문이다. 그러나 악당들의 함정은 자기 실력이나 계획의 완벽함을 과신하다가 그 오만함에 빠져 스스로 무너지는 것이다.

미래는 반드시 오지만 어떤 것도 확실한 것은 없다. 다만 기대감을 갖고 행동할 뿐이다. 악당은 오직 자기 자신을 믿을 뿐, 하늘의 도움을 바라지 않는다. 성공하든 성공하지 않든 또 과거에 무슨 일이 있었든 끊임없이 계획을 세우고 자신의 목표를 향해 달려간다. 미래로 가는 사람들은 과거에서 현재로 이어지는 질서를 부정하기 때문에 기득권 세력과 적이 될 수밖에 없다.

미국의 교육전문가 루비 페인Ruby K. Payne은 《계층이동의 사다리A Framework for Understanding Poverty》에서 "빈곤층은 미래의 결과보다 현재가 중요하고 중산층은 미래가 어떻게 될지에 관심을 가지는 데 비해 부유층은 결정을 내릴 수 있는 근거를 제공하는 전통과 역사를 중시한다"고 했다. 영웅은 역사와 정통 즉, 과거와 전통을 중시한다는 점에서 부유층과 기득권층의 수호자라 할 수 있다.

가난한 자들에게 과거는 현재의 불행을 뒷받침한다. 가난에서 벗어나지 못한 현재도 곧 과거가 될 것이므로 망각의 대상이다. 그들은 단지 미래를 꿈꿀 수 있을 뿐이다. 한편 부자들에게 과거는 항상 '좋은 시절'이었으며 그러한 과거가 다시 오늘날 누리는 번영의 밑거름이 된다. 그래서 새로운 미래를 갈망하는 가난한 자들의 노래는 가진 자들의 기득권을 위협한다.

도스토예프스키Dostoevskii는 새롭게 부상하는 자본주의에서 고통받는 소시민층의 삶에 관심이 많았다. 그의 작품에는 기본적으로 가난하고 핍박받는 주인공들이 등장하고, 미래의 유토피아를 꿈꾸는 이들이 많다. 그는 형 미하일과 잡지《시대Vremya》를 발간하고 그 안에 〈학대받는 사람들Unizhennye i Oskorblyonnye〉, 〈죽음의 집의 기록Zapiski iz Myortvogo Doma〉과 같은 작품을 연재하며 인기를 얻었지만 당국의 탄압을 받아 잡지 발행을 금지당했다. 또한 그는 새로운 사회를 건설하기 위한 사회주의 모임에 참석하였고 그곳에서 읽은 서적 때문에 사형을 언도받기도 했다. 그 후 사형에서 유형으로 감형되어 8년 동안 시베리아에 갇혀 지냈다. 다시 돌아온 그는 문단에 복귀하여 다시 작품 활동에 나섰고 사상적 변화라는 평가에도 불구하고 여전히 '삶이 무엇보다 중요하다'라는 화두를 작품에 녹여냈다. 그를 괴롭히던 기득권 세력과 정치권력은 붕괴되었고, 그의 작품은 삶을 진전시키려는 세계인들이 여전히 애독하고 있다.

프란츠 카프카Franz Kafka는 전 세계인들이 겪게 될 상황을 자신의 작품에 줄기차게 담아냈다. 세계대전으로 혼란스러운 국면 속에서 그는 체코 프라하에 살면서 경계인으로 머물러야 했다. 프라하의 상류층인 독일인들은 유대인인 그를 무시했고, 같은 유대인들로부터는 시온주의를 반대한다는 이유로 배척되었다. 그는 재해보험관리협회에 근무하면서 업무가 끝나면 새벽까지 미친 듯이 작품 활동에 전념했다.

초창기 작품은 철저하게 외면당했다. 하지만 시간이 지나면서 그의 작품은 불확실성 속에서 현대인이 겪는 불안과 고독을 잘 담아냈다는 극찬을 받게 된다. 그뿐 아니라 그의 작품에는 사회에 대한 비판정신도 많았다. 〈변신〉은 자본주의 사회에서 돈 버는 기계이기를 거부한 남자의 이야기를 통해 자본주의 체제 하에서 공동체의 모순을 드러낸다. 국가 권력과 법, 제도에 대해서도 비판적이었던 그는 〈법 앞에서〉, 〈심판〉, 〈성〉을 통해 법과 국가, 그리고 제도가 과연 사람들에게 어떤 실존적 의미를 갖는 것인지 탐구하고, 그것들이 오히려 인간의 실존을 치명적으로 위협할 수 있다는 점을 지적했다. 하지만 세상에 나온 그의 작품들은 당시 거의 팔리지 않았고 사람들은 그의 작품이 가진 의미를 잘 몰랐다. 그가 남긴 작품들은 뒤늦게 진가를 발휘하여 지금도 세계적인 각광을 받고 있다. 그의 작품 속 주인공들이 처한 상황은 곧 오늘날 세계 인류의 실존적 고민이며 지금껏 우리들에게 많은 화두와 영감을 주기 때문이다.

《모비딕Moby Dick》의 작가 허먼 멜빌Herman Melville이 생애 마지막으로 읽던 책 중에는 쇼펜하우어의 저작이 있었는데 다음 구절에 밑줄을 쳐놓았다고 한다.

> 사람이 미래에 속하면 속할수록, 즉 인류를 더 많이 포용하면 할수록 그는 동시대 사람들에게서 그만큼 더 소외된다.

독창적이고 혜안이 담긴 작품은 당장에는 잘 인식되지 못할 수 있다. 그것은 야속한 현세대가 아니라 후세대가 알아봐주어야 할 작품이다. 그래서 당대에 이해되지 못하는 작가는 악당이 된다.

악당은 번민하고 방황하기보다는 전진한다. 생각보다 실천을, 사고하기보다는 행동을 하는 것이 악당이다. 미래를 바꾸는 것은 오로지 자신의 힘이지, 헛된 희망이 아니라는 점을 잘 알기 때문에 하늘의 힘을 바라며 기도하지도, 우연에 기대하지도, 누군가의 도움을 바라지도 않는다. 니체는 "사실상 희망은 모든 악 중에 가장 큰 악이다. 왜냐하면 인간의 고통이 더 길어지게 만들기 때문이다"라고 했다. 그는 희망이란 미래를 위해 아무런 행동을 하지 않는 공상에 불과하다고 보았다. 특히 기독교의 희망은 사람들을 속여 진정한 희망을 파괴한다고 역설했다. 기존의 주류체제는 현실 개선에 관심이 없다. 단지 기도만 한다고 무엇이 해결되겠는가? 하지만 악당은 희망을 갖되 나 아닌 다른 것에 기대를 걸지 않는다.

그렇다면 영웅을 지탱시키는 희망의 결과는 과연 무엇일까? 미국 임상심리학자인 로빈 로젠버그Robin S. Rosenberg 박사는《배트맨은 괜찮은 걸까What's the Matter With Batman?》에서 배트맨이 타인을 위해 기꺼이 목숨을 거는 극단적 이타주의가 정신적 장애가 아닌가 의심한다. 언제나 다른 사람을 도와주어야 한다는 강박, 감정적 무감각, 사람들과 분리돼 있다는 느낌, 감정 표현의 절제 등 배트맨이 겪는 이러한 느낌들은 여지없는 장애 증상이라는 것이다.《로드The Road》,《노인을 위한 나라는 없다No Country for Old Men》의 작가 코맥 매카시Cormac McCarthy는 "인간이라는 종이 어떤 식으로든 진보할 수 있다는 인식, 모두가 조화를 이루며 살 수 있다는 생각은 정말 위험하다. 이 같은 생각에 사로잡힌 이들이야말로 자신들의 영혼과 자유를 가장 빨리 포기하는 사람들이다. 그들은 노예가 되거나 얼간이가 된다"고 했다.

영웅들은 선한 자들을 구원해야 한다는 이상적인 희망에 사로잡혀 오히려 정신적으로 속박당한다. 그들은 자기 혼자만이 아니라 다른 사람들까지도 속박한다. 자기의 이상에 못 미치는 이들에게 집요할 정도로 설교하고 강요한다. 하지만 스스로 강박에 사로잡혀 있다는 것을 인식하지 못하는 까닭에 정신질환에 걸릴 만큼 비정상으로 치닫고 만다. 돌이킬 수 없이 정신이 망가지고 다른 이들마저 무너뜨린 것을 깨달았을 때는 이미 늦다. 그들은 자신의 영혼과 생각할 자유를 박탈당한 채 다른 누군가의 노예가 되어 휘둘리고 기계적으로 움직이는 작업로봇처럼 되고 마는 것이다.

결핍과 승부욕이 그들을 완성한다

_물러서지 않는 의지와 도전정신

《즐거운 살인Delightful Murder》에서 에르네스트 만델은 초기 범죄소설에서 냉철한 이성의 소유자로 등장하는 탐정들은 바로 부르주아적 합리성과 이성의 대변자라고 분석한다. 탐정과 경찰은 기존의 소유 제도를 지키는 수문장이다. 자본을 어떻게 모았는지는 문제 삼지 않는다. 19세기 초반에 발발한 반反자본주의적 흐름 속에서 소유 제도를 부정하는 이들은 부르주아 계급에 의해 악당으로 취급되었다. 경영전략가인 게리 해멀Gary Hamel은 《꿀벌과 게릴라Leading the Revolution》에서 다음과 같이 말했다.

> 90년대 초 수백억 달러의 적자에 신음하던 소니와 IBM에는 수많은 꿀벌들이 있었다. (중략) 그러나 침몰하는 거대기업을 살린 것은 파격적인 아이디어를 행동으로 옮긴 젊은 게릴라와 CEO였다. 혁신하는 사람들, 혁신하는 기업들은 게임을 잘해서 성공한 것이 아

나는 악당이 되기로 했다

니라 게임의 룰을 바꾸었기 때문에 성공한 것이다.

기득권과 우월한 지위를 갖지 못한 비주류일수록 기존 질서에 저항하고 새로운 패러다임을 만들어낼 동기를 갖는다. 게릴라들은 저항그룹이다. 전세가 불리하고 정규군이 붕괴되었을 때에도 지치지 않고 혁명을 꿈꾸는 이들이다. 그들은 저항을 통해 새로운 질서를 세운다.

IBM의 존 패트릭John Patrick이나 데이비드 그로스만David Grossman, CNN의 테드 터너Ted Turner, 스타벅스Starbucks의 하워드 슐츠Howard Schultz 등은 결코 성실하거나 겸손한 사람들이 아니다. 그들은 현실과 한계를 있는 그대로 받아들이는 순응주의자가 아니라 거침없는 행동주의자들이었다. 그들은 예리한 통찰력과 혜안으로 기존의 구악과 낡은 시스템, 질서에 반기를 들었다. 그래서 그들은 악당이다.

반면 주어진 과업을 열심히 수행하는 성실한 '꿀벌'들은 맡은 역할에 헌신하는 영웅과 같다. 자본주의 구조는 영웅들조차 월급쟁이 샐러리맨으로 전락시킨다. 영웅적인 행동으로 인한 자부심이나 보람은커녕 매달 월급을 기다리며 힘든 노동을 견디는 직장인과 다를 바 없는 것이다.

장자莊子는《제물론齊物論》에서 이렇게 말했다.

슬프지 않은가? 이 몸으로 죽도록 힘쓰고 애쓰지만 일 이룬 것을 못 본다. 일에 지쳐 나른하지만 그 돌아갈 곳조차 알지 못한다. 가히 서럽지 않은가? 사람들이 말하기를 죽지 않은 것이 뭐가 유익하

냐고? 몸은 죽는다. 맘도 함께 죽는다. 참으로 크고 슬프지 않은가? 사람들의 삶이란 참으로 이같이 시시할까? 나 홀로 시시한데 사람들은 시시하지 않기라도 한 것일까?

영웅이 책임을 다할 때 세상은 앞으로 나아가는 것이 아니라 단지 현상유지를 할 뿐이다. 영웅의 창조성과 혁신의지는 모두 악당이 벌여놓은 사건의 범위 안에서 제한된다. 그들은 세계를 확장시키는 것이 아니라 되돌리는 데 관심이 있다. 변화가 아니라 원상회복을 위해 조직을 가동한다. 이 세상을 악당이 나타나기 전으로 돌리면 다시 행복해지기라도 하듯이. 그렇다면 악당이 나타나기 전에도 행복하지 않았던 이들은 영웅에게 고마워해야 할 필요가 없는 셈이다.

삶은 매우 제한되어 있다. 악당은 그 제한성과 유한함을 벗어나려고 몸부림친다. 때로는 권력을, 때로는 영생불사를 꿈꾸고 자신이 죽고 난 뒤에도 사람들이 기억해주기를 바란다. 또한 자본주의 구조를 비판하고 조롱하며 자신들의 질서를 만들어가려고 노력한다. 물론 자본주의 구조에서 득을 보는 이들에게 사회 질서를 파괴하는 이들은 모두 악당이 된다.

게리 해멀에 따르면 다음 일곱 가지 습관을 철저히 지킬수록 성공할 확률이 떨어진다.

　- 매일 아침 6시에 일어나서 영어학원에서 공부한다.
　- 회사에 일찍 도착해서 서류를 챙기며 하루를 준비한다.

- 종일 PC 앞에서 숫자 하나 틀릴세라 서류업무에 혼신을 다한다.
- 퇴근길 지하철에서 다음 날의 경제신문을 읽는다.
- 집 앞 골프연습장에서 두 박스씩 골프공을 날린다.
- TV 뉴스를 즐겨본다.
- 베스트셀러로 소개된 책은 서평이라도 챙겨 읽는다.

악당은 할 일이 많지만 틀에 박힌 꿀벌들의 일은 하지 않는다. 끊임없이 새로운 일을 만들고 도전한다. 왜 그렇게 일을 만드는 것일까? 그들 자체가 완전하지 않고 뭔가 결핍되어 있기 때문이다.

탐하지 않으면
가질 수 없다

드라마 〈선덕여왕〉의 김영현 작가는 당대 최고의 인기를 끈 미실이라는 캐릭터에 대해서 "결핍을 채우기 위해 끊임없이 노력하는 캐릭터"라고 했다. 완벽한 존재에게는 결핍감이 없다. 끊임없이 노력할 필요도 없다. 하지만 부족함은 사람을 앞으로 추동시키는 힘이 된다.

영웅을 생각해보자. 그들은 완전하다. 결핍을 채우기 위해 노력할 필요도 없고 그렇게 하지도 않는다. 영웅은 악당이 선제공격을 할 때 비로소 움직인다. 악당이 나서기 전에는 자신에게 어떤 결함이 있고 약점이 있는지조차 알지 못한다.

그럼 과제의 목표 수준은 어떨까? 르네상스 시기의 천재 미술가이자 조각가인 미켈란젤로Michelangelo는 "우리들 대부분이 가장 경계해야 할 위험은 목표를 너무 높게 세워서 그걸 이루지 못하는 것이 아니라, 목표를 너무 낮게 세워서 그걸 덥석 이루어버리는 것이다"라고 했다. 악당은 자기 분야에 고수가 있으면 그를 꺾기 위해 부단히 노력한다. 다만 그 도전욕이 지나쳐서 편법을 쓰는 경우도 있다. 어쨌든 악당들은 라이벌과 경쟁상대를 피하지 않는다. 오히려 그들을 찾아다닌다. 악당들에게 도전은 자신의 성장을 지속시키는 원동력이기 때문이다.

레게음악의 제왕 밥 말리Bob Marley는 평화의 행진 직전에 괴한의 총격을 받는 사고를 당했다. 그는 병원에 실려 갔다가 불과 이틀 만에 무대에 올라 사람들을 놀라게 한다. 성치 않은 몸으로 그렇게까지 무리할 필요가 있느냐고 묻자 그는 이렇게 말했다. "악은 세상을 망치려고 하루도 쉬지 않는데, 내가 어떻게 쉴 수 있겠는가?" 그가 말한 대로 악당들은 결코 지치지 않는다. 그래서 영웅은 쉬지 못하고 항상 피곤에 찌들어 있다.

어쩌면 영웅은 악당이 끊임없는 도전의 원동력으로 삼기 위해 인위적으로 만들어낸 존재인지도 모른다. 도전과제가 없다면 악당은 그 의미를 잃기 때문이다. 심심해진 악당은 비애의 존재이자 불행한 존재다. 악당은 연중무휴다. 남을 위해 일하는 것이 아니라 스스로를 위해 쉬지 않고 일한다. 영화 속 악당들은 끊임없이 새로운 무기들을 개발해 주인공에게 도전한다. 하지만 영웅에게는 무기를 제공해주는 전문가들이 따로 있다. 영웅은 단지 조력자들에게서 완성된 무기를 받아들고 작동법을 숙지한 다음, 적절한 시점에 사용하기만 하면 된다. 숀 코네리Sean Connery와 로저 무어Roger Moore는 007이라는 배역으로 영국 여왕에게서 기사 작위를 받았다. 영화 속에서, 그것도 남이 만들어준 무기를 사용하는 캐릭터를 맡았을 뿐인데 현실에서 칭송받는 영웅이 된 셈이다.

악당의 도전은 영웅에게 할 일을 만들어준다. 만약 악당들이 없으면 일자리가 줄어들고 출산율도 낮아지고 의료비용은 더 들어갈지 모른다.

2001년 베를린영화제에서 평생 공로상을 수상한 커크 더글라스Kirk Douglas는 무려 88편의 작품에 출연해 악당부터 영웅까지 다양한 캐릭터를 연기했지만, "항상 악역에 더 흥미를 느낀다"고 말했다. 어떤 경우에도 포기하지 않는 악당에게서 매력을 느끼기 때문이다. 포기하지 않는 것은 삶의 어느 영역에서나 인정받는 미덕이다. 하지만 남이 자기에게 원하는 것 혹은 세상이 요구하는 것을 해내기 위해서가 아니라 스스로 원하는 것을 이루기 위해 노력하고 실패를 감수하는 악당의 캐릭터는, 언제나 남의 눈을 의식하며 격식에 맞춰 살아야 하는 현대인들에게 카타르시스를 준다.

영화 〈미스 리틀 선샤인Little Miss Sunshine〉에서 올리브는 미모도 실력도 밀린다는 걸 알고 미녀 경연대회 무대에 올라가기를 포기한다. 이때 오빠인 드웨인의 음성이 들린다. "진짜 패자는 시도조차 않는 사람이란다." 색 맹인데도 전투기 조종사를 꿈꾸는 오빠의 말을 듣고 올리브는 용감하게 무대에 올라 춤을 춘다. 그런데 할아버지에게서 배웠다는 그 춤은 어린아 이가 추기에는 민망한 봉춤 수준이라 실격을 당한다. 그래도 가족은 행복 했다. 원하는 것을 당당하게 시도할 수 있다는 그 자체로 진정한 만족감을 얻었기 때문이다.

칸트Kant는 우리의 보잘것없는 열정 없이는 어떤 위대한 것도 이루어지 지 않는다고 하면서, 그 열정 안에 선이 아닌 악의 요인이 중요하게 작용 한다는 사실을 긍정했다.

> 달성을 위한 투쟁, 이기주의, 허영심은 문명의 자극물 자체다. 오만 함이 없다면, 경쟁심이 없다면, 탐욕이 없다면, 인간에게는 행동하 고 창조하고 만들어낼 동기가 없을 것이다. 과학도 산업도 예술도 없을 것이다. 그것은 진보의 동력으로 나타난다.

경쟁과 도전은 무엇인가 되갚아줄 것이 있을 때 부각된다. 드라마 〈추 적자〉에서 강동윤은 이렇게 말했다. "난 초등학교 때 친구와 싸운 적이 있 다. 이발소 건물 주인 아들이었다. 아버진 그날 밤 내 손을 잡고 주인집 현 관 앞에서 두 시간을 기다렸다. 무릎 꿇고 비셨다. 내가 더 많이 다쳤는데 도 말이다. 결혼하고 국회의원이 되고 돈을 가지고 힘을 가진 뒤에도 아버 지는 내게 아무것도 바라지 않으셨다. 단 하나의 부탁만을 하셨다. 이 건

나 는 악 당 이 되 기 로 했 다

물을 사달라고 하셨다. 주인 가족은 지금 이발소 건물 지하 단칸방에서 살고 있다. 복수는 이렇게 하는 거다. 기다려야지. 상대가 약해지길. 아니면 내가 강해지길."

그가 도전할 수 있었던 것은 아무것도 가진 것 없고 잃을 것 없고 안주할 곳마저 없었기 때문이다. 다시 영화 〈다크나이트 라이즈〉를 생각해보자. 지하감옥에 갇힌 브루스 웨인은 재활에 성공하자마자 지상으로 탈출을 시도한다. 그러나 어린 꼬마가 단번에 타고 올라갔다는 원형 벽에서 그는 번번이 떨어지고 만다. 열패감과 수치심에 분노하는 그에게 지하감옥 의사는 충격적인 한마디를 던진다. "그 꼬마는 몸에 아무런 안전장치도 매달지 않고 올라갔다." 꼬마가 최소한의 장치도 없이 맨몸을 날릴 수 있었던 것은 더 이상 물러설 곳조차 없었기 때문이다.

상대가 강하면 강할수록
나도 강해진다

악당은 실패해도 기죽지 않는다. 오히려 자기 증강한다. 조커는 배트맨에게 "네가 날 완전하게 만든다"고 했다. 영웅에게 패배한 악당은 그대로 처박히기를 거부하고 끊임없이 진화한다. 영화 〈매트릭스 2Matrix 2〉에서 요원 스미스는 네오 때문에 오히려 자기 복제능력이 강화된다. 〈스파이더맨〉 시리즈의 악당 베놈은 숙주의 능력을 복사해 자기의 것으로 만들 수 있다. 상대의 능력을 자기의 것으로 만들어내는 것이다. 그에게 고정되고 정체된 상태란 없다.

영화 〈배트맨 라이즈〉에서 배트맨의 허리를 꺾어버린 베인의 승리는 결코 우연히 이루어진 것이 아니다. 영화에는 상세하게 드러나지 않지만 베인은 본래 혁명가의 아들이다. 부패한 정부를 전복하려던 아버지가 도피한 사이, 어린 베인은 아버지 대신 감옥에 갇힌 채 갖은 고통과 수난을 당한다. 그는 어려운 환경과 고난에도 감옥 안에서 틈틈이 독서와 운동으로 스스로를 단련한다. 마침내 성인으로 자란 그는 감옥의 왕이 되어 세력을 확장해간다. 베인의 세력 확장을 두려워한 교도소장은 그를 제거하기 위해 약물 인체실험 대상자로 뽑는다. 인체실험에서 숨이 끊어진 베인은 상어 밥으로 바다에 버려진다. 하지만 베인은 더 강력해진 신체를 갖고 교도소로 돌아와 부하와 측근을 데리고 탈출하고, 배트맨과 정면 대결을 벌인다.

베인에게는 한 가지 연구주제가 있다. 죽을 위기에 처한 악당을 살려주는 배트맨을 보고 흥미를 갖게 된 것이다. 그 이후 베인은 배트맨에게 집착한다. 그러나 베인의 집착은 어디까지나 승부욕이라는 점에서 조커의 광기와는 다른 양상을 보인다. 조커는 상대를 괴롭히는 데서 쾌감을 느끼지만 베인은 배트맨과의 승부를 통해 성취감을 추구한다. 결국 조커도 하지 못한 일을 베인은 해낸다. 배트맨의 정체를 밝히고 허리를 꺾는 데 성공했던 것이다. 배트맨에 대한 집념과 뛰어난 전략이 뒷받침된 승리였다.

어쩌면 영웅은 남다른 운과 주변 사람들의 호의가 없이는 악당을 상대하기에 벅찬 존재인지도 모른다. 올리브가 "살려줘요, 뽀빠이!"라고 외치면 뽀빠이는 시금치 통조림을 먹어치우고 올리브를 구하러 달려온다. 악당인 브루투스의 구애는 정말 혀를 내두르게 할 정도로 적극적이다. 아무리 올리브가 진저리를 치며 싫어하고, 경쟁자인 뽀빠이에게 호되게 당해도 올리브의 마음을 얻기 위한 그의 시도는 계속된다. 그런데 만약 시금치가 없다면 뽀빠이는 과연 올리브를 지켜낼 수 있었을까?

마크 슈미트Marc Schmidt는 〈개구쟁이 스머프에 나타난 사회-정치학적인 논제Socio-political Themes in The Smurfs〉라는 글에서 스머프를 녹여서 황금을 만들 생각에 여념이 없는 가가멜을 가리켜 '돈만 밝히는 유태인'이라고 한다. 그러나 그 만화의 등장인물 가운데 가가멜만큼 자신의 목적을 위해 강렬한 의지를 불태우거나 시도하는 캐릭터는 없다. 〈백설공주Snow White〉의 왕비는 외모를 가꾸는 데 목숨을 걸고, 날이면 날마다 거울을 보면서 세상에서 가장 아름다운 사람이 누구인지 끊임없이 물어본다. 하지만 돌아오는 답은 언제나 '백설공주'다. 그런데 정작 백설공주는 자신의 외모에 대해 무심하기 짝이 없다. 굳이 가꾸려고 애쓰지 않아도 언제나 예쁘기 때문이다. 어쩌면 백설공주는 그렇게 방심하다가 왕비 정도의 나이가 들면 피부가 엉망이 될지도 모른다. 도대체 관리하는 법이 없으니까.

포기를 모르는 강인한 면모는 악당에게 생존의 조건이나 다름없다. 악당이 강하면 강할수록 관객들은 열광한다. 소설이나 영화에서 악당이 영웅을 궁지에 몰아넣을 정도로 실력이 뛰어나지 않으면 독자나 관객들은 몰입하지 않는다. 영화 〈어벤져스The Avengers〉에서 악당 로키는 신의 아들인데, 영화 역사상 이렇게 나약한 신은 다시 없다고 해도 지나치지 않을 정도였다. 실망한 관객들의 원성이 쏟아진 것은 당연한 결과였다. 비록 1차전에서 영웅에게 패하더라도 2차, 3차에 걸쳐 불굴의 의지와 힘으로 재기하는 악당을 관객들은 기대한다. 그런 악당을 보면서 사람들은 두려움과 더불어 경외심을 느낀다. 불굴의 의지와 도전의지는 평범한 사람들은 가지지 못한 것이다. 그렇기 때문에 악당을 통해 대리만족을 느끼는 것이다.

영웅이 문을 한 번 차면 열리지만, 악당은 수십 번은 쳐야 열린다. 그래도 악당은 문이 열릴 때까지 발로 차기를 멈추지 않는다. 병자생존病者生存의 역설이 악당에게 있다. 잔병치레가 많을수록 오래 산다. 악당은 그러한 잔병과 맞서 싸우는 사이 쉽게 사그라지지 않는 생명력을 갖게 된다.

승리할 가능성이 100퍼센트가 안 될지라도 악당은 과감하게 도전한다. 가능성이 희박한 승부에 도전할 때 사람들은 미쳤다거나 비정상이라며 손가락질할 수 있다. 그러나 불완전하지만 끝없이 도전하는 악당은 우리들 대부분의 초상이다. 우리는 누구나 각자의 생활 전선에서 고군분투하며 전쟁을 벌인다. 찰스 다윈Charles Darwin은 인간 진화의 비밀이 다른 사람들과 전투를 벌이는 데서 나온다고 말한 바 있다. 영화 〈터미널The Terminal〉에서도 "친절하세요. 당신이 대하는 모든 사람은 다 힘겨운 전투를 벌이며

나는 악당이 되기로 했다

살아간답니다"라는 대사가 나온다.

불굴의 도전은 더 나은 존재가 되고자 하는 인간의 자연스러운 욕망이다. 그것은 개인에게만 한정되는 것도 아니고 지금 이 순간, 현세대에게만 해당하는 것도 아니다. 스스로 초인이 되려 하면 절대자를 따르는 이들이 거부감을 나타낼 것이며 악당이라 규정하고 비난할 것이다. 하지만 악당은 초인이 되기 위한 시도를 멈추지 않는다. 신만이 존재하는 완전한 곳에서는 이런 도전과 권력의지가 결코 존립할 수 없다. 그런 면에서 불굴의 도전을 감행하는 악당이야말로 가장 인간적인 존재다.

온 세상이 다 듣도록 큰 소리로 웃는다

_악마적인, 그래서 가장 인간적인 악당의 웃음

1392년 이탈리아의 어느 수도원에서 수도사들이 연이어 목숨을 잃는다. 당황한 수도원장이 윌리엄 수도사에게 살인사건을 조사해주도록 부탁한다. 윌리엄 수도사는 여러 가지 상황과 자료를 추론하던 끝에 장서관藏書館에 비밀이 있다는 사실을 알아낸다. 각고의 노력 끝에 그 안으로 들어가는 데 성공한 윌리엄 수도사는 수도사들의 죽음이 책 때문이라는 거대한 비밀을 알게 된다. 책을 차지하기 위해 서로 싸우기라도 한 것일까? 그러나 싸움의 흔적은 없었다. 문제는 책 자체에 있었다. 노령의 부르고스의 호르헤 수도사가 책에 독을 발라놓았던 것이다. 그래서 그 책을 본 수도사들은 침을 발라 책장을 넘길 때마다 중독되어 목숨을 잃은 것이다. 대체 무슨 책이기에 독을 발라났던 것일까?

문제의 책은 아리스토텔레스의 희극론이었다. 본래 아리스토텔레스는 비극론과 희극론을 모두 저술하려 했는데, 후세에 전해진 것은 비극론뿐

나 는 악 당 이 되 기 로 했 다

이었다. 그 비극론이 바로 우리가 잘 알고 있는 《시학Poetics》이다. 희극론에 대해서는 저술하겠다고만 했지 실제로 전해지는 책은 없었다. 그런데 희극론, 즉 웃음에 대한 책이 바로 이 수도원 장서각에 있었던 것이다. 그렇다면 호르헤 수도사는 왜 책에 독을 묻혔을까?

그는 '웃음'을 '악마'라고 간주하고 있었다. 경건한 하느님의 말씀이 아니라 웃고 떠드는 것에 대해 쓴 아리스토텔레스의 책을 못마땅하게 여겼기 때문에 그 책을 읽는 이들을 악의 무리로 규정하고 징벌을 내린 것이다. 이 내용은 1980년, 움베르토 에코가 발표한 소설 《장미의 이름The Name of the Rose》의 줄거리다.

중세에는 엄숙한 종교적 분위기를 중시했기 때문에 웃음을 백안시했다. 중세뿐 아니라 도덕적 원칙을 강조하는 집단이나 조직일수록 이런 경향이 나타난다. 군대만 해도 웃음보다는 엄격, 비장함을 강조한다. 특정한 성과를 목표로 하는 집단일수록 웃음은 금기시되며 웃음을 유발시키는 이는 악당이 된다.

악당은 웃음을
참지 않는다

악당은 항상 웃는다. 그들은 악당樂黨이다. 악당은 하고 싶은 일을 하기 때문에 억압과 통제에서 자유로우며, 성취를 얻었을 때 마음껏 웃는다. 반대로 이를 저지하는 영웅은 항상 심각하다. 그들은 웃음이 없이 늘 진지하며 양미간에 주름이 잡혀 있다. 인상을 쓸수록 멋있다는 의식 때문인지 모른다. 영화 〈스파이더맨〉에서 피터 파커의 삼촌 벤은 "큰 힘에는 큰 책임이 따른다With great power comes great responsibility"는 말을 남긴다. 영웅들은 묵직한 화두를 부여잡고 깊은 사유에 침잠한다. 머리와 몸에 이런 화두를 담고 다니는데 화통하게 웃을 겨를이 없다. 좋은 결말이 와도 가벼운 미소 정도에 그쳐야 영웅의 미덕이 되겠다.

애니메이션 〈메가마인드Megamind〉에서 메가마인드는 시시때때로 미친 듯이 웃는다. 그가 악당이 아니던 어린 시절에는 이처럼 격한 웃음을 생각할 수조차 없었다. 악당이 된 그는 거리낌 없이 웃는다. 마음껏 웃지 않는 악당은 악당이 아니다. 하지만 영웅이 마음껏 웃음을 즐기다가는 오히려 거만하거나 잘난 체하는 가벼운 캐릭터로 비쳐져 사람들의 고개를 갸웃하게 만든다. 아마존amazon.com의 CEO 제프 베조스Jeff Bezos는 '시애틀에서 가장 큰 소리로 웃는 사람'으로 유명하다. 집무실에서 웃음을 터뜨리면 복도는 물론, 위 아래층에서도 그의 웃음소리가 들릴 정도라고 한다. 공교롭게도 그의 별명은 '악당'이다. 그런 큰 웃음은 그만이 웃을 수 있다. 악당 조커의 웃음을 떠올려보자. 남의 눈치 보지 않고 웃고 싶은 대로 웃는다. 대화의 대부분이 웃음이다.

악당의 웃음은 왜 그렇게 통쾌하고 유쾌할까? 그것은 가식적인 억지웃음이 아니라 자연스럽게 터져 나오는 웃음이기 때문이다. 물론 상대를 비웃는 경우도 있다. 그럴 때의 웃음은 성공전략의 범주 안에 있음을 짐작할 수 있다.

웃음의 탄생에는 몇 가지 심리학적 원리들이 있다. 프랑스의 철학자 베르그송Bergson이 말하듯 웃음은 의도하지 않은 행동의 반전에서 생겨난다. 가장 흔한 예로 예기치 않은 실수는 웃음을 유발한다.

> 거리를 달리던 사내가 비틀거리며 쓰러진다. 지나가던 사람들이 웃는다. (중략) 만약 길에 돌멩이가 있어 넘어진 것이라면 걸음걸이를 바꾸거나 아니면 그 장애물을 피해서 지나가야만 했다. 그렇지만 유연함이 부족했던 탓인지, 멍청했던 탓인지, 그것도 아니면 몸이 고집을 부린 탓인지 그러지 못했다. 상황이 다른 것을 요구하는데도 그는 경직되었거나 외부의 힘 탓으로 근육이 여전히 같은 운동을 계속했던 것이다. 그 때문에 그는 넘어진 것이고, 이를 보고 지나가던 사람들이 웃은 것이다.
> －베르그송,《웃음론Le rire : Essai sur la signification du comique》중에서

멋지게 차려입은 신사가 지적인 풍모를 풍기며 걷다가 느닷없이 돌에 걸려 넘어졌다면 사람들은 웃음을 참지 못할 것이다. 베르그송은 신사가 넘어진 것은 사고와 행동의 경직 때문이며, 이때 웃음은 그 경직에 대한 징벌이라고 했다. 기계적 행동이 낳은 부정적인 결과에 대한 응징이라고 본 것이다. 그는 또한 웃음은 "경직을 유연함으로 교정하고, 개체를 전체에 재적응시키며, 모난 것을 제거해 둥글게 하는 것"이라고 했다. 그러나 웃음의 대상이 되는 사람은 굴욕을 당하고 쓰라린 상처를 안는다.

진화심리학에서는 웃음이 생존을 위한 방편이라고 말한다. 기계적인 행동에 따른 사물화현상을 볼 때 웃음이 터지는 것이라는 베르그송의 입장이나, 아리스토텔레스나 칸트가 우월이론, 불일치이론을 말하는 것과는 사뭇 다르다. 우월이론이란 어설프거나 허점 많은 이들을 우월한 위치에서 비웃는 것을 말한다. 불일치이론은 불균형의 이론이다. 잘 차려입은 신사의 양말에 구멍이 났다거나 우아하게 걷던 귀부인의 구두 뒤축이 별안간 부러졌을 때 사람들은 웃음을 터트린다.

그러나 진화론에 따르면 사람은 살아남기 위해 웃음 짓는다. 회사에서 사장님의 개그를 예로 들 수 있다. 높은 사람이 개그나 우스개를 하면 부하직원들은 떠들썩하게 웃는다. 하지만 사장이 다른 조직에 가서 개그를 하면 웃어주는 사람이 없다. 왜 그럴까? 회사에서는 농담이 별로 재미있지 않아도 단지 사장님이기 때문에 직원들이 웃어준 것이기 때문이다. 이때 직원들의 웃음은 조직에서 살아남기 위한 수단이다.

또 진화심리학에 따르면 남자들은 웃기는 여자를 좋아하지 않지만, 여자는 웃기는 남자를 좋아한다. 여성들은 웃고 남성들은 대체로 웃기는 입장이기 때문이다. 여성은 주로 동조와 공감, 평화의 상징으로 웃음을 사용한다. 따라서 여성들에게 웃음은 살아남기 위한 방편이다. 즉, 상대방을 해칠 마음이 없으며 호감을 느끼고 있음을 보여주기 위해 웃는다.

웃음은 쾌활한 성격과 삶의 여유를 의미하기도 한다. 삶에 대한 통제권이 많을수록 사람은 웃음을 짓는다. 강박적이고 집착적인 생활 패턴을 유지하는 사람은 쉽게 웃지 못한다. 웃음은 자신의 꿈을 성취할 수 있다는 자신감과 확신에서 나온다. 큰 소리로 마음껏 웃을 수 있는 것은 바로 자신이 상황을 지배하고 있다는 자신감의 표현이며, 다른 사람을 의식하지 않고 웃어도 제재할 사람이 없음을 과시하는 효과도 있다.

웃는 사람은 스스로 경험할 수 있는 능력을 지닌 자아 감각의 주체임을 증명한다. 웃고 있는 사람은 제거당하지 않는다. 제거당할 위험도 없다. 《자아를 잃어버린 현대인Man's Search for Himself》에서 심리학자 롤로 메이Rollo May는 "주체로서 자기 자신과 그를 둘러싸고 있는 객관적인 세계 사이에서 분명한 것을 잃어버릴 때 인간은 웃을 수 없다. 인간이 웃을 수 있는 한, 그는 염려와 혹은 공포의 지배하에 완전하게 있지 않다"고 말했다. 다시 말해 제거당할 위치에 있거나 심리적으로 위협받는 사람들은 웃을 수가 없다. 염려와 공포의 지배에서 벗어나야만 마음대로 웃을 수 있다.

그렇다면 웃지 않아야 할 위협적인 상황에서 웃는 것은 무엇 때문일까? 롤로 메이는 "위험할 때 웃을 수 있는 것은 용기의 표시"라고 했다. 위험한 상황에서 웃는 것은 용기와 담대함을 드러내는 것이다. 악당이 강력한 영웅을 맞이할 때 웃는 웃음은 바로 이러한 자신감과 용기의 표현이다.

진짜 웃음과
문제적 웃음에 관하여

웃음은 주체의 주관에 맡겨야 한다. 그러나 현대인들은 그렇지 못하다. 롤로 메이는 "우리 사회에서 유머와 웃음에 대한 일반적인 태도는 무엇인가? 가장 충격적인 사실은 웃음이 상품으로 만들어진다는 것이다"라고 지적했다. 대중들은 스스로 웃거나 웃음의 장치를 만들어내지 않는다. 이미 남이 만들어놓은 웃음장치나 도구에 의존한다. 그러나 악당들은 남의 것을 추종하거나 따라가지 않는다. 자신이 직접 웃음의 주체가 된다.

그런데 롤로 메이에 따르면 "호탕한 웃음은 새로운 성취를 이룩한 데 대한 만족의 웃음이 아니라 자신이 다른 사람을 꺾었다는 것을 만족하는 웃음이다. 이와 같은 호탕한 웃음이나 억지웃음은 모두 인간의 존엄성과 중요성을 상실했다는 표시"다. 즉, 호탕한 웃음은 과시용이라는 지적이다. 일견 맞는 이야기인데 한편으로 과연 그럴까?

누군가를 꺾었다는 것은 반드시 경쟁만을 의미하지는 않는다. 개인을 억압하는 제도나 권력, 체제, 관습 등을 극복하는 가운데 나오는 웃음일 수도 있다. 항상 체제에 순응하고 고분고분한 이들, 주눅 든 이들에게는 호탕한 웃음이 있을 수 없다.

프랑스의 시인 샤를 보들레르Charles P. Baudelaire는 《작품집》 2권 〈웃음의 본질에 대해〉에서 이렇게 말했다.

> 멜로드라마에 나오는 불신자들, 즉 저주받고 영겁의 정죄를 받았으며, 숙명적으로 귀를 찢는 듯한 웃음소리가 두드러지는 자들은 모두 웃음의 순수한 정통성 안에 있다.

기괴하고 악마적인 웃음으로 들린다 해도 그것은 진정한 웃음이며, 철

나 는 악 당 이 되 기 로 했 다

저하게 그의 사람됨에서 나오는 산물이라는 말이다. 우리
는 다른 사람들의 웃음 뒤에 숨겨진 진정한 의미를 잘 알아
차리지 못하는 경우가 많다. 심지어 상대방이 정말 만족스
럽고 즐거워서 웃는 것인지조차 파악하기 어렵다. 다만 상
대가 악당과 같이 튀게 웃으면 거북하게 여기고 싫어한다.
오히려 그것이 함정이다.

〈국제전기전자기술자협회 감성적 컴퓨팅의 처리 IEEE
Transactions on Affective Computing〉저널에 발표된 미국 MIT연구
팀의 논문에 따르면 사람들은 행복한 웃음과 좌절의 쓴웃음
을 대체로 구별하지 못했다. 연구팀이 의도한 황당한 사
태에 맞닥뜨리자 참가자들의 90퍼센트가 쓴웃음을 지었
는데, 연구팀은 이들의 웃음을 영상으로 기록하여 아기가
기뻐서 웃는 모습과 구별하게 하는 실험을 했다. 그런데 진
심에서 우러난 미소와 좌절의 쓴웃음을 구별하는 사람은
50퍼센트에 불과했다. 이에 비해 컴퓨터는 90퍼센트의 정
확도로 웃음의 차이를 구별해냈다. 웃음의 타이밍에 대한
정보를 프로그램에 입력한 결과였다.

영상분석을 통해 비교한 결과 쓴웃음의 포인트는 빠르
게 나타났다가 금세 사라진다는 점이었다. 사람들이 짧은
순간 쓴웃음을 짓는 이유는 무엇일까? 그것은 좋지 않은
기분에 스스로 당혹감을 느끼고 다른 사람들에게 진짜 속

웃음은 악마적이다. 따라
서 철저하게 인간적이다.
샤를 보들레르

"왜 그렇게 심각해(Why
so serious)?"
〈배트맨〉에서 조커의 대사

"난 솔직하지 않은 쪽이
야. 솔직하지 않은 사람
은 안 믿으면 그만이야.
위험한 건 솔직한 사람이
지. 솔직한 사람은 언제
어떻게 일을 꾸밀지 모르
거든."
〈캐리비안의 해적−블랙
펄의 저주(Pirates Of The
Caribbean: The Curse Of
The Black Pearl)〉에서 캡
틴 잭 스패로우의 대사

마음을 드러내지 않으려는 자동반응이다. 따라서 웃음이 순수한 행복감, 만족감의 표시라고 생각하는 것은 거대한 착각이다. 실험의 결론에는 이런 구절이 있었다. '고객이 웃는다고 해서 다 만족하는 게 아니다.'

정말 문제의 웃음은 위선적이거나 가식적인 웃음이다. 예컨대 거짓웃음을 지으면 입꼬리만 올라간다. 눈가의 근육까지 동시에 움직여야 진짜 웃음이다. 웃는 척하면서 이익을 취하려는 위선적인 사람들이 가짜 웃음을 짓는다.

19세기의 프랑스 생리학자 기욤 뒤센 드 블로뉴Guillaume Duchenne de Boulogne는 웃음에는 단 한 가지만 있으며 나머지는 웃음이 아니라고 했다. 그가 말하는 '진짜 웃음'은 즉각 터져 나오는 순수한 기쁨의 반영으로써 큰 광대뼈 근육이 움직이면서 입꼬리가 올라가고 윗입술이 올라가면서 뺨이 위쪽으로 당겨질 때 나오는 자연스러운 웃음이다. 웃음을 말할 때 사람들이 흔히 떠올리는 환한 웃음은 입 둘레 근육과 눈 둘레 근육이 수축하면서 만들어낸다. 한편 사교적인 용도의 웃음은 입 주위의 근육만 움직인다. 뒤센이 이를 과학적인 실험을 통해 증명했기 때문에 '뒤센 웃음Duchenne Smile'이라고 한다. 입모양만 보면 웃는 모습이지만 눈 아래 주름이나 눈꼬리의 주름을 관찰해보면 진짜 웃음이 아니라는 사실을 알게 된다. 연예인이나 정치인들의 웃는 모습을 이런 관점으로 보면 대부분 진정성이 없다는 것을 알 수가 있다. 작가 조너산 프랜즌Jonathan Franzen은 이를 '거짓웃음의 수리학hydraulics of insincere smile'이라고 표현하기도 했다. 거짓웃음은 결국 사교마저 실패하게 한다. 지속적으로 머무는 웃음보다는 짧은

나 는 악 당 이 되 기 로 했 다

웃음이 연이어 터져 나오는 것이 진실한 감정이 실린 웃음이다.

영웅들은 마음 내키는 대로 웃지 못한다. 자신에게 쏠린 수많은 눈을 의식해야 하는 탓이다. 터져 나오는 웃음을 마음껏 웃을 때 그 모습이 고상하고 멋져 보일 리 없다. 크게 벌린 입 안으로 목젖이 드러나거나 눈이 새우같이 작아질 수 있으며 눈가에 주름이 지는 것은 물론, 침이 튀거나 자세가 흐트러질 수도 있다. 하지만 악당들은 남의 시선을 전혀 신경 쓰지 않고 마음 가는 대로 만족감과 기쁨을 표출한다.

삶이 한순간의
희극일지라도

한편 웃음의 지속성은 이상적이지만 그것은 많은 사람들에게 도리어 고통을 준다. 그것을 꼬집은 것이 〈배트맨〉의 조커라는 캐릭터다. '잭 니파이어'에서 조커가 된 그는 웃음으로 등장해서 웃음으로 끝난다. 1989년에 개봉한 〈배트맨〉의 마지막 장면에서 조커는 석상을 향해 "뭘 웃어?"라고 말하며 추락하는데, 땅 위에 떨어져서도 웃는 얼굴을 하고 있다. 죽어서도 웃고 있는 그의 모습은 기괴하고 비극적이다.

사람들은 조커를 '미친 광대'라 한다. 광대는 항상 웃는 얼굴을 하고 있다. 슬퍼도 우울해도 화가 나도 마냥 웃는다. 사람들은 웃는 광대를 보고 즐거워하면서도 무시하고 조롱한다. 조커는 그런 어리숙하고 우스꽝스러운 광대의 모습을 하고 소름 끼치는 살인무기를 휘두른다. 이익을 제공하고도 무시당한 자의 저항이다.

화학약품인 '조커 베놈(조커독)'에 빠진 조커는 웃는 표정으로 얼굴 근육이 고정된다. 파상풍균 혹은 스트리키네 성분의 독성 약품에 중독된 사람은 웃는 얼굴로 사망하게 된다. 그것은 진짜 웃음이 아니라 '리수스 사르도니쿠스', 즉 경련 웃음이다. 조커는 말한다.

"난 그냥 겉으로만 웃고 있는 거야. 내 미소는 그냥 피부가 패여서 생긴 거라구. 내 안을 들여다본다면 난 비참하게 울고 있지. 내 흐느낌에 동참하지 않겠어?"

겉으로는 웃고 있지만 속으로는 울고 있는 피에로의 슬픔. 속으로 흐느낌을 감추는 이들이 비단 피에로와 같은 광대 희극인만일까?

한비자韓非子는 리더의 눈물과 약한 모습을 경계했다. 군주는 백성들에게 눈물을 보이지 말아야 한다. 적국에게 나약한 인상을 심어줌으로써 그들의 침략을 야기할 수 있고 백성들마저 유약해진다는 이유에서였다. 리더는 울고 싶어도 속으로만 울어야 한다. 감정을 표현하는 데 있어서 그들은 한없이 약자일 수밖에 없다. 그래서 영웅이 되고자 하는 이들, 도덕군자나 성인의 반열에 들고자 할수록 웃음이 인색하다.

니체는 웃음에 대해 어떻게 보았을까? 그는 인내하고 억누르는 낙타와 노새는 사자에게서 배워야 하지만, 표현하고 저항하며 독단적인 사자에서 멈추지도 말라고 한다. 사자는 모든 것에 저항하며 늘 으르렁댈 뿐이기

나는 악당이 되기로 했다

때문이다. 오로지 어린아이처럼 춤과 웃음으로 순간을 즐기기를, 그렇게 해서 '위버멘시 übermensch(극복하는 사람, 우리말로는 보통 '초인'으로 번역한다)'로 나아가길 바라는 것이다. 니체는 웃음과 춤 그리고 놀이성이 초인으로 가는 길이라 보았다. 이는 곧 어린아이의 모습이다. 사자의 단계와 어린아이의 사이에는 높은 문턱이 있다. 그 문턱을 넘게 하는 동력이 바로 웃음과 춤, 놀이인 것이다.

조커라는 캐릭터에게서 이러한 모습을 볼 수 있다. 조커는 소속도 주거지도 없다. 입고 있는 옷에 상표도 없다. 따라서 사회 시스템 안에서 그를 추적하기란 불가능하다. 추적을 할 수 없다는 것은 그가 시스템 안에서 자유로움을 뜻한다. 그는 끊임없이 웃고 춤을 춘다. 그리고 매 순간 놀이와 같은 상황들을 만들어낸다. 오로지 자신의 의지와 생각으로 움직이고, 물질적 보상마저 거부한다. 그는 엄청난 돈을 태워버림으로써 자신이 어떤 것에도 구속되지 않는다는 점을 과시한다. 조커에게는 게임이야말로 즐거움과 쾌락 그 자체이고 그 외의 목적은 없었다.

그러나 그는 사람을 해치거나 죽이는 상황마저도 웃음과 놀이로 간주하기 때문에 단순한 악당을 넘어선 악인이라 해야 한다. 팀 버튼은 어쩌면 조커를 통해 니체의 관점을 환기하고 싶었는지도 모른다. 영화에서 조커는 고담 시

테러리스트는 터번을 두르고 큰 칼을 휘두르며 알 수 없는 이유로 사람들을 살육하는 설화 속 악당도, 인질을 보며 기뻐하는 가학적 도착증 환자도 아니다. 현대의 테러리스트인 이슬람 근본주의자들이 극단적인 것은 그들이 더 악하거나 병든 존재이기 때문이 아니라 자신의 신체나 무고한 사람의 목숨 말고는 쥐고 싸울 게 없는 정치경제적 약자이기 때문이다.
테리 이글턴(Terry Eagleton), 《성스러운 테러(Holy Terror)》 중에서

웃어라, 온 세상이 너와 함께 웃을 것이다. 울어라, 너 혼자 울 것이다.
영화 〈올드보이〉에 세 차례 인용된 엘라 윌콕스(Ella W. Wilcox)의 〈고독(Solitude)〉

의 퍼레이드에서 이렇게 말하고는 마스크를 쓴다.

> "자, 기다리던 시간이 왔습니다. 여러분들을 불행한 인생에서 해방
> 시켜드리죠. 외과의사가 항상 말하듯, 갈 때 가려거든 웃으면서 가
> 시오."

조커는 자신을 웃는 얼굴로 만든 바로 그 치명적인 독극 약품으로 가스를 만들었다. 광대 풍선에서 독가스가 나온다는 사실을 알아채지 못한 사람들은 하나둘씩 웃는 얼굴로 숨을 거둔다. 마치 광대처럼.

억지로 웃는다고 해서 인생의 고통이 사라지는 것은 아니다. 결국 조커도 인생이 괴로운데 억지로 웃어야 하는 것이 더 고통이고 비극적이었다. 아내가 죽었는데 악기를 연주하고 노래하던 장자의 모습이 여기에 겹쳐진다. 정말 불행한 사람들은 억지로 웃어야 하는 사람들이다. 자신의 통제권이 상실된 웃음은 고통을 심화시킨다. 차라리 심각한 얼굴이 부럽다. 특히 오늘날 서비스업에 종사하는 감정 노동자들처럼 스스로 원하지도 않는데 웃음을 팔아 생계를 유지해야 하는 사람들은 웃음 없는 사람보다 더 고통스럽다. 자본을 가진 강자들은 약자를 영원히 웃는 존재로 만들 수 있는 현실이기 때문이다.

영화에서 악당들은 주인공을 괴롭히면서 거리낌 없이 웃는다. 영웅이 고수하는 세상의 진리나 본질 같은 것은 죄다 허상일 뿐이라고 말하면서 그들은 빈정댄다. 자기 할 말을 다할 때 사람들은 기분이 좋아진다. 그럴

나 는 악 당 이 되 기 로 했 다

때 웃음은 자연스럽게 나온다. 상황을 지배하고 있을수록, 그러한 힘이 있을수록 악당은 웃는다.

무례함에서
내일의 변화가 시작된다

힘없는 사람들은 가진 자들에게 이야기할 때 웃지 않는다. 하지 않는 것이 아니라 못한다. 거친 노동과 빈한한 삶에는 웃음의 여유가 허락되지 않기 때문이다. 또한 지독한 상황을 항의하는 도구로써 웃음은 적합한 수단이 아니다. 이와 반대로 사회의 지배세력은 그 지배구도를 깨뜨리려는 자들에게 웃음으로 징벌을 내린다. 그 웃음은 상대방을 그야말로 웃음거리로 전락시킨다. 현실을 모르는 바보로 규정하고 고립시킨다. 그들은 자신만 만하고 여유로운 웃음을 내비치며 대항하는 자들을 위축시키려 한다. 거꾸로 그들은 웃음으로 표출되는 '우리들의 지배구도는 확고하다'라는 자신만만함을 통해 자신이 속한 체제의 결속을 다진다.

이런 맥락에 따라 웃음의 코드로 계층을 나눌 수 있다. 루비 페인은 "빈곤층은 사람과 섹스가 웃음거리이고, 중산층은 시트콤 같은 상황에 웃음을 터뜨린다. 반면 부유층은 사회적으로 무례한 행동을 꼬집을 때 많이 웃는다"고 지적한다. 세력가와 부유층은 사회적 질서를 해치는 이들에게 웃음폭탄을 안긴다. 권력과 부를 가진 이들은 자신들이 지배하고 있는 질서의 룰을 깨뜨리는 이들을 웃음거리로 만들어 존재적 기반을 분해시켜버린다. 여기에서 질서의 룰은 대개 예의와 격식이다. 예의와 격식을 따르지 않는 이들을 무식하고 교양이 없으며 열등한 자들로 취급하고 낙인을 찍어 웃음거리로 만들고는 다른 이들과 격리시켜버린다. 하지만 그런 질서는 머지않아 새로운 질서를 모색하는 이들에게 깨지기 마련이다. 예컨대 조선시대에 사대의 예나 양반의 격식을 차리지 않으면 우스운 쌍놈으로 여기고 멸시하던 성리학적 질서의 기득권자들은 이제 한국사회에서 존립할 수 없다. 질서에 대항하는 미래의 변화는 무례에서 나온다. 예는 현실이자 보수保守이기 때문이다. 무례는 치열한 현실의 모색이자 새로운 세상으로의 변화다. 예의를 차릴 수밖에 없는 감정노동은 현실이고, 통쾌한 웃음을 터트리는 것은 악당들이나 하는 짓이다.

그러나 악당들의 웃음은 오래 지속되지 못한다. 한시적이다. 이로써 악당은 강자가 아니라는 점이 드러난다. 악당이 주류와 강자에 항의하는 소수자의 입장을 은유적으로 대변한다는 암시도 여기에서 출발한다.

잘 웃는 악당은 영화나 드라마, 소설 속에서 결국 죽음을 맞게 된다. 소설《장미의 이름》에서 웃음에 관한 책을 보며 미소 지었던 수도사들처럼 말이다. 영화 〈레이디킬러The Ladykillers〉에서 악당들의 운명은 얄궂다. 관객들을 즐겁게 해주던 악당 도어 박사가 다리 난간의 돌에 맞아 추락사할 때, 사람들은 그가 죽는데도 웃음을 터트렸다. 도어 박사뿐 아니라 그의 일당이 차례차례 죽음을 맞이할 때 보는 사람들은 즐거워했다. 굴착전문가, 폭파전문가, 힙합 애호가, 미식축구 선수였던 그들은 지하굴착을 통해 카지노의 돈을 훔쳐낸다. 그들을 통해 인간 공통의 감정과 생각을 공유한 이전의 내용은 모두 거세된 채, 어느새 그들의 죽음은 즐거워해야 할 대상이 된다. 영화적 재판이다. 영화에서 악당에게 내리는 벌은 대개 이렇게 무차별적인 죽음으로 통일된다. 하지만 관객들 입장에서는 그들의 생명이 소멸되는 것이 안타깝기는커녕 통쾌하거나 유쾌한 사건이 된다. 악당들의 시체가 산처럼 쌓일 지경인데도 말이다.

하지만 사회의 질서를 거스르면 목숨을 빼앗기거나 벌을 받는 것이 세상의 이치라 해도 어딘가에는 흔들림 없이 자기 삶의 지향을 위해 달려가는 악당들이 존재한다. 삶이 한순간의 희극일지라도. 그래서 그들은 더욱 신나게 웃는 것인지도 모른다.

젊은 양치기가 몸을 비틀고 캑캑거리고 경련을 일으키며 찡그리고 있는 게 눈에 들어왔다. 놀랍게도 그의 입에는 시커멓고 묵직한 뱀 한 마리가 매달려 있었다. 내 일찍이 인간의 얼굴에서 그토록 많은 역겨움과 핏기 잃은 공포의 그림자를 본 일이 있었던가. (중략) 초인은 양치기에게 물어뜯어라! 물어뜯어라! 외치고, 양치기는 뱀 대가리를 물어뜯었다. 마침내 양치기는 뱀 대가리를 멀리 뱉어내고는 벌떡 일어났다.

그는 이제 더 이상 양치기나 여느 사람이 아닌 변화한 자, 빛으로 감싸인 자가 되어 웃고 있었다! 지금까지 이 지상에 그와 같이 웃어본 자는 없었으리라!

– 니체,《짜라투스트라는 이렇게 말했다》중에서

진정한 웃음은 온갖 고통과 역경, 괴로움을 극복한 이들만이 누릴 수 있는 것인지 모른다. 뱀은 인생에 어느 날 갑자기 닥쳐온 고난과 불행이다. 그것은 양치기의 탓이 아니다. '내 잘못이 아냐, 나를 문 뱀이 나빠'라고 울고불고 해보았자 뱀은 순순히 나가떨어지지 않는다. 이때 정의와 불의, 선과 악의 판단은 무용하다. 맞서 뱀을 물어뜯는 행위가 필요할 뿐이다. 필사적으로 목숨을 건 사투, 그리고 마침내 위기를 극복했을 때의 환희. 그 승리를 일구어낸 것은 신도 아니고 영웅도 아니다. 젊은 양치기 스스로가 해낸 것이다. 그는 어느새 양치기도 아니고 소년도 아니었다. 그는 초인이었다. 살고자 하는 생의 의지에 따라 그는 자신에게 닥친 상황을 이기고 극복하였다. 그의 얼굴은 웃음으로 빛난다. 에리히 프롬의 말대로 고통을 겪은 자만이 행복의 진정한 가치를 아는 것이다.

조커는 죽어서도 웃는 자, 영원히 웃는 인물이다. 하지만 그는 악인이었다. 사적인 복수를 떠나 무고한 시민을 죽인 것은 어디까지나 보편적인 도덕 원칙에 위반되기 때문이다. 그럼에도 불구하고 어쩌면 그는, 죽지 못해 살면서도 계속 웃어야 하는 비극적 상황에서 매 순간 자신의 웃음을 심어넣으며 초극하려는 의지를 가진 초인인지도 모른다.

나 는 악 당 이 되 기 로 했 다

악당은 왜 떼로 몰려다닐까

_명예보다 실리를, 혼자보다 조직의 힘을 믿는 '형제들'

"지옥은 어떤 연결도 없는 곳이다." 시인 T. S. 엘리엇Thomas S. Eliot은 단
테Dante의 《신곡La Divina Commedia Dante Alighieri》 중 '지옥' 편을 이렇게 묘사했
다. 지옥은 어떤 연결도 없는 고립의 시공간이다. 영웅은 혼자 항상 존재
한다. 영웅의 공간은 혼자만의 단절된 공간이다. 자칫 지옥이 따로 없다.
자신의 성에 홀로 틀어박혀 있는 배트맨에게 그의 공간은 안식처가 아닌
지옥이다. 그를 그나마 살아 있게 하는 것은 각 곳에 연결된 모니터와 신
문이다. 그러나 결국 그는 모든 것을 자기 혼자 생각하고 판단하고 행동한
다. 그 결과 치명적인 위험에 빠진 경우가 한두 번이 아니다. 요행하게도
그는 주인공이기 때문에 살아난다. 하지만 현실에서 그런 인물이 있다면
과연 살아남을 수 있었을까?

악당은 무리를 지어 다니고 끊임없이 사회와 사람과 연결되려 한다. 심
지어 다른 사람과 강제적인 연결고리를 만들기도 하고 때로는 상대를 복

속시키기도 한다. 악당은 곁에 항상 사람이 있고 거래를 매개로 해서라도 누군가와 연결되어 있다. 그렇게 자신의 목적을 위해 사회와 사람의 네트워크를 끊임없이 탐색하고 활용한다. 그들은 무리를 지어야만 살아남을 수 있다는 진실을 알고 있다. 악당은 언제 어디에서도 혼자가 아니며 감옥에서조차 자기 세력을 만들어 무리들 사이에 있다. 왜 그럴까? 악당은 절대 단독자와는 다르기 때문이다.

마더 테레사Mother Teresa는 "오늘날 가장 큰 재앙은 나병이나 결핵이 아니라 소속되어 있지 못했다는 느낌"이라고 했다. 소속되어 있지 않다는 것은 사회적 동물인 인간에게 실로 대단한 두려움이다. 특히 악당들에게 세력이 없다는 것은 죽음이나 매한가지다. 너무나 쉽게 죽는 그들은 자구책을 모색하지 않을 수 없다. 그것은 바로 떼로 몰려다니는 것이다. 뭉쳐야 산다. 그래서 악당들은 혼자 다니지 않는다. 무리 지어 다니는 그들은 이름 자체가 '악당惡黨'이다. 그들이 진정한 강자라면 떼로 몰려다니지는 않을 것이다. 상어에 쫓기는 멸치 떼를 보라. 아프리카 초원 위의 영양 떼들도 마찬가지다. 몇몇 소수가 희생함으로써 대부분이 살아남아 개체를 유지할 수가 있는 것이다.

따라서 군집을 이루어 생존을 모색하는 그들은 조직력에서 영웅을 능가할 수 있다. 〈오션스 일레븐Ocean's Eleven〉에는 악당들이 떼로 나온다. 뛰어난 지능과 치밀한 전략, 놀라운 순발력과 환상의 팀워크로 깔끔하게 임무를 처리하는 사기꾼들의 이야기는 관객들을 압도하며 짜릿한 쾌감을 선사했다. 그들은 프로이며 자기 스스로 영웅이다. 하지만 결코 단독으로

　　　　　나는 악당이 되기로 했다

행동하지 않는다. 영화 〈도둑들〉을 보아도 '나 홀로 영웅'은 없다. 각자 나름의 특기를 가진 여럿이 힘을 모아 프로젝트를 추진한다. 도둑단을 지휘하는 마카오 박은 조직화와 역할 분담이 최고의 결과를 만들어낸다는 사실을 잘 알고 있었다.

나 홀로 영웅과

악의 무리들

악당의 무리를 관리하고 통제하기 위해서는 카리스마 넘치는 강력한 리더십을 발휘해야 한다. 조직을 운영하고 목표를 달성하려면 철저한 경영자적 마인드를 지니고 있어야 한다. 따라서 경영학에 뜻이 있는 사람들은 영웅이 아니라 악당에 주목해야 한다.

영웅은 혼자 잘나면 그만이다. 단독으로 움직이기 때문이다. 존 포드의 〈수색자The Searchers〉처럼 악당을 향해 총을 겨누는 고독한 영웅의 이미지는 마틴 스콜세지Martin Scorsese의 〈택시 드라이버Taxi Driver〉, 폴 슈레이더Paul Schrader의 〈하드코어Hardcore〉, 마이클 치미노Michael Cimino의 〈디어 헌터Deer Hunter〉 등 수많은 영화에서 대동소이한 형태로 반복된다. 여기에 악당의 딜레마가 있는데, 영웅 혼자서 많은 악당을 상대하려면 악당들이 그만큼 엉성해야 한다. 하지만 그렇다고 악당들이 약하고 허술하면 영화는 그만큼 김이 빠지고 만다.

악당들은 철저하게 노동에 대한 보상의 원리로 움직인다. 그래서 무리에게 동기를 부여할 때 거창한 대의명분을 말할 필요가 없다. 대신 현실적으로 필요한 것이 무엇인지를 꿰뚫고 있으므로 원하는 것을 약속한다. 다만 그 조건이 너무 현실적이다 보니 지극히 '현실적'인 인물들이 몰려들기 때문에 배신을 당하기도 쉽다.

반면 영웅들은 누가 자신을 도와주었다고 해서 빵 한 조각 나눠주는 일이 없다. 정의를 위해 시간과 노력을 들인 것은 세상을 구원하기 위해 당연히 해야 할 일을 한 것뿐이다. 미소 한 번, 어깨 한 번 두드리면 그것으로 충분한 보답이 될 것이라고 생각한다. 사람들의 선의에 기대고, 그들이 자칫 목숨을 잃는다 해도 대의를 위한 것이므로 굳이 보상(예컨대 경제적 대가)은 하지 않아도 된다고 생각한다. 그런데 영웅의 말을 듣고 전투에 뛰어든 이들이 죽어 나가도 정작 그들을 참여시킨 영웅은 죽지 않는다. 그리고 죽어간 사람들을 영웅이라 칭송한다. 그러나 죽은 영웅일 뿐이다. 이것이 악당과 다른 점이다. 악당은 대의를 위하건 위하지 않건 경제적인 문제를 해결할 만한 물질적 혜택을 약속한다.

이러한 악당과 영웅이 회사에 들어간다면 누가 더 일을 잘하고 성과를 많이 만들어낼까? 누가 사업체를 더 잘 이끌어갈까? 현대의 조직은 수많은 구성원들로 구성된다. 영웅들은 정의와 대의, 선을 강조하면서 참여하는 사람들의 노동력을 '착취'한다. 당장 가난하고 생업에 집중해야 하는 선한 사람들의 입장에서는 정의를 바로세우는 일에 참여할 여유가 허락되지 않는다. 부양의 의무나 책임이 없어서 그 시간에 노동을 하지 않아도 먹고사는 데 지장이 없는 유한계급만이 영웅과 함께 일을 도모할 수

나는 악당이 되기로 했다

있다. 그렇다면 영웅들은 부자들만이 할 수 있는 일일까? 더구나 보통의 능력을 가지고는 참여하겠다는 말조차 꺼내지 못하는 것이 영웅들의 프로젝트다. 하지만 악당의 프로젝트에는 구성원 개개인이 사소한 재주만 갖고 있어도 각각 쓸모가 있어서, 각자 맡은 역할에서 제 기능을 발휘한다. 물론 소소한 일에도 확실한 대가를 준다는 계약관계가 성립하는 조건하에서다.

악당 리더는 돈을 헤프게 쓰지 않는다. 구성원들에게 관대하지도 않다. 언제나 계획한 대로 일정에 맞추어 완벽한 일처리를 요구한다. 이를 위해 하나하나 엄격하게 체크하고, 조직의 효율을 떨어뜨리는 요소가 있으면 과감하게 무시하거나 응징한다. 그러한 과정에서 열등한 취급을 받는 이들은 상처를 받는다.

반면 착한 리더는 위임자들에게 부드럽고 관대하다. 조직원들을 신뢰하고 싫은 소리를 하는 일이 없으며, 늘 인간적인 관점에서 접근한다. 갈등을 싫어하기 때문에 문제가 있어도 당사자들 스스로 처리하기를 기다린다. 또 하위자들로부터 '좋은 사람', '인간성 좋은 리더'라는 평가를 듣기를 원한다. 이렇게 하면 도덕적인 우위를 확보할 수 있을지는 모르지만 성과에 있어서는 악당의 조직이 더 뛰어날 수밖에 없다. 그런데도 악당이 여러 사람의 지략과 힘을 모아 목표를 이루려는 노력은, 단지 그들이 악당이라는 이유 때문에 간과되고 만다. 협력과 참여는 미덕임에 틀림없는데도 혼자 모든 걸 해결하려는 영웅의 그늘에 가려지고 마는 것이다.

배트맨이 혼자만의 고민에 빠져 있을 때 조커는 다른 사람들을 움직여 자신의 계획을 실천한다. 배트맨에게 조직 지능은 없어 보인다. 늘 혼자인 그는 부하들이 무엇을 좋아하고 싫어하는지, 조직 구성원들이 어떻게 해야 목표를 잘 달성할지에 대해 번거롭게 연구할 필요가 없다. 혼자 활동하는 만큼 자신의 실패를 더 염려해야 하고 다른 이들 혹은 자기와 같이 움직일 사람들의 소멸은 부차적인 문제가 된다.

배트맨이 자기 몸에 대한 통제권을 확보하는 데 치중할 때 조커는 다른 사람의 몸과 마음을 움직이는 방안을 치열하게 고민한다. 하지만 그가 어떻게 그러한 능력을 습득하고 발휘하는지는 만화나 영화에 소개되지 않는다. 악당의 구체적인 행동방식은 모방범죄의 우려를 낳으니 말이다. 그러나 하나는 노출시켰다. 〈다크 나이트〉에서 조커는 인간의 탐욕을 이용한다. 대상자들이 서로를 알지 못하는 상태에서 은행을 털게 하고, 각자의 몫을 늘리기 위해 다른 사람을 죽이도록 유도한다. 금고팀은 차량팀에게, 차량팀은 이동팀에게 당한다. '내 형편이 어려워 돈이 많이 필요하니 남을 해쳐도 된다'는 인간의 합리화 심리를 교묘하게 활용하는 것이다.

하지만 조폭의 메커니즘을 보면 이와는 반대 코드가 숨어 있다. 그들은 항상 무리를 이끌고 소속감을 과시한다. 구성원들은 조직의 의리를 지키고 '형제'로서 활동한다. 악당은 집단이 주는 힘을 잘 알고 있다. 반면 영웅은 모든 것을 스스로 해결하고 그 결과에 대한 찬사를 독점하려 한다.

그러나 세월이 변하면서 영웅들의 오만함에 대한 문제의식이 제기되었던 모양이다. 〈엑스맨〉에서 자비에 박사는 유전자 변이로 초능력을 지닌 엑스맨들을 조직화하고 훈련시킨다. 〈어벤져스〉에서 영웅들은 국제평화

나 는 악 당 이 되 기 로 했 다

유지기구 쉴드Shield를 조직한다. 악당이 강해져서일까, 영웅이 약해져서일까? 아니면 영웅들이 혼자 잘난 척하다가 위기에 빠진 탓일까?

그런데 이 영화에서도 쉴드는 조직이라고 볼 수는 없고 느슨한 연합체에 가깝다. 영웅들은 여전히 각자의 자존심을 내세워 싫은 일, 궂은일은 하지 않으려는 행태를 유지한다. 세상에 그런 일은 없다. 비행기를 모는 사람이 있으면 화장실의 똥을 푸거나 수챗구멍을 뚫어주는 사람도 있어야 한다. 위계와 역할의 세분화 그리고 위임은 조직운영의 기본이다. 하지만 영웅들의 연합체에는 그러한 역할 분담이 없다. 온갖 고상한 영웅 행위만이 있을 뿐이다.

리더가 없는 조직, 그리고 연대와 수평을 표방하는 조직은 매우 이상적이지만 실제 전쟁에서는 그렇게 조직하기가 불가능하다. 또한 악당은 리더이기를 포기하지 않으며 자신의 이상과 의지를 실현시켜줄 조직 또한 결코 포기하지 않는다. 영웅은 영웅대로 쉽게 조직에서 이탈하여 결국 혼자만의 세계로 돌아오기를 반족한다.

만화《킹덤 컴 Kingdom Come》에서 사람들의 여론이 마곡의 편에 서자 분노와 실망감을 느낀 수퍼맨은 슈퍼히어로 노릇을 그만두고 혼자만의 세상에 틀어박힌다. 영웅들은 울적할 때 자신만의 방에 처박히기를 좋아한다. 사람들이 자

내 사업 모델은 비틀스다. 비틀스의 네 명은 상대방의 부정적 성향을 통제했다. 이들은 균형을 이뤘고 총합은 부분의 합계보다 컸다. 이것이 내가 사업을 보는 관점이다. 즉, 사업에서 대단한 일은 결코 한 사람이 아니라 팀이 해낸다는 것이다.

스티브 잡스

집안이 나쁘다고 탓하지 말라. 나는 아홉 살 때 아버지를 잃고 마을에서 쫓겨났다. 가난하다고 말하지 말라. 나는 들쥐를 잡아먹으며 연명했고 목숨을 건 전쟁이 내 직업이고 내 일이었다. 적은 밖에 있는 것이 아니라 내 안에 있었다. 나는 내게 거추장스러운 것은 깡그리 쓸어버렸다. 나를 극복하는 그 순간 나는 칭기즈칸이 되었다.

칭기즈칸(Chingiz Khan)

신의 희생과 뜻을 몰라주는 데 대한 시위를 하는 셈이다. 북극이나 남극 혹은 아마존 깊숙이 있는 '고독의 요새Fortress of Solitude'는 수퍼맨의 고립감을 잘 나타내준다.

이처럼 언제나 '마이 웨이'를 외치는 영웅이 과연 현실에서 살아남을 수 있을까? 영웅들은 아프다. 갈수록 대인관계가 서툴게 된다. 따라서 영웅과 악당의 능력은 종이 한 장 차이가 된다. 악당은 조직운영을 통해 계속 학습하고 관리와 경영에 대한 지식과 경험을 쌓아가게 된다.

리더십 분야에서 세계 최고의 구루 중 한 명인 미국 하버드대학교 경영대학원의 린다 힐Linda A. Hill 교수는 "무거운 물체가 그냥 물 위에 떠 있을 수 없는 것처럼 리더 역시 지속적인 향상 노력을 하지 않는다면 부하들과 조직으로부터 무능력자로 낙인찍힌다", "훌륭한 보스는 일상 속에서 지속적인 훈련을 통해서만 키워질 수 있다"고 했다. 악당은 끊임없이 영웅과 기존 체계의 허점을 탐색하면서 그것을 무너뜨릴 방책을 고민한다. 그렇지 않으면 존재감을 갖기 힘들기 때문이다. 영웅은 그렇지 않다. 자신이 죽는다는 생각은 못하고, 하지도 않는다. 생존과 죽음의 관점에서 치열하게 고민하는 일이 없다. 현학적이고 추상적인 정신세계를 지닌 그들은 땅에 발을 단단히 딛지 못하고 붕붕 떠다닌다.

정복 군주인 칭기즈칸은 팀워크의 대가였다. 몽고기병을 앞세운 그는 탁월한 책략으로 태평양에서 동유럽까지, 시베리아에서 페르시아만에 이르기까지 광대한 제국을 건설하였다. 그는 자신의 가장 크나큰 즐거움을 이렇게 밝혔다.

적을 정복하는 것, 눈앞에 있는 적을 추격하는 것, 적의 재산을 빼앗는 것, 적이 사랑하는 이들의 눈물을 보는 것, 적의 말을 타고 적의 아내와 딸의 배 위에서 자는 것.

그는 의심할 수 없는 악당이다. 그럼에도 사람들은 칭기즈칸을 흠모하고 찬양한다. 1995년 〈워싱턴 포스트 The Washington Post〉지와 1999년 〈타임〉지가 칭기즈칸을 '지난 1천 년 동안 가장 중요한 인물'로 선정한 이유는 무엇일까?

적들에게는 악당이었지만 그가 세운 제국 안에서는 평화가 정착했다는 사실을 역사는 기억하고 있다. 칭기즈칸은 무자비한 정복 군주로 보였다. 하지만 그 정복은 통일된 시스템을 이루기 위한 것이었다. 각각의 공국들은 독자성을 가지고 있으면서도 몽골제국의 전체 시스템 안에서 수평적으로 소통하도록 만들었다. 무엇보다 유라시아 대륙을 관통하는 동서무역로를 연결하여 인력과 물자가 원활하게 오가도록 만들었고, 그 무역로 사이에서 핍박과 착취를 일삼는 세력들을 축출하였으며, 통행료와 시간적 소요를 감축하여 이익을 극대화하였다. 결국 그는 네트워크를 구축하고 운영하는 데 대가였으며 전체 구성원들을 위해 수평성을 확보한 리더였다. 하지만 기존의 기득권 세력들에게 그는 침략자이자 악당에 불과했다. 그럼에도 칭기즈칸은 인류문명사에 기여한 위대한 인물이다.

악당의 가슴은 불타오른다

_성과 사랑에 대한 뜨거운 욕망

스티브 잡스의 최측근이었던 조나단 아이브Jonathan P. Ive는 "크게 좌절했을 때 잡스의 카타르시스 방법은 다른 사람에게 상처를 주는 것이었다"고 했다. 또한 "그는 그렇게 할 자격이 있다고 느끼는 것처럼 보였다. 일반 사회의 규범이 적용되지 않는 사람이었다. 잡스는 효과적으로 다른 사람에게 상처 주는 방법을 알고 있었고, 실제로 그렇게 했다"고 덧붙였다.

도대체 잡스는 왜 이러한 행동들을 했을까? 이에 대해 잡스는 "내 일은 사람들을 살살 다루는 것이 아니라 이들이 더 나아지도록 하는 것이다"라면서 "이것이 내가 만들어내려고 했던 문화다. 우리는 서로 잔인할 정도로 솔직해야 한다"고 했다. 잡스가 원칙으로 삼고 있는 것은 솔직성이었다. 잘잘못을 솔직하게 이야기하고 공유해야만 잘못된 것을 고칠 수 있다고 본 것이다.

영웅들은 사람들에게 상처 주기를 거북하게 여기고 부담스러워 한다.

영웅의 본분은 사람들의 잘못을 지적하기보다는 스스로 알아서 잘못된 점을 깨닫게 하는 것이라고 믿기 때문이다. 그런 점에서 잡스는 영웅이라기보다 악당이었다. 잘못을 저지르거나 문제를 안고 있는 이에게 직설적으로 이야기했다. 악당들은 얼굴이 참 두꺼운 사람들이다. 그런 태도에 대해 남들이 어떻게 평가하고, 뒤에서 어떤 뒷말을 할지 알면서도 주저하지 않는다. 어떻게 보면 스티브 잡스가 강조하는 솔직성은 진짜 솔직성의 범주에 들어가는 것이 아닐지도 모른다. 우리 사회에서 욕망에 솔직하기란 힘들기도 하거니와 남한테 상처를 주는 것은 악당의 전형적인 특징이기도 하니 말이다.

욕망은 생의 에너지요,
권태로운 일상은 낭비다

특히 성적인 욕망을 노골적으로 드러내는 것은 악당 혹은 악녀가 되는 가장 빠른 지름길이다. 영화 〈데인저러스 메소드A Dangerous Method〉에서 제목이 의미하는 '위험한 방법'은 바로 정신분석을 가리킨다. 정신분석학은 인간의 성적 욕망이야말로 모든 인간 에너지의 근원이라는 주장에서 출발하는 학문이다. 따라서 이 영화는 성적 욕망에 관한 화두가 중심이다.

영화 속에서 프로이트는 동료 정신분석학자인 오토 그로스Otto Gross 박사를 섹스 중독자 취급하며 융Jung에게 보낸다. 누가 환자이고 누가 의사인가? 오토 그로스 박사는 "짧은 생을 살면서 배운 것은 아무 것도 참지 말

즐겁게 보낸 시간은 낭비
가 아니다. 권태로운 시간
만이 낭비일 뿐이다.

카사노바

문제가 있을 때 나는 그
들의 면전에서 말한다.
솔직해져야 한다. 나는
내가 무엇을 말하고 있는
지를 알고 있었고, 대부
분 그것이 옳았음이 입증
되곤 했다.

스티브 잡스

라는 것"이라고 말한다. 그는 욕망을 거침없이 발산하여 아
내와 정부, 또 다른 정부 사이에서 세 명의 아이를 낳았다.
그의 불륜에는 한 가지 원칙이 있는데 그것은 상대방에게
자유를 주는 것이다. 오토는 융에게 이렇게 말한다. 인간이
괴팍하게 된 것은 몇 안 되는 즐거움 가운데 하나인 성적
만족을 억압하고 신경증적으로 대하기 때문이라고. 의사
는 환자들이 자유와 즐거움을 만끽하도록 도와주어야 하
며, 자신은 단지 그 역할에 충실할 뿐이라고 말한다. 그리
고 그는 병원을 탈출하기 전에 '오아시스를 만나면 그냥 지
나치지 말라'는 내용의 편지를 융에게 남긴다.

오토의 영향을 받아 융은 자신의 환자였던 사비나 슈필
라인Sabina Spielrein의 구애에 마음을 연다. 아버지로 인해 가
학적 성도착에 빠진 슈필라인의 즐거움을 도우려고 매질
을 하기도 한다. 하지만 환자와 사랑에 빠지면 안 된다는
프로이트의 전이금지 원칙을 어긴 것에 자책을 느끼고 괴
로워한다.

결국 융은 프로이트의 그늘에서 벗어나서 이렇게 말한
다. "환자를 친구처럼 대하면 더 좋은 결과를 낳을 수 있다.
환자를 사랑하면 더 효과적으로 치유할 수 있다. 왜냐하면
그를 더 잘 이해할 수 있을 테니까."

슈필라인은 나중에 융의 도움을 받아 학위 과정을 마치

나 는 악 당 이 되 기 로 했 다

고, 아동분석 전문의가 된다. 이는 상징적인 결말이다. 미친 사람 취급을 받았던 이가 다른 사람을 치유하는 사람이 되었으니 말이다. 그런데 정작 처음에 융에게 영향을 주었던 오토 그로스는 1939년 베를린에서 굶어죽고 만다. 어째서 악당의 최후는 이렇게 항상 비참해야 하는 것일까?

'카사노바Casanova'라고 하면 대개 성적으로 타락한 사람을 생각한다. 물론 실존인물인 카사노바의 성적 행적은 확실히 보통이 아니었다고 전한다. 그는 열아홉 살에 유부녀인 루크레치아와 첫 성경험을 가졌다. 그녀의 남편이 같은 여관에 머물고 있었음에도, 카사노바는 루크레치아에 만족하지 않고 그녀의 여동생과도 사랑을 나누었다. 훗날 아내로 맞으려던 여성은 바로 루크레치아의 딸이었는데, 그녀의 생물학적 아버지가 바로 카사노바였다. 결국 카사노바는 딸과 근친상간을 한 셈이다. 게다가 카사노바는 옛 애인을 찾으러 가면서 수녀와 잠자리를 갖기도 한다.

그는 과연 엽색獵色한이고 구제할 수 없을 만큼 타락한 자에 불과한 것일까? 그는 배우의 아들로 태어나 외할머니의 손에서 자랐다. 여덟 살이 되면서부터 코피가 멈추지 않는 병으로 고생하다가 병도 치료하고 공부를 할 목적으로 파도바에 옮겨간다. 그는 1742년부터 터키와 프랑스, 오스트리아, 영국, 러시아, 폴란드 등 여러 나라를 전전하며 성직자, 군인, 바이올린 연주자 등 다양한 직업을 가지고 방랑 겸 여행을 시작한다. 그가 매우 지적인 엘리트였다는 사실은 이미 잘 알려져 있다. 15세에 성직에 입문한 그는 종교에도 밝았다. 17살 때는 법학박사 학위를 받았고 물리학, 광학, 연금술, 글쓰기에서도 남다른 재능을 발휘했다. 소설 다섯 편, 희곡 20편을 포함해 평생 40여 권의 책을 집필했다. 전 유럽을 방랑하고 견문을 넓힌 그의 자서전은 18세기 유럽의 사회풍속을 살피는 귀중한 자료로 평가되고 있다. 그는 《폴란드 역사》를 쓴 역사가이자 《일리어드Iliad》를 이탈리아어로 처음 소개했으며 공상과학소설 《20일간의 이야기》를 남겨줄 베른Jules Verne에게 큰 영향을 주기도 했다.

그런 카사노바는 임종할 때 "철학자로 살았으나 기독교인으로 죽는다"는 말을 남겼다. 그가 평소에 강조한 것은 '자유의지'라고 알려져 있다. 말년에 집필한 자서전 《나의 인생 이야기History of My Life》의 서두에 그는 "인간은 자유롭다. 인간은 자신이 자유롭다는 것을 의심할 때 자유를 상실한다. 운명의 힘에 의존한다면 신께서 인간에게 이성과 함께 부여한 자유마저 상실하게 된다"고 썼다. 카사노바는 자유야말로 신이 부여해준 것이라고 여겼다.

카사노바의 범상치 않은 인물됨은 무엇보다 평등한 세상을 바랐다는 점에 있다. 그는 당시의 시대상을 이렇게 적었다.

산업화 이전 대부분의 유럽인들이 허기로 고통받아온 것처럼 나도 굶주림 속에 어린 시절을 보내야 했다. 시골의 한 농가에 숨어들어 약 50마리의 훈제 청어를 훔쳐와 단 며칠 만에 먹어치울 만큼 불우한 시절을 보냈다. 나는 베네치아의 철옹성 같은 감옥을 탈출하여 파리에서 지낼 무렵, 귀족들의 낭비벽과 어리석음을 지켜보며 경제파탄이 오고 끝내 혁명이 일어날 것이라고 생각했다.

상류층 못지않은 교양을 지녔음에도 가난한 평민 출신이라는 이유로 인정받지 못한 그는 해박한 지식과 능숙한 말솜씨를 무기 삼아 버틸 수밖에 없었다. 카사노바는 이성보다 감성의 우위를 이야기했으며 욕망을 적극적으로 긍정한 쾌락주의자였다. 그렇다고 쾌락 그 자체만을 추구했다면 술주정뱅이나 마약중독자로 전락했을 것이다. 그는 "즐겁게 보낸 시간은 낭비가 아니다. 권태로운 시간만이 낭비일 뿐이다"라며 즐겁게 살아가는 것이 살아가는 데 가장 중요하다고 보았다. 자서전에서 그는 "나는 여성을 사랑했다. 그러나 내가 진정 사랑한 것은 자유였다"라고 쓰고는 "자서전은 내가 죽은 뒤에 공개될 것이므로 아무리 나를 비난해봤자 소용이 없을 것"이라고 덧붙였다. 그도 자신에게 쏟아질 비난의 눈초리를 의식하고 있었던 것이다. 그가 생전에 영웅의 대접을 받았다면 이렇게 쓰지는 않았을 것이다.

욕망할

자유를 허하라

악당은 스스로 욕망하는 것, 특히 사랑에 충실하다. 영화 〈스타워즈〉에서 다스베이더의 사랑은 금기를 뛰어넘는다. 아나킨 스카이워커는 사랑 때문에 악당이 된 인물이다. 제다이 기사단은 플라톤이 이야기하는 철인정치의 상징과도 같다. 절제와 인내로 무장한 유능한 철인들이 나라를 통치해야 국가가 번영할 수 있다는 플라톤의 논지가 제다이 기사단에 투영되고 있는 것이다. 그렇지만 영웅들이 지향하는 세계는 열정적인 사랑은 허용하지 않는 엄격한 세계였다. 결국 다스베이더 같은 최강의 악당이 나오고야 말았다.

현실에 속박당하는 현대인은 대중의 욕망을 고스란히 투영한 악당 캐릭터를 선호한다. 악당 캐릭터를 적극적으로 내세우는 가수 싸이는 밉지 않게 들이대는 캐릭터로 많은 인기를 모았다. 한 토크쇼에서 싸이는 "해 떨어지면 엄마 밑으로 다 동갑"이라는 깜짝 놀랄 발언을 하면서 스스로 작업남임을 감추지 않았다. 작업을 건다는 것은 마음에 드는 이성이 있다는 의미인데, 이 '작업을 건다'는 말은 짐짓 부정적인 뉘앙스를 풍긴다. 대상을 교양 있는 인간이 아니라 동물의 수준으로 격하시키는 표현으로 여겨지는 탓이다. 하지만 작업을 걸지 않고 어떻게 마음에 드는 사람과 같이 있을 수가 있겠는가? 인간은 언제나 스스로 동물이기를 거부하지만, 은폐된 욕망이 왜곡되어 엉뚱한 곳에서 폭발할 때면 그 허구성이 여지없이 폭로되고 만다. 그런데 가수 싸이는 인간의 욕망을 부정하지 않는다. 여성에 대한 욕망이 없는 점잖고 선량한 사람이라고 스스로 강조하는 '교양인'다운 행동가지도 없다.

이런 싸이 코드는 당당한 자기 긍정이다. 세상의 잣대나 다른 이들의 시선 따위는 신경 쓰지 않는다. 세상이 어떻게 평가하든 나의 가치와 욕망이 최우선이다. 그리고 그것을 솔직하게 밝히는 것에 수치심을 느끼지도 않는다. 자신의 취향이 싸구려인지 고급인지도 관심이 없다. 나는 단지 나이고 스스로 생각하고 선호하는 것을 '나답게' 말할 뿐이다.

악당 캐릭터는 어려운 이야기, 거대한 담론을 선호하지 않는다. 자신의 부족함을 들키지 않기 위해 어려운 용어나 개념을 들먹이지도 않는다. 그들은 원초적이고 본능적인 감정에 충실하다. 싸이의 인기는 대중이 감추고 있는 가식 없는 욕망이 투영된 까닭이다.

> 정숙해 보이지만 놀 땐 노는 여자/ 가렸지만 웬만한 노출보다 야한 여자/그런 감각적인 여자/ 나는 사나이/ 점잖아 보이지만 놀 땐 노는 사나이/ 때가 되면 완전 미쳐버리는 사나이/ 근육보다 사상이 울퉁불퉁한 사나이/ 그런 사나이
> - 〈강남 스타일〉 가사 중에서

이 노래는 나름의 사회문화적 맥락을 가지고 있다. 강남 스타일은 한국에서 강남의 사회학을 배경으로 하기 때문이다. 강남 스타일을 강조하고 있는 것 같지만 사실 이 노래는 강남 코드를 비틀고 있다. 강남 코드가 아님에도 불구하고 강남 스타일이라고 허세를 부리고 있는 것이다. 강남 스타일이라고 주장하는 근거는 오로지 본능에 충실한 남성성이 전부다. 강한 수컷 본능을 강조하는 것은 마초적이기 때문에 오히려 희화화의 대상이 된다. 강한 수컷 본능의 분출은 말춤과 같은 독특한 안무로 대변된다. 안무와 이미지는 성적인 연상을 한층 강화한다.

한국에서 강남은 항상 선망의 대상이지만 거꾸로 희화화의 대상이 되기도 쉽다. 모든 사람이 강남 스타일을 충족시킨다는 건 불가능하기 때문

이다. 〈강남 스타일〉에 대한 패러디 열풍이 거세지면서 대구, 부산, 인천, 충청 등 다양한 지역 스타일이 잇따라 등장했다. 여기서 '스타일'이 강조되는 점에 주목할 필요가 있다. 스스로 어떤 스타일이라고 강조하는 것은 자기 표현욕구가 강한 현대인들의 심리를 대변한다.

사실 싸이의 외모는 섹시함이나 강남 스타일과는 거리가 먼, 통통한 비주류 스타일에 가깝지만 오히려 그런 친숙한 외모는 현실을 살아가는 일반 대중에게 동일시의 감정을 효과적으로 이끌어낸다. 고고하고 품격 있는 말과 태도를 고집하는 이들이 열정적인 사랑을 불사를 수 있겠는가? 산정묘지와 같이 홀로 표표하게 서 있는 공간에는 뜨거운 불길이 솟구칠 수 없으며 그곳에서 타오르는 불은 그 아래를 비추지도 덥히지도 못한다.

성과 사랑에 거리낌이 없다는 점이야말로 악당의 주요한 특징이다. 또 악당은 영웅보다 사랑을 잘할 가능성이 높다. 비록 바람둥이라는 비난을 들을지라도 악당들은 자신의 사랑에 투쟁적이다.

우리 사회에서 초식남과 육식남의 분류는 이미 익숙하다. 젊은 세대는 중성화된 초식남의 세대다. 겉으로 보면 유순하고 세련된 초식남이 인기가 있을 것 같다. 하지만 실제로는 그렇지 않다. 진화심리학의 관점에서 보면 여성들에게 항구적인 안정감을 주는 쪽은 초식남이 아니라 육식남이다. 육식남은 악당이다. 거칠고 성격도 모가 나 있다. 그들의 꿈은 성공한 지위와 경제력이다. 그래서 육식남의 삶은 경쟁적이고 투쟁적이다. 마음에 드는 이성마저도 소유와 쟁취의 대상이 된다. 친구와 같은 어중간한 관계는 거부하며, 내 여자가 아니면 버린다. 소유물에게 따뜻한 대화와 소통은 부차적이기에 거추장스럽기만 하며, 중요한 것은 대상이 자기 것임을 증명하고 확인하는 것이다. 이성에게 늘 부드럽고 유연하게 대하는 초식남과는 확연히 차이가 난다.

육식남은 배우자를 얻고 그들을 항상 옆에 두기 위해서 일정한 경제력과 지위를 유지해야 한다. 그래서 매 순간 다른 육식남과 피 튀기는 경쟁을 해야 하므로 자신의 취향과 기호를 버리는 것은 물론, 여성들의 취향을 파악할 겨를이 없고 관심도 적어지게 된다. 육식남은 단순히 사회적·경제적 조건을 쟁취하면 모든 것이 자연스럽게 해결된다고 본다.

반면 초식남은 거창한 지위나 명예가 아니라 여유롭고 안정적인 삶을 누리는 데 집중한다. 그들은 감수성이 예민하고 예술적인 취향도 뛰어나며 쇼핑이나 여행에도 관심이 많다. 그들의 강점은 대화와 소통을 중요하게 생각하는 태도에 있다. 육체적으로 움직이는 스포츠보다는 고정된 공간 안에서 할 수 있는 음악, 미술, 책 등에 관심이 많다. 치열하게 경쟁하거나 투쟁하기를 꺼리고 애초에 그러한 위험이 없는 활동을 선호한다.

초식남은 저성장 시대와 지식정보화의 구가에 따른 현상으로 보인다. 더 이상 무한한 자원이란 존재하지 않는다. 육식남이 자신의 생명을 갉아먹으며 어렵사리 이루었던 성공은 한순간에 허물어질 수 있고, 처음부터 새롭게 쌓아올린다는 것도 사실상 불가능한 시대가 되었다. 농경과 산업 시대에는 물리적 힘이 장점이었지만 지식정보화 시대에는 유연함과 부드러움, 창조적인 문화예술적 감각이 중요해졌다. 그것이 초식남의 서식지를 제공한다.

초식남의 또 다른 특징은 이성에 대해 상대적으로 관심
이 적다는 점이다. 비극은 여기에서 발생한다. 사랑하는 여
성과 많은 대화를 나누고 그녀를 지켜주기도 하지만 막상
결정적인 순간에는 여인을 떠나보내야 한다. 막상 배우자
를 선택할 때는 많은 여성들이 초식남을 외면하기 때문이
다. '친구'나 '오빠'로는 선호되지만 '애인'이나 '남편감'으
로는 배제되는 존재가 바로 초식남이다.

토이남이나 초식남은 가족과 인간관계에 대한 지속적인
책임감을 기피한다. 연애는 하지만 결혼에 부담을 느끼며
자기만의 시간은 원천적으로 빼앗기지 않겠다는 방어의
심리가 강하다. 말로는 소유하는 사랑은 싫다고 하지만 그
것은 다시 말해 책임지는 사랑을 하지 않겠다는 것이다. 한
사람을 끝까지 책임지거나 가족 구성원을 부양하기보다는
언제든 원치 않을 때 그러한 역할에서 벗어나겠다는 욕망
을 숨기고 있는 것이 초식남이다.

한편 육식남은 마음에 드는 대상이 있으면 수단과 방법
을 가리지 않고 쟁취하려 한다. 저돌적이고 본능적이며 원
초적인 그들은 세련되거나 화려한 언사를 구사하기보다는
몸으로 행동하고 실천한다. 말에 의존하지 않기 때문에 몇
마디 말에 상처받지 않고, 몸에 상처가 생겨도 둔감하다.
그들은 마음에 드는 사냥감을 찾아다니는 헌터이며 한번

나는 악당이 되기로 했다

물면 절대 놓지 않는 사냥개와 같다. 일단 자기 영역에 들어오면 자신의 통제권을 행사하면서 일정하게 그 대상의 자유를 제한한다. 그들은 자기의 연속성, 나아가 불멸성을 꿈꾸기 때문에 자식에 대한 욕심이 크다. 자신 개인에게서 그치지 않고 역능의 가족적 확장을 모색하는 것이다. 또 그만큼 자식을 먹여 살려야 한다는 책임의식이 있기 때문에 집 안에 머물고 있을 여유가 없다. 밖으로 돌아다니면서 먹을거리를 사냥해와야 한다. 사냥을 하기 위해서는 무리를 지어야 할 때도 있고 다른 무리들과 치열한 경쟁을 벌이기도 한다. 그렇기 때문에 아이들과 장난감을 가지고 놀아주거나, 분위기 좋은 와인 바에 아내를 데려가는 일은 좀처럼 없다.

이처럼 가정적이지 못한 육식남은 나쁜 남편, 나쁜 아빠다. 게다가 직장에서는 자신의 지위와 이득에 집착하는 악당이다. 지위를 차지해야 돈이 나오고 그 돈이 있어야 자신과 가족을 먹여 살릴 수 있기 때문이다. 물질적인 보상이 충분해야 지금껏 가족에게 충실하지 못한 악당의 이미지를 조금이나마 만회할 수 있다고 생각한다. 그러는 사이 이마에는 하나둘 주름이 늘고 뱃살이 나오기 시작한다. 어느새 아무도 반기지 않는 진짜 악당이 되어가는 것이다.

초식남은 남을 위해 열정과 희생을 불사르는 일이 없다. 생활은 자기 한 사람의 규모를 유지한다. 애인은 있지만 끊임없이 바뀐다. 자신의 분신을 더 이상 확장시키지 않으며, 사회나 조직의 변화와 비전에 관심이 없다. 오로지 자신의 취향을 반영한 소비가 우선할 뿐이다. 가정과 아이들로 인한 고민이 없는 그들은 영원한 자유인처럼 홀가분하며, 스스로를 위한 투자에 인색하지 않기 때문에 삶의 여유와 느림이 존재하는 듯 보인다. 그러나 그들은 무한히 책임지는 사랑과 희생을 해본 적이 없다. 그래서 그의 묘비에는 그를 추억하는 꽃다발이 없다.

육식남의 멸종
강렬한 사랑의 실종

영웅은 어떨까? 그들은 사랑을 할 시간이 없다. 언제든 일이 터지면 기다렸다는 듯 그 일을 해결하기 바쁘다. 시간의 주도권은 영웅이 아니라 악당이 쥐고 있다. 따라서 영웅은 악당의 스케줄에 자신의 일과를 맞추어야 한다. 언제 어디에서 일이 터질지 모르기 때문에 내일의 계획을 세울 수 없다. 배트맨이나 수퍼맨은 데이트를 하던 중이나 심지어 잠자리에서도 홀연히 사라진다. 한밤중에 사라진 연인의 빈자리를 좋아할 사람은 아무도 없을 것이다. 당연히 그들의 인간관계는 평탄할 리 없다. 악당들은 원하는 시각에 시한폭탄을 예약해놓기도 하고, 부하직원이나 다른 사람을 조종하여 일을 벌여도 되지만 영웅은 언제든 직접 나서서 일을 처리해야 한다.

　게다가 영웅들은 이성의 사랑보다는 대중의 사랑을 받아야 하는 존재이다. 그래서 그들은 한 사람만을 끝까지 책임지겠다고 약속할 수가 없다. 그 때문에 현인들은 아예 처음부터 영웅들에게 사랑을 금지하거나 나아가 금욕을 권했다. 그러다 보면 영웅의 유전자는 단종되어 계승되지 못할 가능성이 높아진다.

그러나 악당들은 다른 사람들의 사랑을 받지 않아도 자신을 유지할 수 있다. 그에게 사랑은 생존의 조건이 아니기 때문이다. 《악당들은 생일이 없어 Bad Guys Don't Have Birthdays》에서 아이들은 악당들에게 생일이 없다고 말한다. 존재의 축복에 익숙하지 않은 악당은 생일을 챙기지 않는다. 선물을 사거나 생일 이벤트 같은 것을 챙기다 보면 더 이상 악당이 아니게 된다. 대신 악당들은 다른 사람에게 의존하지 않고 스스로 자신을 축복한다. 찬사와 품평에 대한 기대가 없고 시장에서 이미 만들어진 것은 눈에 차지 않기 때문에 악당들만 있다면 선물이나 꽃다발, 케이크는 팔리지 않을 것이다. 그래서 자본주의는 악당보다 영웅을 좋아한다. 꽃과 선물, 이벤트는 영웅을 중심으로 형성되기 때문이다. 마찬가지로 육식남만 있으면 각종 이벤트업체, 놀이동산, 제과업체, 선물용품점은 문을 닫아야 한다. 그들이 사라지고 초식남이 많아질수록 이런 문화콘텐츠 분야는 성장할 것이다. 그러나 육식남이 멸종하는 곳에서는 열정적인 사랑과 그에 따른 책임 또한 사라지지 않겠는가?

〈개구쟁이 스머프 The Smurfs〉를 보면 악독한 가가멜에게도 가족과 사랑이 있었다. 가장 가까운 가족인 고양이 아즈라엘은 한시도 곁을 떠나지 않고 가가멜에게 충성을 다한다. 그리고 스머프를 노리는 또 다른 마녀 호가타는 가가멜을 연모하며 눈물겨운 애정 공세를 날린다. 그렇다면 주인공인 스머프들은 어떨까? 스머프들에게는 이성간의 사랑이 없다. 특정한 대상에게 열정적인 애정을 펼치지도 않고, 당연히 부모나 자녀들도 없다.

그런데 문화예술 작품에서 열정적인 애정은 악당과 같은 취급을 당한다. 뜨거운 사랑일수록 사회적으로 금기시되고 파국으로 끝나는 경우를 종종 볼 수 있다. 〈로미오와 줄리엣Romeo and Juliet〉에서 신부는 로미오에게 "격렬한 기쁨에는 격렬한 파멸이 따른다Violent delights have violent ends"고 경고한다. 보수 세력이 보았을 때 격렬한 사랑은 악당이나 하는 짓이다.

이제 남녀 간, 가족 간의 사랑에서 다시 사회적인 사랑으로 이동해보자. 영웅이 진정한 영웅이려면 자신을 지지하는 사람들만 사랑해서는 안 된다. 특정한 누군가만 사랑하면 반드시 누군가가 소외될 것이고 그 소외된 자는 필연적으로 악당이 될 것이기 때문이다.

나 는 악 당 이 되 기 로 했 다

끊임없는 사건으로 세상을 놀이터로

_길지 않은 인생 내 멋으로 살기

전도유망한 한 젊은이가 직장상사를 찾아가 자신의 아이디어를 말하고 조언을 구했다. "인터넷으로 책 파는 일을 해보고 싶습니다." 상사는 이렇게 대꾸한다. "그런 미친 생각 말고 제대로 된 생각을 해봐."

그러나 젊은이는 회사를 그만두고 '미친 사업'에 착수했고, 마침내 1994년 세계 최초로 온라인 서점을 만들어낸다. 그 젊은이가 바로 아마존의 창업자 제프 베조스다. 30세의 나이에 미국 투자회사 디이쇼D. E. Shaw의 펀드 매니저이자 부사장이었던 그는 연봉 100만 달러와 성공이 보장된 직장을 포기하고 '무모하게' 도전하였고, 2011년 〈포브스Forbes〉가 선정한 '세계 억만장자 순위'에서 181억 달러(21조6,000억 원)의 자산으로 30위에 올랐다.

저널리스트 리처드 L. 브랜트Richard L. Brandt는 《원클릭One Click》에서 이같은 성공신화의 주인공인 베조스를 냉철하면서도 신경질적인 존재로 묘사하고 있다. 그는 어려서부터 상대의 감정에 공감하는 능력이 부족했으며 부하직원의 면전에서 화를 내거나 노골적으로 손을 내젓는 다혈질 상사이자 가혹한 경영자였다. 그러나 제프 베조스가 지닌 리더십의 비밀 가운데 하나는 '원하는 결과물을 얻을 때까지 끊임없이 창조하기'였다. 베조스는 "창의적이지 않은 사람들과 시간을 보내기엔 인생은 너무 짧다"는 지론을 갖고 있었다. 주변 사람들에게 그는 명백한 악당이었다.

스티브 잡스는 영웅과 악당의 프레임을 활용해 자기 자신과 애플의 제품을 돋보이게 하는 데 능한 인물이었다. 《스티브 잡스 프레젠테이션의 비밀 The Presentation Secrets of Steve Jobs》의 저자 카마인 갈로Carmine Gallo는 이렇게 말했다. "스티브 잡스는 악당을 만들어내는 데 매우 뛰어나다. 잡스는 적대자(기존 제품의 한계)를 내세운 다음, 삶을 보다 나은 것으로 만들어줄 해결책을 영웅으로 등장시킨다. 그래서 애플의 제품은 세상을 구하는 영웅으로 홍보된다."

그러나 정작 스티브 잡스 본인은 사회 부적응자에 가까웠다. 잡스는 악동으로 자랐고, 걸핏하면 주위 사람들에게 고래고래 소리를 지르는 다혈질의 성격으로 유명했다. 첫 연인 사이에서 태어난 딸을 수년 간 돌보지 않은 나쁜 아빠였으며, 평생 한 번만 만나달라는 생부의 요구도 끝끝내 들어주지 않았다. 성격이 난폭하고 조직을 운영하는 면모는 독재자와 다름없어서 잡스에겐 적도 많았다(물론 악당의 대척점에 있다고 해서 반드시 영웅이라고 할 수는 없다). 애플의 수석 에반젤리스트였던 가이 가와사키 Guy Kawasaki는 "스티브는 '나쁜 놈asshole'도 쓸모가 있다는 걸 증명하는 사람이다"라고

나 는 악 당 이 되 기 로 했 다

까지 말했다.

신에게는
책임이 없다

잡스는 "직원을 해고하고 집에 돌아왔을 때 여섯 살이 된 (아들) 리드를 보고 그 사람이 일자리를 잃었다는 사실을 가족들에게 전하는 모습을 상상했다. 그러나 아무리 어려운 일이라도 누군가는 해야 할 일이다"라고 말한 바 있다. 필요하기 때문에 악당의 역할을 스스로 떠맡았다는 의미에서 한 이야기다. 세계적인 악당 CEO에게는 자기만의 철학이 있었던 것이다. 그의 성격은 날카롭고 변덕스러웠지만 겉으로 드러나는 행동원칙은 일관된 모습이었다. 어떻게 이것이 가능할까? 그래서 그들 악당은 사각을 가진 면들이 맞닿아 이루어진 정육면체라는 분석도 있다. 한 면, 한 면은 모서리가 날카롭지만 하나의 정육면체를 이루고 있기 때문에 둥근 공과는 다른 방식으로 움직이면서 다른 사람들과 부딪힐 수 있다는 것이다. 어쨌든 결국 잡스는 죽어서도 영웅으로 남았다.

많은 사람들이 제프 베조스와 스티브 잡스를 악당 캐릭터의 성공 사례로 이야기한다. 그런데 성공은 언제나 다른 한편으로 실패자를 만들어내기 때문에 승리에 가려진 이들의 불만과 분노를 사기 마련이다. '그들은 악독했기 때문에 성공할 수 있었지만 나는 모질지 못해서 성공하지 못했다'는 합리화가 가능해진다. 객관적인 실적과 결과는 아무도 부정하지 못하지만 인간됨됨이는 세간에 널리 알려지지 않기 때문에 '사실은 조직원들을 괴롭히는 나쁜 놈이었다'는 식의 악담을 마음 놓고 퍼뜨릴 수 있게 된다.

성공한 악당들의 공통점은 자유의지를 중요하게 생각했다는 점이다. 자유의지는 기존의 시스템이나 사회와 충돌이나 갈등을 일으키기 쉽다. 상급자의 지시나 명령을 그대로 실행해야 하는 하급자의 입장에서는 자기에게 떨어진 지시가 기존의 질서나 상식과 동떨어질수록 반발과 갈등의 강도가 강할 것이다. 이때 상급자는 나쁜 녀석, 악당이 된다. 하지만 그들의 자유의지가 혁신의 원동력임은 부인할 수 없다. 악당 상급자 한 사람으로 인해 내부 구성원들이 겪어야 했던 심적 고통을 근거로 도덕적 판단을 내릴 수는 있지만 결과적으로 내부 구성원보다 훨씬 많은 외부 사람들에게 이득을 줄 수 있었다는 점은 사실이다. 몇몇 내부 사람들에게는 악당이지만 절대 다수의 세상 사람들에게는 영웅으로 추앙받을 수 있는 것이다.

아이러니한 것은 기존의 질서에 부합하는 행동을 하는 이들이 오히려 악인을 부추길 소지가 있다는 점이다. 히틀러는 "사람들에게 스스로 생각하지 않고 남들이 생각하는 대로 받아들이기만 하는 습성이 있는 건 집권자들에게 참 행운이다"라고 했다. 집권자들은 남이 이끄는 대로 따르기

나 는 악 당 이 되 기 로 했 다

만 하는 사람들의 머리 위에서 독재를 행하며 군림할 것이고, 이는 다시 수많은 피해자를 낳을 것이다.

니체는 "진리는 없고 오직 진리의지만 있다"고 하면서 "이제 정신은 자신의 의지를 원하고 외부 세계를 잃은 자는 자신의 세계를 되찾는다"고 했다. 여기에서 외부 세계는 신의 세계, 절대자의 세상이다. 신이나 절대자의 의지에 따르면 모든 책임은 개인이 아닌 신과 절대자에게 돌아간다. 만약 개인이 자유의지로 행동하면 스스로 책임을 져야 하는 대신, 신과 절대자에게 의지해서는 얻을 수 없는 창조적인 결과물을 얻을 수 있다. 그 과정에서 선과 악의 기존 관념은 무너지게 된다.

나는 창조하는 자가 아닌 한, 그 누구도 무엇이 선이고 무엇이 악인지 모른다고 가르침으로써 그 졸음을 물리쳤다. 창조하는 자란 인류가 추구해야 할 목표를 창조해내는 자, 이 대지에 의미를 부여하고 미래를 약속하는 자다.

즉, 창조하는 자만이 선과 악의 주재자다. 플라톤은 《국가론Politeia》에서 책임은 '선택하는 자'에게 있다고 했다. 그가 보기에 신은 아무런 책임이 없었다. 소크라테스Socrates도 의도적인 악행이란 없다고 하지 않았던가. 모든 악행은 '무의식적인 것'이라기보다는 '무지의 소산'일 뿐이다.

라이프니츠Leibniz도 인간의 유한성을 들어 변신론theodicy을 말했다. 결핍과 부족함에서 비롯된 악은 얼마든지 바뀔 수 있다고 보았다. 일종의 개과

천선이다. 그러나 칸트는 악의 본질이 인간의 자유행위에서 빚어진다고 보았다. 악이 별개로 존재하는 것이 아니라 인간의 자유행위에서 탄생한다는 것이다. 이로써 라이프니츠의 변신론과 칸트의 자유행위론은 대별된다. 라이프니츠는 악이란 선의 결여缺如이며, 인간 자체가 악의 근원이라고 보았다. 인간은 존재의 유한성 때문에 악을 저지르고 그 원죄로부터 신체적 고통과 죽음(물리적 악), 도덕적 죄가 출현한다는 것이다.

라이프니츠는 세계 질서를 위해 악이 없어서는 안 된다고 보았다. 부분적인 무질서는 더 큰 질서에 기여하며, 우주의 큰 계획에 따라 완전한 선이 될 수 있다고 보았다. 선이 악을 통해야만 더 완전한 선이 될 수 있다는 논리다. 따라서 악은 신의 선한 창조와 대립되는 대상이 아니라 궁극적인 창조를 위해 거쳐야 할 중간 단계다.

한편, 볼테르Voltaire는《캉디드Candide》에서 팡글로스라는 인물을 등장시켜 라이프니츠의 이론을 웃음거리로 만들었다. 팡글로스는 모든 악은 필수불가결하며 소수의 불행이 모두에게 이롭다고 주장하여 사람들의 비웃음을 산다.

칸트 역시 라이프니츠의 이론을 비판적으로 보았다. 칸트에 따르면 물리적인 악은 도덕적 악과 관련이 없다. 예컨대 인간의 죽음은 그의 도덕적 가치를 떠나 생물학적인 요인에 좌우된다. 도덕적으로는 아무리 순결하다 해도 바이러스에 감염되거나 노쇠하면 죽음을 피할 수 없다. 도덕적으로 완벽하다고 해서 추한 얼굴이 아름답게 변하지는 않는다. 마찬가지로 내세의 즐거움(도덕적인 선)을 위해 지금 육체적 고통(물리적 악)을 추구

나 는 악 당 이 되 기 로 했 다

하는 것도 아무런 연관이 없다고 본다. 칸트는 이성의 유한성이 악의 근원일 수 없다고 보았다. 따라서 창조주나 신, 인간의 본성이 아닌 자유에서 악이 출발한다고 주장했다.

칸트는 인간의 자유행위에 대해서만 도덕적 판단을 내릴 수 있기 때문에 자유행위에 따른 결과가 아니면 그에 대한 책임을 질 필요가 없다고 했다. 즉, 다른 사람의 강박이나 협박에 의한 행위라면 행위자의 책임이 없다고 보는 것이다. 결국 성선설인가 성악설인가는 칸트에게 관심의 대상이 아니다. 악에 대한 성향은 타고난 것이 아니라 자유로운 행위를 통해 결정되기 때문이다.

이로써 칸트는 인간이 선하기도 하고 악하기도 하다는 도덕적 중간 입장을 배제한다. 행위자에게 여러 선택지가 주어지고 그 가운데 하나를 선택할 때 비로소 선과 악이 판가름된다. 선택하지 않은 것에는 어떠한 가치 판단도 이루어질 수 없다. 선악을 가리는 것은 단지 선택 가능한 여러 행위를 놓고 고민할 때 가치 판단의 기준으로 삼기 위해서다. 인간의 모든 행위는 제각각 선을 지향하지만 결과적으로 어떤 행위는 악으로, 어떤 행위는 선으로 규정된다.

창조적인 파괴는
진보의 전제조건

누군가의 자유의지와 자유행위가 많은 사람들이 알고 있는 것, 혹은 선택하는 것과 배치되거나 불일치할 때 사람들은 그 행위를 악으로 규정하고 행위자를 악당이라고 말한다. 여기에서 악당이 새로운 질서 형성에 성공하면 창조, 실패하면 파괴가 된다. 이러한 양가적인 점 때문에 조셉 슘페터Joseph Schumpeter는 '창조적 파괴creative destruction'라는 말을 썼다. 혁신만이 발전을 이룬다는 생각을 압축하는 것인데 기존의 것을 깨지 않고는 새로운 창조가 나올 수 없다는 것이다. 선이 탄생하기 위해서는 악한 행위가 선행되어야 한다는 도덕적 판단이 같이 버무려진 말이다. 혁신에 성공한 파괴는 창조이며 더 이상 악당의 행위가 아닌 선이 된다.

　뱀이 껍질을 벗어야 성체가 더욱 성장하듯이 인간은 문명의 발전 단계마다 기존의 형태에서 벗어나 지속적으로 발전해왔다. 인간이 지금 지구상에 존재할 수 있는 이유는 이러한 창조적 파괴 때문이다. 창조적 파괴는 또한 인간의 운명인지도 모른다. 결국 파멸로 내달리면서도 인간은 그러한 동력으로 존재하는 운명을 타고 났다. 소로가 일기에서 밝힌 대목을 다시금 상기해도 좋다.

　　　사람이 새 삶을 잊고 낡은 제도에 집착하는 모습을 보면 나는 꼬리로 나무에 매달리는 원숭이가 생각난다. 그렇다. 원숭이는 꼬리로 숲의 큰 나뭇가지를 동인다. 그 가지는 죽은 나뭇가지일 수도 있다. 사냥꾼의 발길이 닿지 않는 곳이라면 죽은 지 오래된 뒤에도 원숭이는 여전히 그 나뭇가지에 매달려 있을 것이다. 낡은 제도에 집착하는 사람들의 말과 다툼할 필요가 없다. 그들의 지능이란 사물을 이해하는 능력이 아니라 단지 매달릴 수 있는 원숭이 꼬리와 같다. 꼬리는 원숭이가 죽고 난 뒤에도 죽은 가지를 동이고 있다. 심하게 부패되기 전까지 가지에서 떨어지지 않는다.

그렇다면 창조적 파괴는 어디에 근원을 두어야 할까? 미국 세인트메이 스칼리지의 케스 데블린Keith Devlin 교수는 "신이나 설계자와 같은 외부의 힘에 기대지 않고 자신을 되돌아보고 우리가 스스로의 힘으로 의식할 수 있는 존재라는 점을 깨닫는 게 진실"이라고 강조한다. 삶은 우리에게 단지 중요한 어떤 것이 아니라, 문자 그대로 우리가 가진 모든 것이다. 존재하는 모든 것 가운데 가장 가치 있는 것이다. 따라서 그는 추상적이고 관념적인 체계나 사유에 얽매이지 말고 우리의 삶에서부터 출발해야 한다고 보았다. 삶에 집중하고 그 가치를 인식하고 행동할 때 도덕률도 성립한다고 보았다. 그것이 바로 선이다.

삶에 대한 깨달음에 정진하는 것은 선불교도 예외는 아니었다. 임제臨濟선사禪師는 이렇게 말했다.

바른 견해를 얻고 싶거든 타인에게서 미혹을 받지 말라. 안으로나 밖으로나 만나는 것은 모조리 죽여라. 부처를 만나면 부처를 죽이고, 조사를 만나면 조사를 죽이고, 아라한(성인)을 만나면 아라한을 죽여라. 부모를 만나면 부모를 죽이고, 친척이나 권속을 만나면 친척이나 권속을 죽여라. 그래야 해탈하여 그 무엇에도 구애받지 않으리라.

앞뒤 맥락 없이 이 말만 들으면 경천동지할 일이다. 부처를 죽이라는 말은 무엇이고 부모나 친척 등 피붙이까지 죽이라는 말은 다 무엇인가? 패륜이며 악행이 아닐 수 없다. 그러나 다음 말을 보면 이해가 될 것이다.

> 함께 도를 닦는 여러 벗들이여, 부처로써 최고의 목표를 삼지 말라. 내가 보기에는 부처도 한낱 똥단지와 같고, 보살과 아라한은 죄인의 목에 거는 형틀이요, 이 모두가 사람을 구속하는 물건이다.

아무리 훌륭하고 지혜로운 말과 지식이라 해도 거기에 얽매이면 사람을 가두고 옥죄는 감옥에 다름 아니다. 결국 자기 안에서 모든 것을 찾아야 한다는 말이다.

인도철학에 많은 영향을 받은 쇼펜하우어는 인간의 의지나 삶으로부터 범위를 더 좁혀 자기 자신을 강조한다. 자기 마음속에 있는 생각만이 진정한 생명력이 있으며, 완벽하게 이해할 수가 있다는 것이다. "다른 사람의 생각을 가져와 사용한다면 남이 버린 음식과 옷가지를 먹고 입는 것과 같다"고 그는 보았다.

그러나 니체는 자기를 무조건 긍정하는 것에 대해 경계심을 드러냈다.

> 슬프다! 인간이 동경의 화살을 인간 너머로 쏘지 못하고 활시위가

　　　　　나 는 악 당 이 되 기 로 했 다

떨리는 소리를 듣지 못할 때가 오겠구나!

나는 그대들에게 말한다. 인간은 춤추는 별을 탄생시키기 위해 혼돈을 간직하고 있어야 한다는 것을.

슬프구나! 자기 자신을 경멸할 줄 모르는 가장 경멸할 인간들의 시대가 오겠구나! 독창성 없는 교양에 만족하는 최후의 인간의 시대.

　 ─〈짜라투스트라의 서설〉 중에서

　니체의 영웅주의는 한편으로 자기 정복과 자기 창조로 나타나고, 다른 한편으로는 세계 정복과 세계 창조로 나타난다. 자기 안에서 창조하는 이들은 궁극적으로 세계를 창조한다. 거꾸로 말하자면, 세계를 창조하는 것은 자기 창조에서 비롯되는 것이다. 창조는 결국 외부가 아니라 내적인 자기 마음에서 출발하며, 자기 마음은 삶에서 비롯할 수밖에 없다. 하지만 자기와의 마찰이 있으면 그것이 고스란히 외부로 향하므로 갈등이 생길 수밖에 없다. 이러한 세계 창조는 결국 기존의 것들과 마찰을 일으킨다.

　그런데 창조하는 이들의 행동에 제약을 가하는 반대세력은 나쁜 사람들이 아니다. 오히려 착하고 좋은 사람들이다. 〈짜라투스트라의 서설〉을 좀 더 보면 다음과 같은 구절이 나온다.

보라, 저 선량하고 올바른 사람들을! 그들은 누구를 가장 미워하는가? 그들의 가치표를 부숴버리는 자, 그 파괴자와 범죄자다. 그러나 그는 바로 창조하는 자다.

(중략) 창조자는 동반자, 낫을 갈 줄 아는 자를 구한다. 사람들은 그들을 파괴자, 선과 악을 경멸하는 자라고 부른다. 그러나 그들은 수확하는 자요, 축제를 벌이는 자다.

창조하려는 사람들만이 수확을 할 수 있다. 수확이 가능한 창조는 기존의 가치체계를 무너뜨려야 비로소 가능해진다. 따라서 착한 사람들, 절대자의 윤리를 따르는 이들은 그러한 새로운 도전과 시도를 중대한 범죄로 본다. 결국 선한 사람들이 나서서 창조하는 사람들을 처벌하고 죽음에 이르게 하는 '악행'을 저지르게 된다.

창조하며 수확하며 축제를 벌이는 이들은 과연 즐거움으로 가득하고 활기찬 삶을 살아갈까? 니체는 창조자의 길이 고독하고 외롭다고 한다. 다만 자신을 사랑하기 때문에 견딜 수 있는 고통이라는 것이다. 하지만 창조자는 자신을 경멸해야 한다. 자신을 사랑하기 때문이다. 이 얼마나 모순인가? 자신을 사랑하기 때문에 현재의 자기에 머물면 안 된다. 더 나은 이상을 향해 나아가야 한다. 창조하기 위해서는 홀로 고독 속으로 들어가 이상을 꿈꾸고 실현해야 한다. 심지어 그로 인해 파멸해야 한다. 하지만 그 파멸은 새로운 것이 탄생하는 토양이 되어야 한다.

영웅은 어떨까? 영웅은 스스로를 사랑하지 않음이 분명하다. 그는 창조하기보다는 악당에 의존하며, 지키고 파괴된 세상을 보수해야만 하는 운명이다.

신학자 폴 틸리히Paul Tillich는 저서《존재에의 용기 The Courage To Be》를 통

나 는 악 당 이 되 기 로 했 다

해 용기를 '자아 긍정'이라고 정의하면서 "자기의 참된 본질, 자기의 내적 목표, 혹은 생명을 긍정하는 것"이라 했다. 용기는 바로 자기를 사랑하기 때문에 더 나은 것을 소망하면서 창조적 파괴를 감행하는 것이다. 그러한 시도에 몸을 던지는 사람은 악당이 되지만, 악당을 긍정하는 자가 많아질 때 악당은 비로소 불명예스러운 꼬리표를 벗어던지고 영웅이 될 것이다.

1985년, 스티브 잡스는 자신이 세운 애플사에서 쫓겨나는 최대의 위기를 맞는다. 그의 선택과 결정에 반대하는 사람들이 그를 악당으로 여기고 내몰았던 것이다. 잡스는 당시의 일을 회상하며 "내게 일어날 수 있었던 최고의 사건이었다. 그 사건으로 인해 성공의 중압감에서 벗어나 초심자의 가벼운 마음을 되찾을 수 있었고, 내 인생 최고로 자유롭게 창의력을 발휘하는 시기에 들어갈 수 있었다"고 말했다. 단 한 번의 추락으로 그는 가지고 있던 모든 것을 잃었으나 오히려 자유로워질 수 있었다. 악당이라는 평가에도 불구하고 그는 담담하게 고독한 길을 걸어갔다. 자신을 사랑하고 또 한편 자신을 경멸하면서 새로운 창조물들을 만들어 나간 끝에 세계가 인정하는 혁신을 이루어낸 것이다.

악당의 창조는 단순히 물건을 만들거나 소프트웨어를 개발하는 수준을 넘어선다. 악당은 자신이 속한 세계 자체

착하고 의로운 자들을 조심하라! 그들은 자기 자신의 덕을 만들어내는 자들을 십자가에 매달기를 좋아한다. 그들은 고독한 자들을 증오한다…. 고독한 자여, 그대는 창조하는 자의 길을 가고 있다.

니체, 《짜라투스트라는 이렇게 말했다》, 〈창조하는 자의 길에 대해〉 중에서

"저 멍청이들을 보라고. 쉐보레를 몰고 월마트에서 쇼핑하고 〈프렌즈〉를 안 보면 큰일이 나는 줄 알지. 그게 미국인이야. 멍청한 인간들을 보면 속이 뒤집혀. 하지만 난 꼭 할 거야. 외계인들을 모두 없앨 거야."

영화 〈드림캐쳐(Dreamcatcher)〉에서 외계인과 25년 동안 싸워온 극단적 전투주의자 커티스 대령의 말

를 두고 깊이 고민한다. 이러한 체제의 혁신은 근본적으로 이 시대의 주류와 마찰을 빚게 된다. 애덤 스미스Adam Smith가 "한 사람의 부자가 있기 위해서는 500명의 가난뱅이가 있어야 한다"고 말한 자본주의의 구조적 한계와 부딪히는 것이다. 에르네스트 만델은 "왜 범죄소설이라는 특정한 문학 장르의 역사에 부르주아 사회의 역사가 반영되고 있느냐고 질문한다면… 부르주아 사회가 범죄사회이기 때문이 아닐까?"라고 했다. 만델은 마르크스주의 경제학자이자 트로츠키주의자로 유명하다. 고전경제학자나 마르크스 경제학자가 공통적으로 지적하는 자본주의의 문제점은 절대다수가 소수를 위해 착취당하는 사회라는 것이다.

체제에 대한 회의를 넘어 인류에 대한 존재론적 의문을 지닌 악당도 있다. 영화 〈왓치맨Watchmen〉에는 '세상은 과연 구원할 가치가 있는가?'라는 화두가 등장한다. 이 영화에서 적은 인류 전체다. 초인 닥터 맨해튼은 인간이 구원해야 할 가치가 있는 존재인지 의구심에 휩싸인다. 세상을 구원할 수는 있어도 어차피 인간의 본성을 바꿀 수는 없기 때문이다.

슈퍼영웅들도 그동안 선과 악으로 단순하게 판단해왔던 정의의 개념에 의문을 던진다. 조커는 인간이 얼마나 사악하고 이기적인지를 꿰뚫고, 그런 사악한 인간을 구하는 영웅이라는 존재 자체가 모순임을 일깨우려 한다. 인간이 스스로 선하다고 여기는 사고의 허구성을 논파하는 것이다.

세상의 질서는 계속해서 재생산될 것이고 그 허점을 지적하는 악당들도 계속 등장할 것이다. 그러한 모순은 사회구조에서 비롯하기 때문이다.

왜 악당들은 하나같이 못생겼을까

_자강불식과 실력주의

아리스토텔레스가 쓴 《니코마스 윤리학Ethika Nikomacheia》은 '선은 모두가 바라는 것이다bonum est quod omnia appetunt'라는 구절로 시작한다. 토머스 아퀴나스Thomas Aquinas는 완전한 것을 선한 것으로 보고 결핍과 결함은 악으로 규정했다.

인간과 사물은 불완전하다. 완전한 것은 오직 신뿐이다. 따라서 신의 선함에 참여하고 신의 사랑을 받을 때 인간은 비로소 선한 존재가 된다. 즉, 중세에는 신의 목적에 충실하게 따라야만 선의 세력에 들고 그렇지 않으면 악한 세력의 편이 된다고 보았다. 그렇다면 신에 참여하지 않은 이들은 무엇인가? 그들은 악마이며 오로지 궤멸시켜야 하는 존재일 뿐이다. 더구나 그들은 하나같이 못생기고 추접하다.

창작물에 악당으로 등장하는 이들은 대부분 못생겼다. 간혹 용모가 준수한 악당들도 있지만 그들은 진정한 악당이 되지 못한다. 악당이 당하는 좌절과 고통을 덜 겪었기 때문에 세상을 근본적으로 바꿀 동력을 내재하지 못한다. 진정한 악당들은 못생긴 외모 때문에 항상 사람들의 푸대접과 멸시를 받는다. 못난 얼굴에 가려진 뛰어난 실력을 누구도 봐주지 않는다. 반면 영웅은 항상 매끈한 얼굴로 묘사된다. 등장할 때부터 반듯하고 호감이 가는 외모 때문에 인간성이나 재능도 우월할 것이라는 기대감을 갖게 한다.

그러나 사실은 악당들의 실력이 월등한 경우가 더 많다. 그들은 외모로 먹고살 수가 없기 때문에 실력과 능력을 더욱 배가시키는 데 매진하고 매사에 영민함을 추구하는 까닭이다. '자강불식, 후덕재물自强不息厚德載物'이라는 베이징 칭화대학교의 교훈은 악당들에게도 해당되어야 한다. 하지만 실력과 능력을 가진 악당의 땀흘린 대가는 항상 그것을 편취하는 이들의 몫이다. 외모가 훌륭한 이들은 마치 자기들이 이룬 업적인 양 미디어와 대중 앞에 당당히 모습을 드러내고 영광을 독차지한다.

악당과 영웅의 출신은
어떻게 다른가

만화 속 악당들은 왜 하나같이 턱이 뾰족할까? 영화 〈헬보이Hellboy〉에서 헬보이는 지옥에서 태어난 악마의 자식이지만 어둠의 세력에 맞서는 선량한 캐릭터다. 그러나 사람들은 그의 험악한 인상 때문에 악당으로 오해한다. 마음 깊이 연모하는 '화염걸' 리즈에게 다가가지 못하고 속앓이를 하는 까닭도 외모 탓이다. 그는 매일 아침 면도를 하듯 전기톱으로 뿔을 간다.

얼굴형은 사람의 인상을 판단하는 데 결정적인 영향을 미친다. 2012년 5월, 영국 워릭대학교의 과학연구원은 30명의 자원봉사자들을 상대로 수백 장의 얼굴사진을 보여주면서 착한 사람과 나쁜 사람, 성격이 좋은 사람과 악한 사람, 낙관적인 사람과 비관적인 사람을 간추리도록 했다. 이때 사진 속 얼굴 주변에 삼각형을 배치했는데 피실험자들은 역삼각형이 나타날 때마다 해당 인물의 이미지를 부정적으로 탐지했다. 역삼각형 얼굴을 지닌 사람들이 사람들에게 위협감을 준다는 것이 과학적으로 입증된 이 실험은 만화 속 악당들이 유난히 뾰족한 턱을 가진 것과 들어맞는다. 영화 〈슈렉〉, 〈알라딘Aladdin〉에 나오는 악당은 주걱턱, 〈치킨런Chicken Run〉에 나오는 마음씨 나쁜 주인은 무턱, 〈벅스라이프A Bug's Life〉에 나오는 악당은 사각턱이다. 〈백설공주〉나 〈백조의 호수Swan Lake〉 등에 나오는 마귀할멈도 주걱턱이다.

턱 선이 강하면 이미지가 강해 보이고 캐릭터가 분명히 살아나는 장점이 있다. 그 때문에 현실에서 이 같은 턱 모양을 가진 사람들은 실제 성격과는 무관하게 개인적인 콤플렉스와 주변의 시선으로 인해 두 번 상처를 입는다.

"늑대에게 물려죽는 양이 되지 않으려면 늑대가 되어야 한다."
영화 〈트레이닝 데이(Training Day)〉에서 덴젤 워싱턴(Denzel Washington)이 연기한 베테랑 형사 알론조의 말

"사람들은 스테이크를 좋아하지만 소를 잡는 사람은 좋아하지 않고 만나려 하지도 않는다."
영화 〈파파라치(Paparazzi)〉에서 파파라치 사진기자인 렉스 하퍼의 대사

"사람들은 모른척하지. 일상적이고 하찮다는 이유로…. 시도 때도 없이 그 모든 것들을 눈감아주면서 말이야."
영화 〈세븐〉에서 연쇄살인범 존 도의 말

악당들은 오로지 실력에 승부를 걸고 노력의 결정체인 결과물을 공개한다. 하지만 돌아오는 것은 철저한 무관심과 외면이다. 혹은 잘난 체하고 오만하다면서 비난하고 적대시하는 세상 사람들을 마주할 뿐이다. 사실 사람들이 악당을 멀리하는 것은 자신들이 주도하고 있는 질서의 균형이 흔들리거나 이미 가지고 있는 것을 빼앗길지 모른다는 두려움 때문이다. 게다가 지위나 재물, 권력, 배경이 없는 악당을 상대해보았자 떨어지는 떡고물도 없다. 오히려 그를 악당으로 몰아 지위나 재물, 권력, 조직이 있는 자들에게 고발하는 게 실질적인 이득이 된다. 지위나 재물, 권력, 조직을 가진 이들이 아무런 노력 없이 자신들의 배경에 기대어 호의호식할 때 악당들은 절치부심한다.

영화 〈어벤져스〉에서 신들의 나라 아스가르드 왕국의 후계자 선택에서 밀려난 로키는 자신이 국왕의 아들이 아니라 적국 우두머리의 핏줄이라는 사실을 뒤늦게 알게 된다. 그는 실력이 아니라 출신성분으로 승패를 가르는 구조에 분노하여 악당의 길에 들어선다. 〈스파이더맨 2〉에서 옥토퍼스 박사는 세상의 무관심에 상처받고 악의 길을 택한 비극적인 악당이다. 하지만 부당한 사회에 저항하기 위해 갈고닦은 그들의 실력은 오만함의 덫에 걸려 자멸하는 것으로 흔히 그려진다. 성공을 눈앞에 뻔히 두고도 스스로 무덤을 파는 악당들을 종종 볼 수 있는 건, 객관적으로 악당들의 실력과 치밀함이 영웅보다 우위에 있기 때문에 개연성 있게 그들을 붕괴시킬 수 없는 탓이다.

악당들은 타고날 때부터 외모가 추하고 환경적 여건이 뒷받침되지 않는 데 비해 영웅들은 어느 날 갑자기 하늘에서 뚝 떨어진 초능력을 지니고 있다. 출발점부터가 극과 극인 셈이다. 초능력을 사용하는 영웅들의 스토리는 대개 전형화되어 있다. 어느 날 우연히 초능력을 얻고 처음에는 환희를 경험한다. 하지만 바로 그 초능력 때문에 시련을 겪게 되고 그 능력을 정의롭게 사용해야 하는 이유를 알게 되면서부터 본격적인 영웅의 행로를 걷게 된다.

그들의 초능력은 오랫동안 수련하거나 염원한 끝에 쟁취한 것이 아니다. 어쨌든 그들은 처음부터 초능력을 가질 수밖에 없는 근원적이고 본질적인 운명을 타고난다. 우월한 존재는 이미 정해져 있는 것이다. 수퍼맨은 날 때부터 초능력자였고 〈매트릭스〉의 주인공 네오 역시 뛰어난 능력을 지닌 재림자로 정해져 있었는데 본인만 그것을 알지 못했다. 타잔처럼 도시를 자유롭게 활강하는 스파이더맨의 능력도 우연히 박물관에 갔다가 거미에 물린 덕분이다. 타잔은 정글 속에서 살아남기 위해 어린 시절부터 부단히 연습하고 훈련해 습득한 능력을, 스파이더맨은 어느 날 갑자기 얻으면서 너무나 손쉽게 영웅이 된다. 영화 〈로보캅RoboCop〉은 악당들에 의해 사실상 목숨을 잃은 경찰관을 기계인간으로 재생시켜 통쾌하게 범죄자들을 소탕하는 내용이다. 로보캅의 능력 역시 자신의 노력으로 이루어진 것이 아니라 의학의 힘으로 이식된 것이다. 〈600만 불의 사나이 The Six Million Dollar Man〉도 이 점에서는 마찬가지다.

손쉽게 얻은 능력에는 함정이 있다. 영화 〈클로니클Chronicle〉에서 세 명의 고등학생은 우연히 초능력을 얻은 후 점차 악인이 되어간다. 내적인 고민 없이 초능력을 갖게 된 까닭이다. 스스로의 고민 끝에 갖게 된 능력이 아니라면 그 능력의 가치와 의미를 모르고 함부로 사용하게 될 것이기 때문이다.

서양에서는 입기만 해도 신비한 괴력을 발휘하는 갑옷이나 망토 덕분에 영웅이 되는 전설이 매우 흔하다. 태권브이, 마징가제트 같은 거대 로보트병기나 로보트슈트 등의 첨단과학기술이 등장하면서 손발로 싸우던 근육질의 영웅은 하나둘 밀려나고 있다. 더 이상 어린 시절부터 육체적 단련을 할 필요가 없어진 것이다.

아이언맨이나 배트맨은 첨단장비와 도구를 지닌 백만장자 영웅들이다. 2012년 영국의 한 가격비교 사이트가 슈퍼히어로 아이언맨의 가격을 분석해 화제를 모았다. 아이언맨의 생명 유지 장치와 수트 동력을 제공하는 발전기는 3,600만 달러, 탱크를 공격하는 손목 장착 미사일은 최소 150만 달러, 어깨의 대인 총기류는 약 40만 달러, 입는 컴퓨터인 홀로그램 HUD(헤드 업 디스플레이)헬멧의 개발 비용은 약 5,400만 달러였다. 손발의 제트추진 장치는 약 1,400만 달러, 티타늄골드로 제작된 수트의 예상 가격은 약 100만 달러였다. 그 외에 들어가는 비용까지 합해 아이언맨 제작 비용은 1억1,000만 달러인데 이는 우리 돈으로 1,250억 원 정도다. 여기에 연구실 시스템과 생활비까지 합산하면 상상을 초월하는 비용이 추가로 들어간다. 모든 비용을 합치면 우리 돈으로 1조8,000억 원이 넘는데, 결국 아이언맨은 약 2조 원짜리 슈퍼히어로인 셈이다.

그럼 배트맨은 어떨까? 이번에는 미국 리하이대학교의 경제학과 학생들이 분석에 나섰다. 배트맨이 되기 위한 무술 전문가 1년 강습비, 전용 차량 텀블러 제작비, 전용 제트기 이동비용, 고강력 섬유로 만든 배트맨 전용 수트 제작비, 집사 고용비, 무기 제작비 등을 합산한 결과 대략 280만 달러(약 31억 8,000만 원)로 분석했고 브루스 웨인의 총자산을 116억 달러(약 13조 2,000억 원)로 추정했다. 그러나 배트맨으로 활동하는 데 드는 비용이 아무리 천문학적이라 해도 총재산의 4000분의 1에 불과하므로 영웅적 행위는 사실은 부잣집 도련님의 취미생활인 셈이다. 이들은 돈이 있어야 영웅이 되고 세계를 구할 수 있다는 메시지를 암암리에 확산시키는 자본주의적 영웅들이다.

아이언맨이나 배트맨에 대항하는 악당들 중에는 이러한 자산가가 있을 리 없다. 그래서 악당들은 부자 영웅들에게 대적하기 위해 재물에 집착하거나, 돈이 아닌 다른 방법으로 자신의 목표를 이루고자 끊임없이 풍찬노숙하면서 노력할 뿐이다.

특히 과학 지식과 기술은 노력하는 악당의 전형적인 무기다. 테크놀로지는 그를 보좌하는 필수적인 아이템이다. 그런데 테크놀로지의 개발에는 역시 자본이 필요하기 때문에 악당들은 자본가에게 고개를 숙이거나 불법행위를 할 수밖에 없다.

악당들은 대부분 출신이 빈한하기 때문에 돈의 중요성을 안다. 반면 그들을 저지하는 영웅들은 돈보다 의로운 명분을 내세운다. 명분만을 내세우는데도 그들이 굶어죽지 않는다는 것은 희한한 일이다. 배트맨은 어린 시절부터 부유한 환경에서 자랐고 조커는 거리의 가난한 아이였다. 조커는 사람들을 움직이는 것이 돈이라는 사실을 누구보다 잘 알고 있었다.

골리앗이 미소년이었다면
다윗에게 졌을까

돈 없는 자들은 악당으로 몰리기 쉽다. 칼 마르크스Karl Marx가 추상과 관념의 영역에서 물질적 현실 관계에 대한 논의로 이동한 것은 개인 소유 삼림에서 나무를 훔치는 문제를 규제한 새로운 법이 제정되면서부터다. 농민들이 떨어진 나뭇가지를 모아 땔감으로 사용하는 것은 오래전부터 내려오는 관습이었다. 그러나 영주들은 나무의 수요가 늘어나는 것을 알고 잔가지를 주워가지 못하게 금지했다. 이제는 잔가지 하나를 집어가도 악당으로 내몰리고 징역형을 받았다. 마르크스는 신문 사설에서 "가공된 목재를 훔치는 사람은 재산을 훔치는 것이다. 그에 반해 나뭇가지를 주워 모으는 행위는 재산을 분리시키지 않는다. 당신들은 나뭇가지 줍는 것을 도벌보다 더 중죄로 처벌한다. 도벌을 목재 살해라고 명명하고 살해행위로 처벌해야 한다"고 비판했다.

더욱 어처구니없는 일은 나뭇가지를 주워간 사람이 변상해야 할 금액을 삼림 소유자가 임의로 정하는 것이었다. 칼 마르크스는 이를 합법화된 강도 행위라고 보았다. 이러한 사회적 배경을 계기로 그는 계급, 개인 소유, 국가의 문제에 대해 진지하게 생각하게 되었다.

가난이 악당을 만들어내는 것은 절대적인 법칙이 아니다. 악당의 등장

나 는 악 당 이 되 기 로 했 장

에는 사회와 경제의 구조변화 그리고 정치역학의 배경도 크게 작용한다. 소유권의 확립이 냉혹하게 고정된 사회는 선량한 사람들마저 악당으로 내몬다. 아이언맨이나 배트맨이 담배에 찌들어 사는 모습을 상상하기 어려울 것이다. 대개의 영웅들은 그러한 패배자의 모습과는 거리가 멀다. 미국 세인트마이클대학교 의학센터 연구진이 400편의 할리우드 영화를 분석한 결과, 악당이나 주인공과 대립하는 캐릭터 가운데 35.7퍼센트가 담배를 피웠다. 반면 주인공들의 흡연율은 20.6퍼센트에 그쳤다. 또 영화 속 흡연자들의 절반 정도는 경제적 하층민이었고, 22.9퍼센트는 중산층, 10.5퍼센트가 상류층이었다. 기존 질서나 체제에 대한 저항자들이 담배를 피우는 장면은 이미 우리에게 새롭지 않다. 그래서 일찍 담배를 배우는 이들, 즉 흡연하는 젊은이에게는 '불량 청소년'이라는 라벨링이 붙어버린다.

겉모습으로 인한 '라벨링 효과'는 흑인에 대한 편견이 대표적이다. 흑인 아이들은 하나같이 불량하다는 인식적 라벨은 그들을 불량 청소년, 범죄자로 내몬다. 추하고 못생긴 이들이 악하다는 라벨은 그들을 실제로 악한 이들로 만들어버린다. 미국의 정치전략가 마이클 프렐Michael Prell은《언더도그마underdogma》를 통해 몸집이 거대하거나 우락부락한 이들은 강자로 여겨지고 몸집이 작고 여린 사람들은 약자로 평가받으며, 이러한 약자에 대한 무조건적인 긍정과 강자의 범주에 들어간 이들에 대한 근거 없는 부정적 인식에 대해 지적한다.

다시 생각해보자. 골리앗은 덩치가 크고 힘이 세기 때문에 나쁘고, 다윗은 몸집이 작고 여린 소년이기 때문에 선하다는 인식도 여기에 속한다. 골리앗은 정말 나쁜 사람이었을까? 단지 몸집이 크고 얼굴이 추하고 키가 크기 때문에 오해를 산 게 아니었을까? 만약 다윗이 골리앗의 외모를 가졌다면 그들의 대결은 어떠했을까? 다윗이 골리앗을 이긴 것은 우연이었는지도 모른다. 골리앗은 부단하게 노력하여 장군의 위치에 올라간 사람은 아니었을까? 다윗은 돌팔매질로 골리앗을 넘어뜨리고 영웅이 되었지만 과연 그 뒤의 활약도 눈부셨을까? 어린 나이에 병법이나 제대로 운용했을까? 전쟁은 돌팔매질 싸움과는 다르다. 우락부락하고 험악한 골리앗의 외모는 전형적인 악당의 캐릭터에서 라벨링된 결과다.

2007년 사우스플로리다대학교 연구팀의 실험에서는 실험 참가자들에게 이스라엘-팔레스타인 간의 갈등을 설명한 글을 읽게 한 다음, A그룹에는 이스라엘이 커 보이는 지도를, B그룹에는 반대로 팔레스타인이 커 보이는 지도를 보여줬다. 그 결과 A그룹의 70퍼센트가 팔레스타인을 약자로 판단했고, 53.5퍼센트가 팔레스타인을 편들었다. 반면 B그룹은 62.1퍼센트가 이스라엘을 약자로 봤으며 76.7퍼센트가 이스라엘을 지지했다. 사실과 관계없이 지도를 통한 직관적 인식만으로 약자를 판단하고 반사적으로 동정심을 보인 것이다.

강자를 오버도그overdog, 약자를 언더도그underdog라고 하는데 흔히 사람들은 언더도그를 지지하는 경향이 강하다. 판단의 주체인 사람들 대부분이 약자에 속하기 때문이다. 인류 역사를 통틀어 강대국, 대기업, 부자들은 끊임없이 힘없고 가난한 사람들을 괴롭혀왔고 그런 행태가 지금까지도 이어지고 있다. 그래서 많은 사람들이 내심 언더도그가 오버도그를 이겨주기를 바란다. 그러나 이러한 소망과 꿈은 종종 강대국이나 대기업, 부자들에게 정치적으로 역이용 당하곤 한다. 오히려 선하고 착한 사람들을 악당으로 만들어 자신들의 이익을 추구하는 도구로 사용하는 것이다.

여기에 대안은 없는 것일까? 못생기고 추한 이들은 악의 축으로 그냥 내몰려야 하는 것일까?

소크라테스의 못생긴 외모는 이미 널리 알려져 있다. 퓰리쳐상을 수상한 문명사학자 윌 듀런트Will Durant는 《철학이야기 The Story of Philosophy》에서 소크라테스에 대해 "머리는 버스러지고, 얼굴은 크고 둥글며 눈은 우묵하고 번쩍이는 데다 코는 너부죽하고, 여러 만찬 자리에서 그 코 생긴 값을 한 것으로 생각되는 바, 그 외모야말로 가장 유명한 철학자의 얼굴이라기보다 어떤 집의 하인 얼굴"이라고 적었다. 소크라테스가 고상하고 품격 있게 생겼다면 오히려 사람들이 이질감을 느꼈을 것이므로 시장 안에서 이른바 시정잡배들이라 불리는 사람들과 격의 없이 웃고 떠들면서 세상과 진리에 대해 논하는 서민친화형 철학자가 될 수 없었을지 모른다. 볼품없는 외모 덕분에 그는 사람들에게 친근하고 동질감을 주는 인물로 인식되었다. 그런 외모로 엄격한 격식과 아카데미즘을 따졌다면 오히려 외면당했을 것이다. 소탈한 어울림 속에서 평범한 사람들의 삶과 일상을 자신의 철학적 견해에 수용한 소크라테스였기 때문에 더 많은 이들의 지지를 받을 수 있었다. 악의 수괴로 몰려 독배毒杯를 든 소크라테스는 오늘날 세계 4대 성인으로 추앙받고 있다. 그를 따르던 악의 무리가 전 세계에 널리 퍼졌고, 그는 더 이상 악당이 아니다.

평범하지만
우월해지고 싶다

미국의 한 재판장에서 배심원들이 진짜 범인을 변호하기 시작했다. 대부분의 배심원들은 '유죄로 보기에는 그 사람은 너무나 뚱뚱하다. 뚱뚱한 사람은 마른 사람보다 성격이 태평스럽기 마련이다. 그렇기에 잽싸게 잔인한 짓을 저지를 수 없다'고 했다.

이러한 현상이 일어나는 것은 우리가 가지고 있는 평범성에 대한 우호적 인식 때문이다. 우리가 지지하고 싶어 하는 사람들은 외모상으로 평균적이거나 조금 매력이 떨어지는 약점들을 가지고 있는 사람들이다. MBC 〈무한도전〉의 좀 못난 멤버들에 대한 우호적 입장을 보라. 우리는 어딘가 한두 가지씩 결핍되거나 매력이 출중하지 못하다. 하지만 대중문화 콘텐츠에서 영웅을 괴롭히는 악당은 그러한 단점이 극대화된다. 악당은 왜 이렇게 그려지는 것일까? 이는 평범한 우리들이 악당보다는 낮다는 착각을 통해 우월한 의식을 갖게 하여 안도감을 주기 위한 것이다. 그런데 우리는 영웅에 대한 선망의식이 높은 관계로 결국 그것이 우리 자신에 대한 모멸과 비하임을 알지 못한다.

악당이 세상을 집어삼키고 싶어 하는 이유

_자존감과 독립 그리고 자기 주도적 존재

악당은 삼존三尊을 표방한다. 즉, 생존生尊과 자존自尊, 독존獨尊에 중요한 방점을 찍는다. 악당은 가치와 명분보다 생존을 우선하고 자신의 존재감을 중요하게 여긴다. 니체는 열여덟 살 때 이미 기독교적 공동체관이 가진 한계를 의식하고 "우리는 스스로 자기 삶을 설계하고 자신의 한계를 넓히고 또한 자신을 상승시키는 '개인'이 돼야 한다"고 주장했다. 신의 설계, 교회의 한계 안에서 순응하는 삶이 아니라 개개인의 능동적인 선택과 행동을 강조한 것이다.

앞으로의 계획을 어떻게 세울 것인가, 미래의 비전을 어떻게 그릴 것인가를 융에게 물어보아도 좋다. 융은 "오로지 자신의 마음을 바라볼 때 비전이 선명해진다. 밖을 보는 자는 꿈꾸는 자요, 안을 보는 자는 깨어 있는 자다"라고 했다. 그런가 하면 라캉Lacan은 인간의 자아 형성을 어린아이의 단계로 좁혀 거울이론을 적용하였다. 6개월에서 18개월 사이의 아동심리를 분석한 결과 아이들은 자아를 온전하게 인식하지 못하고 부분적으로

만 파악하다가 거울에 비친 비로소 자신의 모습을 보고 자신의 상과 자아를 통합적으로 인식하게 된다. 거울의 상과 자아를 일치시켜 통일체를 이루는 단계인 것이다. 이 구조를 확장하면 거울은 바로 사회이자 사회 구성원이다. 사회와 사회 구성원에 비친 자신을 통해 스스로에 대하여 통일적인 관점을 갖게 되는 것이다.

그런데 문제는 사회와 공동체가 평등하지 않다는 점이다. 태어날 때부터 한계 지워진 상황이 적지 않은 데다, 성장하면서 이러한 한계를 더욱 뼈저리게 체험하게 되는데, 힘없고 소수인 주체들은 이에 대항할 수조차 없는 위기를 맞게 된다. 이때 끊임없는 자아의 개진을 통해 자기 존재감을 부각시키면 사회는 그를 악당으로 규정한다.

단지 내가 생각하는
선을 행할 뿐

근대적 자아관이 성립되면서 악당은 지지를 받기 시작했다. 근대적 자아의 정체성을 바탕으로 각 개인은 사적인 이해를 추구하는데, 이러한 삶의 방식이 자연스럽게 여겨지게 되었다. 그런데 사적인 이해 추구는 동시에 개인 간의 긴장을 불러왔다. 모든 사람이 자기의 욕망을 충족시킬 수는 없기 때문이다. 이때 헤겔Hegel의 논리에 따른다면 자신의 몫을 충분히 차지하지 못한 이들은 상대적으로 많은 것을 가진 이들을 악당으로 규정하게 된다. 거꾸로 많은 것을 차지한 이들은 자신들을 공격하는 무리를 악당이라고 생각할 것이다. 헤겔은 개인이 자유롭게 각자의 목적을 추구하도록 하는 동시에 규범과 관행의 상호주관적인 구조를 인식해야 한다고 보았다. 다른 자아의 주관적 기준을 받아들임으로써 발전적 자아를 확립해가야 한다는 것이다. 이러한 헤겔의 관점은 다른 사람들을 배려해야 한다는 의무론적 관점에서 접근한다. 또한 인간은 제각각 상대성을 가질 수밖에 없기 때문에 주관성을 상호인정하고 협력하여 발전해 나가야 한다고 본다. 다른 사람이 악으로 규정한 것이 나에게는 선이 될 수 있으며 나에게 선이지만 상대에게 악이 되는 게 있기 마련이다.

보통 사람들이 입을 모아 선이라고 말하는 것은 객관적인 선(정직함, 성실함, 자비로움)이다. 그런데 정직은 아름다운 미덕이지만 아무 때나 정직하면 오히려 피해를 준다. 가치를 잃은 성실은 때로 심각한 문제가 된다. 일제에 협조하는 친일파의 성실이란 무엇을 의미하는 것일까? 악도 마찬가지다. 다른 사람들이 모두 악이라고 하면 그것은 객관적인 악이다. 하지만 다른 사람들은 악이라고 하는 것을 혼자서 선이라고 주장하면 그것은 주관적인 선이다. 주관적인 선은 개인에게 좋은 것이고 객관적인 선은 집단에게 좋은 것이다. 집단을 강조하는 사회나 국가일수록 개인의 주장이나 권리에 대해 이기적이며 비윤리·비도덕적인 행위, 나아가 범죄행위로 규정한다.

악당은 헤겔에 반대한다. 자신에게 좋은 것이 절대적으로 좋은 것이다. 자신에게 나쁜 것은 절대로 나쁜 것이다. 악당은 자신을 제쳐두고 남을 위해 움직이는 법이 없다. 세상을 위해 혹은 다른 사람을 위해 좋은 일을 하여 착한 사람, 선한 사람이라는 평가를 듣는 것을 부담스럽게 여긴다. 그러한 평판은 또 다른 집착과 기대, 그리고 미련을 남기기 때문이다. 배트맨은 주변인들로부터 끊임없이 "자신을 구하라", "당신은 시민들에게 빚진 게 없다"는 걱정 어린 조언을 듣는다. 하지만 배트맨은 좀처럼 스스로를 구하지 못한다. 〈다크나이트 라이즈〉에서 그는 결국 베인에게 허리가 꺾이고 지하감옥에 끌려가 갇힌다. 물론 영화 속의 영웅은 승리해야 하기 때문에 그는 순식간에 재활에 성공하여 감옥을 탈출한다. 그러나 핵심은 스스로를 구원하지 못한 그가 자신의 몸을 지키지 못했고 평정심마저 잃어 베인에게 허리가 꺾였다는 사실, 그 이상도 이하도 아니다.

악인은 다른 사람에게 나쁘더라도 자신에게 좋으면 한다. 악인은 때로 욕심이 지나쳐 스스로를 포기하기도 한다. 그러나 악당은 다르다. 판단 기준은 어디까지나 자기에게 있다. 자기를 파괴하지 않는 범위 내에서 남을 나쁘게 하는 것이지, 악 그 자체를 목적으로 하지는 않는다. 만약 악을 실현하는 것이 목표라면 그는 악에 종속된 악의 화신, 악의 노예에 불과하다. 만약 자신에게마저 해로운 짓을 한다면 그는 우둔하거나 어리석은 자이며 자신을 파괴하는 꼴이 된다. 그러므로 악당은 결국 선을 지향하는 존재다. 다만 자기 자신에게 좋은 것을 우선한다는 점이 두드러질 뿐.

자기를 포기하지 않는 것은 절망하지 않는 것이다. 절망하지 않을 때 조직과 공동체, 나아가 세계가 있다. 자신을 배제하는 조직이나 세계라면 아무리 넓고 크다고 한들 의미가 있을 리 없다. 악당은 조직이나 나라, 세계로부터 버림받고 소외당한 존재들이다.

악당들은 진보적인 세계관을 갖는다. 보수적 관점에서 보았을 때 그것은 현 체제나 시스템을 파괴하는 무서운 범법행위다. 소외당한 존재들이기에 자신들의 조직과 나라 그리고 세계를 꿈꾼다. 세계를 지배하지 않고서는 자신들의 이상을 실현할 토대가 없기 때문이다. 악당들이 정치와 경제 그리고 과학, 군사 분야에 관심을 갖는 것은 기존 사회에 단단히 뿌리내린 주류 세력을 전복할 힘을 얻기 위해서다.

쇼펜하우어는 "외로움은 모든 위대한 정신의 운명"이라고 말했다. 악당은 남들이 어떻게 생각하든 이 말에 공감할 것이다. 아무도 그들의 생각에 판단을 내릴 수 없다. 어차피 그들은 처음부터 다른 것, 새로운 것을 모색했기 때문에 누구도 그 새로움을 검증할 수 없다.

세상이 나를 버려도
나는 나를 버리지 않는다

티모시 윌슨Timothy D. Wilson은 《스토리 redirect》에서 "우리가 세상을 해석하는 방식은 굉장히 중요한데, 우리의 해석은 자기 자신과 사회적 세계에 대해 각자가 형성하는 내러티브에 뿌리를 두고 있다"고 했다. 선과 악을 판단할 객관적인 기준이 부재한 탓에 인간은 저마다 주관적인 기준을 지닌다. 우리는 누구나 자신이 도덕적으로 다른 이들보다 조금은 낫다고 생각한다. 자기애가 있기 때문이다. 더구나 현대인은 치열한 경쟁 속에서 혼자 힘으로 도전하고 목표를 달성해야 하기 때문에 자신을 더욱 사랑해야 한다. 이는 자신을 기준으로 선악을 구분 짓고 자신을 중심으로 영웅과 악당을 나누는 것을 의미한다.

청년 세대는 언제나 기성세대와 확고한 구분을 지으며 자신의 정체성을 형성하고 변화를 주도해간다. 스스로에 대한 통제감은 살아 있다는 존재감을 확인시켜준다. 그런데 최근 몇 년 사이 실제보다 자신을 높게 평가하는 의식이 부쩍 확산되었다. 이는 대중가요 속에서 강화된 자기애 코드를 보아도 알 수 있다. 이전에도 김자옥의 〈공주는 외로워〉, 주주클럽의 〈공주병〉 등이 있었지만 이는 수동적인 자기도취에 머무는 수준이었고 요즘은 한층 대담해졌다. "난 너무 예뻐요, 난 너무 매력 있어, 난 너무 멋져요(원더걸스의 〈So Hot〉)", "요즘엔 내가 대세(서인영의 〈신데렐라〉)"라는 노랫말에서 볼 수 있듯이 이른바 '자뻑코드'가 노골적으로 드러난다. '자뻑'은 스스로에게 도취되는 상태를 비아냥거리는 말이다. 그런가 하면 자기애 현상을 지칭하는 또 다른 용어인 '셀프홀릭self-holic'은 자기도취의 긍정성을 어느 정

"그동안 누군가가 우리를 패배자로 만들었다. 이제 우리만의 해피엔딩을 만들어 나가자."
〈슈렉3〉에서 프린스 차밍이 동화 속 악당들을 모아 음모를 꾸미며 한 말

"잘하고 말고가 어디 있어? 지금 내가 하고 있는 일이 잘하는 일이다. 믿는 거지."
영화 〈부당거래〉에서 폭력배 출신 건설업자에게 더러운 거래를 제의하는 형사 최철기(황정민 분)의 대사

"학생은, 공부를 해야 학생이고, 건달은, 싸워야 할 때 싸워야 건달입니다."
영화 〈범죄와의 전쟁〉 조직보스 최형배(하정우 분)의 말

도 포함하는 말이다.

에라스뮈스Erasmus는 《우신예찬Encomium Moriae》에서 "자기 자신을 증오하는 사람이 타인을 사랑할 수 있는지, 자신과 싸우는 사람이 타인과 조화를 이룰 수 있는지" 묻는다. 그리고 만약 '그렇다'고 대답하는 사람은 미치광이라고 했다. 그는 자신을 사랑하는 것은 '필라우티아(자기애)'라고 하면서 이를 인간의 삶에서 소금에 비유했다. 나아가 에라스뮈스는 필라우티아가 없으면 음악가의 음악은 지루하고, 미술가는 그림을 그리지 않을 것이며, 배우의 연기는 야유를 부를 것이라고 했다. 프로이트나 에리히 프롬은 나르시시즘을 부정적으로 보았지만, 나르시시즘은 다른 사람의 시선에 둔감하면서도 창조적인 작업들을 추동하는 힘이 되기도 한다.

나르시스Narcissus는 호수에 비친 자신의 얼굴을 보고 자아도취에 빠졌고 백설공주의 계모인 왕비는 거울을 보며 자아도취에 빠졌다. 현대인들은 전자기기를 사들이면서 자기도취에 빠진다. 이러한 경향은 다양한 디지털 기기를 통해 극대화되는 양상으로 나타나고 있다. 아날로그 기기가 자신의 '선택'에 대한 도취였다면, 디지털 기기는 자신의 '표현'에 대한 강화된 도취이며 셀프홀릭 현상으로 이어지고 있다.

특히 90년대 이후의 세대들은 자기표현에 거침이 없다. 성장기에 이들의 부모는 자식의 거리낌 없는 자기표현을 제재하지 않았다. 외동인 경우가 많기 때문에 오히려 장려되고 존중되었다. 과거 한 분유회사 광고에 "내 아이는 달라요, 특별하죠"라는 카피가 등장하던 시기에 태어난 이 세대는 그 분유를 먹고 성장하여 지금 셀프홀릭의 중심에 서 있다. 핵가족

나 는 악 당 이 되 기 로 했 다

속에서 형제자매가 없이 자란 그들은 사람이 아니라 물건과 기기를 통해 자신을 표현하고 존재감을 인정받았다. 퍼스널미디어는 존재와 가치를 부여하는 호수이자 거울이 되었으며, 소셜네트워크가 이를 극대화하였다. 이들 세대는 자신을 중심으로 구축된 네트워크를 통해 세상이 움직이기를 바란다.

자기애와 자존감이 비단 젊은 세대만의 것은 아니다. 사람들이 일반적인 평가보다 스스로의 외모와 능력을 높이 평가하는 것은 여러 실험을 통해 증명되었다. 이는 자신을 속이는 일종의 자기기만 현상으로, 자신이 실제 보이는 것보다 더 능력 있고 매력적이라는 믿음에서 비롯된다. 그것은 단지 인지능력상의 오판을 넘어서는 의미를 갖는다. 사람들은 자신의 능력을 의도적으로 확대하여 생각함으로써 자신감을 얻는다. 자신감을 높이면 더 효과적으로 능력을 발휘할 수 있고, 원하는 일을 더 잘 이룰 수 있으리라 판단하기 때문이다.

〈월스트리트저널 The Wall Street Journal〉(2012년 7월 30일자)에서는 최근 심리학 연구 결과를 종합해보았을 때, 사람이 자부심을 북돋우거나 더 나은 느낌을 갖기 위해 무의식적으로 자신을 속이는 경향이 있다고 보도했다. 아동심리학자들의 보고에 따르면 세 살 난 유아들도 이미 자기긍정의 편향성을 가지고 있다고 한다. 대학입시를 앞둔 청소년의 25퍼센트는 자기가 상위 1퍼센트에 든다고 답변한 조사 결과도 있으며, 학생회 간부인 여학생들은 자신을 실제보다 똑똑하고 능력 있는 인재라고 여긴다. 또 성인들에게 여러 비율로 보정된 사진을 보여주었더니, 20퍼센트 더 보정된 사진이 자신의 얼굴을 가장 잘 포착했다고 답했다. 미국 콜게이트대학교 연구팀은 여성 피험자들을 대상으로 자기 몸매를 그리는 실험을 실시했다. 우선 자신의 체형을 종이에 그리게 한 뒤 한쪽 그룹에게는 분위기 있는 연애소설을 읽게 하고, 다른 실험그룹에는 건축 관련 책을 읽게 했다. 얼마간 책을 읽은 뒤 다시 몸매를 그려달라고 요구하자 연애소설을 읽은 그룹의 여성들은 자신의 몸매를 아까보다 훨씬 더 날씬하게 묘사했다. 이는 소설 속에 나오는 미모의 여주인공과 비슷해지고 싶다는 욕구가 작용한 결과이며, 동시에 필요성이 인식될 때 자신의 매력이나 기술, 지능을 부풀리는 성향이 있음을 입증한 실험이다.

갈수록 잉여인간 취급을 받는 경쟁격화 시대에 셀프홀릭은 생존을 위한 법칙이다. 스스로 친구가 되고, 에라스뮈스가 이야기한 대로 자신뿐 아니라 타인을 모두 사랑하는 필라우티아를 지향해야 한다. 그것이 자기애와 자존감의 본질이어야 한다.

사회에서 추방된 악당들은 스스로 자신을 보듬지 않으면 달리 보듬어주는 사람이 하나도 없는 외로운 존재들이다. 그래서 다른 사람이 아무리 욕하고 비난해도 악당은 자신을 욕하거나 자책하지 않는다. 다른 이들이 가치 없는 존재라고 공격하면 그에 맞서 자신의 가치를 스스로 높인다. 외모나 능력에 대한 혹독한 평가에도 불구하고 "나는 능력 있고 괜찮은 스타일"이라고 자부한다. 사람들의 관점은 어차피 입장에 따라 다르기도 하거니와 설령 외부의 평가가 일치한다고 해도 그들의 판단은 칸트의 말대로 주관적이기 때문에 각자의 방식으로 현상을 파악하는 것일 뿐 그 이상의

나 는 악 당 이 되 기 로 했 다

의미는 없다고 볼 수 있다.

　욕망과 자기를 버리고 무아의 경지로 들어가고자 수련하는 승려들도 혼자서는 살지 못한다. 그들도 집단을 이루어 무리 속에서 산다. 그들 중에 고승과 땡중, 열반승이 있다. 사람들은 무리 속에서 어떻게 존재감을 느끼는가? 그리고 존재감이 없을 때에는 누가 존재감을 찾아주는가? 그것은 바로 자기 자신이어야 한다.

바로 내가
여기 있다

여기 한 악당이 있다. 영화 〈줄리아의 눈Julia's Eyes〉에서 그는 병원 건물의 청소부였다. 매일 똑같은 유니폼을 입고 건물을 청소하는 그를 사람들은 투명인간이라고 불렀다. 평상시에 그가 '거기에 있다'는 것을 좀처럼 인식하지 못하기 때문이다. 그는 자존감을 가질 수 없었다. 그런 그에게도 존재감을 확인시킬 기회가 찾아왔다. 눈이 안 보이는 사람들을 위해 호스피스 역할을 대신하자 비로소 사람들은 그를 인식했다.

　여기에서 기쁨을 느낀 그는 마음에 드는 여성들에게 시력이 상하는 약물을 투여하기 시작했다. 그에게 눈길도 주지 않던 여성들은 눈이 안 보이게 되자 그에게 의존하고 고마워했으며, 나중에는 그의 도움 없이는 움직이지도, 잠을 자지도 못할 정도가 되었다. 그런 그에게 최악의 순간은 자신을 의지하던 환자가 수술을 받아 시력을 되찾는 일이었다. 그는 돌봐주던 환자들의 회복을 두려워하게 되고, 환자들의 시력이 돌아오지 않게 할 온갖 수단을 강구한다. 그는 자신의 존재감을 되찾기 위해 악을 행하고, 그것을 유지하기 위해 악당이 되었다.

근본적으로 인간은 가치 있는 존재이고 싶어 한다. 그렇기 때문에 사람들 사이에서 끊임없이 존재에 대한 고민을 한다. 그러나 가치 있는 존재이기를 포기하는 순간, 인간은 다른 사람을 파괴하고 궁극적으로는 자기 자신까지 파괴하면서 악인으로 치닫게 된다.

악당은 자존감이 높다. 세상에서 가장 소중한 것이 바로 자기 자신이다. 그런 자신이 세상 사람들에게 악당 취급을 받는 것은 유감스러운 일이다. 자신이 남들과 다른 능력과 개성을 가졌다는 사실을 드러내면 드러낼수록 그는 의도치 않게 악으로 규정되고 만다. 그들은 의미 있는 존재로 살아가고자 노력한다. 하지만 자신을 버리면서까지 그렇게 하지는 않는다. 또 영웅처럼 남들의 칭송에 목숨을 걸지도 않는다. 인간이면서 인간이 아닌 척, 신이나 천사인 척 자신을 포장하는 것은 어리석다고 생각한다. 그것은 위선이고 허세일 뿐이다. 현실에는 신도 천사도 없다. 오로지 노력하는 인간만 있을 뿐이다. 부족한 인간이 성공하려면 스스로 자신감과 가치를 부여하고 한계를 돌파해 나가야

나 는 악 당 이 되 기 로 했 다

한다. 기존의 틀을 벗어나 새로운 것을 찾아갈 용기가 필요할 뿐이다.

악당은 자유롭게 생각한다. 사고에 제한이 없다. 때로는 말도 안 되는 상상을 하기도 한다. 반면 영웅들은 사고가 경직되어 있다. 그들은 감히 스스로를 높일 수가 없다. 스스로 높이는 것은 잘난 체하는 것이기 때문이다. 남이 높여줄 때에도 항상 겸손의 미덕을 발휘해야 한다. 물론 어떤 사상가들은 겸손이란 또 다른 의미의 오만이라고 했다. 필요 이상의 겸손은 그만큼 자신을 더 드러내고 싶은 욕구의 다른 표현이라는 것이다.

자신의 가치를 스스로 높일 수 없는 영웅들은 세계를 위해 희생하고 헌신하고 있음에도 자신의 수고를 제대로 알아주는 이가 없다는 자괴감과 허무함으로 괴로워한다. 이 때문에 그들의 자존감은 오히려 낮아질 수 있다. 스스로의 자존을 높이는 행위보다 다른 사람을 위해 희생해야 한다는 당위성 때문에 사적인 자기 영역을 훼손해야 하는 운명에 있는 것이 영웅이다. 그렇지 않으면 '영웅답지 못하다'는 비난에 직면해야 한다.

칼자루를 쥔 건

바로 나야

마틴 스콜세지가 감독한 영화 〈에비에이터 The Aviator〉에서 휴즈는 "모험해 보고 싶어요. 큰일을 저질러보고 싶어요 I feel like an adventure"라는 말을 입버릇처럼 한다. 참모들이 불안해하고 걱정스러운 기색을 내비칠 때마다 휴즈는 "칼자루를 쥔 사람은 나라고요 I've got a tiger by the tail"라고 외친다.

자아에 대한 확신과 자존감은 삶과 세상에 대한 주도권을 갖게 한다. 주도권과 통제감은 밀접하게 연관된다. 사람은 어떤 일을 주도하고 통제력을 발휘할 때 강력한 흥미와 집중력을 보인다. 그런데 일을 만들어내는 쪽은 항상 악당이다. 악당은 기상천외한 공간과 사물을 활용하여 떠들썩한 판을 벌이며 언제나 이목을 끌고 주도권을 장악한다. 영웅에게 해결해야 할 과제를 안겨주는 사람도 악당이고, 영웅이 스타가 될 계기를 마련해주는 것도 역시 악당이다. 악당은 자신이 수동적으로 이끌려가는 상황을 용납하지 못한다. 근본적으로 영웅은 악당이 통제하는 상황에 빠져들고 마는 구도가 형성된다.

《주역》건괘 〈상전〉에 "군자, 즉 자기 주도적 존재는 건괘의 이치에 따라 스스로 굳세어지면서 그 과정을 멈추지 않는다象曰: 天行健. 君子以自彊不息"고 했다. 곤괘 육이 〈문언전〉에는 "자기 주도적 존재는 경외감으로 자신의 내면을 곧게 하고 도의감으로 자신의 외면을 네모반듯하게 한다. 이로써 경외감과 도의감이 제자리를 잡게 되고 인덕이 외롭지 않게 된다君子敬以直內, 義以方外, 敬義立而德不孤"고 했다.

상황에 대한 통제력이 갖는 영향력은 이미 많은 연구결과로 증명되었다. 노인전문 치료병동에서 환자들을 대상으로 화분에 직접 물을 주게 한 그룹과 호스피스가 대신 물을 주고 화초를 눈으로만 보게 한 그룹으로 나누었더니 직접 물을 주며 화초를 가꾼 그룹의 사람들이 더 오래 살았다. 오케스트라 지휘자가 장수하는 것도 악단을 통제할 힘을 지녔기 때문이다.

노벨경제학상 수상자인 폴 크루그먼Paul Krugman 교수는 "21세기의 악당들은 애국심보다는 기술혁신을 최후 수단으로 여기고 설칠 것이다"라고 한 바 있다. 문화예술 작품에 등장하는 악당 중에는 세계를 자기 통제력 안에 두려는 수단으로 과학과 공학을 이용하는 캐릭터들이 많다. 그래서 화성탐험이라는 인류의 꿈을 실현시킨 탐사선 패스파인더 프로그램의 총 책임자 도너 셜리Donna Shirley는 "수많은 영화에서 과학자들은 악당으로, 엔지니어들은 멍청한 역할로 나오는 데 진절머리가 난다"고 말하기도 했다.

실제로 많은 사람들이 변화무쌍한 과학기술에 대해 경계심을 품는다. 인문사회학은 과학을 평가하는 데 특히 인색하다. 그렇기 때문에 문화예술, 영상미디어에는 과학자 출신의 악당이 종종 등장한다. 간혹 사람들의 입에 오르내리는 사이언톨로지Scientology는 신과 같은 초월적 존재를 믿지 않고 과학기술만을 신봉하며 이를 통해 인간의 문제를 해결하려 하기 때문에 악당의 종교로도 잘 알려져 있다.

악당은 인간의 의지와 사고를 믿는다. 악당은 기도하는 인간이 아니라 실천하는 존재이며, 멈추어 있는 고요한 존재가 아니라 매 순간 움직이는 존재다. 1784년, 칸트는 "역사의 종점은 인간의 자유를 완벽하게 실현하는 것이다"라며 "인류를 자유로 이끄는 힘은 고귀한 정신이 아니라 우리들의 이기심이다"라고 했다. 인도의 명상가 스리 니사르가다타Sri Nisargadatta 역시 이기심의 근원이 자기애에 있다고 강조했다. "내가 당신에게 당부하는 것은 이것뿐이다. 당신 자신을 완벽하게 사랑하라."

영웅은 자신보다 남을 사랑해야만 자신의 본분을 다하게 된다. 그렇지 않다면 존재할 이유가 없다. 하지만 악당은 자신을 사랑하고, 그렇기 때문에 존재할 수 있다.

영국의 저명한 사회학자 앤서니 기든스Anthony Giddens는《현대성과 자아정체성Modernity and Self-Identity》에서 자아는 외적 영향력에 의해 결정되는 수동적 실체가 아니라고 했다. 자기 행위의 특수한 맥락이 아무리 지역적이라 해도 개인들은 자아정체성을 형성하는 가운데 지구적인 결과와 함의를 갖는 사회에 영향력을 행사하면서 직접적인 관계를 맺는다는 것이다. 이러한 특성은 교통수단과 인터넷의 발달로 한층 강화되는 추세다. 이런 시대에 살아남기 위해서는 개인의 자아와 존재감, 자존감 그리고 주도권과 통제력을 발휘하는 악당이 되어야 한다.

나는 악당이 되기로 했다

악당은 유니폼을 입지 않는다

_세련미와 우아함을 추구하는 악당의 스타일

대학을 졸업한 앤드리아는 언론사에 지원하지만 번번이 낙방한다. 일자리가 필요했던 앤드리아는 급한 대로 패션지의 편집장 비서로 취직한다. 편집장인 미란다는 불가능한 지시를 남발하는 악당 중의 악당 상사였다. 처음에는 상류사회에 대한 선망으로 그들의 세계에 빠져들었던 앤드리아는 더 이상 패션계의 허영과 사치를 견딜 수 없다는 폭탄 발언을 한다. 그녀의 비난을 듣고 미란다는 눈 하나 깜짝하지 않고 이렇게 말한다.

우리를 욕하지만 주위를 둘러봐. 빈민들이 입고 신고 있는 옷과 신발은 다 우리가 언젠가 만든 것들이야. 그것들이 흘러 거기까지 간 것이지. 너 이 일이 우습게 보이니? 네가 입고 있는 스웨터는 ○○○가 △△△년도에 발표를 했고, 그래서 너는 떨이판에서 주워 입었겠지. 너한테 오기까지의 노고를 생각해봤니? 그렇게 만든 신발과 옷 때문에 얼마나 많은 사람들이 먹고사는 줄 알아? 누구나 이런 삶을 원해. 다들 우리처럼 되길 원한다고.

한편 악당 미란다는 기대하지 않은 순간 인간적인 면모를 보여주기도 한다. 주인공이 그녀를 떠나 면접을 본 새로운 회사에 이렇게 쓴 팩스를 보낸 것이다. "그녀는 내게 가장 큰 실망을 안겨준 비서다. 하지만 그녀를 채용하지 않는다면 당신은 멍청이다."

악당들은 사람들의 심리를 정확하게 꿰뚫고 있다. 앞에서는 피도 눈물도 없는 악당처럼 굴다가도 뒤에서 생각지도 못하게 챙겨주면 사람들은 악당의 매력에서 벗어나지 못하게 된다. 배우 톰 크루즈Tom Cruise는 영화 〈콜래트럴Collateral〉에서 처음 악역을 맡았다. 그가 연기한 빈센트는 부드럽고 매너 있는 신사이지만 직업은 전문 킬러다. 그의 살인에 항의하는 흑인 운전기사에게 빈센트는 "훨씬 더 많은 사람들이 환경오염으로 죽어가는데 환경단체에 관심이라도 준 적 있어?", "시간에 자신을 던지고 상황에 맞춰 살아가라"는 등의 멋진 말을 남기기도 한다.

악당은 세련됨과 우아함을 추구한다. 초라한 스타일은 결코 용서하지 않는다. 그들은 못난 현실을 세련되고 우아하게 가꾼다. 사람들이 내면보다 외면을 보고 판단한다는 사실을 너무나 잘 알기 때문이다. 그러나 영웅의 패션은 항상 정체되어 있다. 자신들의 스타일을 유니폼에 맞추는 영웅들은 감각과 심미안이 악당보다 떨어진다. 영웅은 헤어스타일이나 패션에 대해 전혀 고민하지 않고, 유니폼을 꿰어 입으면 그것으로 그만이다.

나 는 악 당 이 되 기 로 했 다

배트맨은 검은색 슈트로 일관하고, 오랜 세월 숱한 지적이 있었음에도 수 퍼맨은 여전히 타이즈에 팬티를 입는다. 스파이더맨도 사정이 나을 것 없다. 기존의 것을 유지 보수하는 이들에게 돈과 시간과 노력이 드는 세련미의 추구는 낭비일 뿐이다. 끊임없이 패션에 대해 고민하는 멋쟁이 악당을 영웅들은 경멸한다. 하지만 일반 사람들은 악당의 세련된 태도에 훨씬 호감을 느낀다. 이 역시 부단한 노력과 차별화의 결과물이기 때문이다.

팀 버튼의 영화 〈이상한 나라의 앨리스Alice in Wonderland〉에서 앨리스의 아버지는 입버릇처럼 말했다.

"멋진 사람은 다 미쳤단다All the best people are mad."

멋진 사람들은 많은 이들의 선망을 받지만 동시에 시기하는 사람들의 끝없는 음해와 협잡에 시달린다. 그런 것에 시달리다 보면 진짜 미친다고 해도 이상할 것이 없다.

영화 〈강력3반〉에 등장하는 악당 또한 돈 많고 매너 있는 세련된 신사의 모습이다. 항상 풍찬노숙이라 몰골이 말이 아닌 형사들과 극명하게 대비된다. 실제 대중의 욕망은 누구를 향해 갈 것인가. 삶의 무게에 찌들어 보이는 형사를 과연 동경하게 될까?

악은 단순명쾌하다. 복잡한 생각과 고민에서 늘 한 발짝 떨어져 있다. 그의 생각은 명확하고, 고민은 여러 사람을 향하지 않으며 세상이 지우는 갖가지 의무와 틀에 갇혀 있지 않기에 고고하게 품위를 지킬 수 있다. 아직 인생의 갈피를 못 잡은 자는 항상 지지부진하다. 언제나 고민과 번민에 사로잡혀 있는 배트맨을 보라. 그는 말수가 별로 없다. 그의 그림은 미니멀리즘이다. 유니폼은 어둡고 무거우며 차갑다.

악당들은 단순 강렬한 이미지를 추구한다. 거칠 것 없이 발상하고 지체 없이 실현하는 악당들은 그래서 파격적이다. 그들은 수수하고 단선적인 코드보다 화려하고 신비로운 것에 매혹당하는 사람들의 습성을 잘 알고 있다. 단순 명확한 가치관을 가진 그들이 이미지의 시각적 효과에 몰입하는 것도 그 때문이다.

하지만 영웅들은 항변한다. 세상을 움직이는 것은 만들어진 이미지가 아니라 본질적인 가치라고. 그러면서 이미지를 자유롭게 추구하는 악당들에게 참혹한 형벌을 가한다. 화려하고 세련되며 파격적인 이미지는 어째서 영웅의 신념에 반하며 항상 단죄의 대상이 되는 것일까? 그것은 살아 움직이고 끊임없이 진화하며 새로운 모습으로 파생되기 때문이다. 기존의 가치체계를 수호하는 이들에게 그것은 질서의 위협이자 체제의 파괴로 받아들여진다. 그러나 악당이 최후를 맞는다고 해도 이미지의 강렬함이 주는 매력은 끈질긴 생명력을 갖는다. 이미지는 오랫동안 축적한 논리구조보다 압도적인 힘을 가지며 대중적들에게 큰

나는 악당이 되기로 했다

영향력을 행사한다.

우아함과 남다른 재능으로
원하는 바를 이룬다

미디어 콘텐츠에서는 흔히 계모를 악녀로 규정하는 데 주저하지 않는다. 계모의 뛰어난 능력을 인정하지 않는 경우도 부지기수다. 계모가 지닌 남다른 능력 가운데 하나가 바로 세상에서 둘도 없이 우아하게 처신하는 것이다.

계모의 위치를 차지하려는 여성은 보통 재력이 있는 집안을 겨냥하기 마련이다. 그러니 부유한 집안의 가장과 자녀들은 접근해오는 여성들에게 경계의 시선을 늦출 수 없다. 그 날선 경계를 뚫기 위해서는 그야말로 우아한 악당이어야 한다. 뺑덕어멈만 해도 목소리만 듣고 있으면 세상에 둘도 없이 아름답고 착한 여성이라 하지 않았던가! 그래서 눈이 보이지 않는 심 봉사는 뺑덕어멈에게 속아 넘어간다. 속이 시커먼 뺑덕어멈의 말을 믿는 순간 심 봉사는 마음의 눈까지 저버렸다. 우아한 악녀들은 사람들의 눈을 현혹시키는 데 탁월한 프로들이다. 그러나 그것들은 본질을 가리는 수단이 된다.

드라마 〈선덕여왕〉에서 주목받았던 미실은 우아한 악녀의 전형이다. 그녀는 음악과 미술을 사랑한다. 하지만 그녀에게 예술은 권력욕을 감추기 위한 위장수단이다. 일상의 행태가 하나부터 열까지 전부 연기이고 연출이다. 교묘한 처세를 통해 백성에게 추앙받는 존재가 된 그녀는 보이지 않게 권력을 장악한다. 언제나 만면에 우아한 웃음을 띠고 있지만 가슴속에는 분노와 격정, 욕망이 들끓고 있다. 오히려 지나친 우아함이 기괴한 느낌을 주기에 그녀를 바라보는 시청자들은 자주 오싹한 소름이 돋았다.

현실에서는 우리의 눈으로 악당 또는 악녀를 판별할 수가 없다. 아니, 인식하기가 쉽지 않다. 그들은 영리하며 말이나 행동거지에 흐트러짐이 없기 때문이다. 비단 여성들만 이런 특성을 갖는 것은 아니다. 브램 스토커Bram Stoker는 유럽 전역에 구전으로만 전해 내려오던 뱀파이어의 전설을 집대성하여 소설 《드라큘라Dracula》를 펴내면서 지금까지 없었던 새로운 이미지를 탄생시켰다. 그의 소설 속에서 뱀파이어는 더럽고 지저분하며 흉측하던 기존의 이미지를 벗고, 고귀한 혈통의 점잖은 유혹자이면서 타인의 마음까지도 지배하는 마성의 존재로 다시 태어났다. 사람의 피를 노리는 흡혈귀이기 때문에 여전히 두렵고 꺼려지는 대상이지만, 뱀파이어는 거부할 수 없는 매력적인 존재이며 왠지 모를 연민과 동경을 불러일으키는 복잡 미묘한 악당이다. 그렇다면 뱀파이어는 어떻게 악마적 존재에서 멋진 신사로 진화할 수 있었을까? 우선 그 안에 어떤 요소가 배태하고 있었는지 살펴볼 필요가 있다.

어린아이들은 공룡을 좋아한다. 그중에서도 커다란 이빨과 날카로운 발톱이 있는 육식공룡 티라노사우루스Tyrannosaurus를 가장 선호한다. 그러한 우월한 존재가 자신의 편이기를 바라기 때문이다. 만화영화 〈한반도의 공룡〉에서 주인공인 착한 점박이는 티라노사우루스다. 스피노자Spinoza의

나 는 악 당 이 되 기 로 했 다

논지대로 물질의 이치에 따라 움직이는 티라노사우루스는 육식으로 양분을 보충하는 유전자를 가졌는데, 어린이들은 그 공룡이 자신을 해칠 리 없다고 생각하고 자신들의 친구가 되어주기를 기대한다.

사람은 항상 덩치가 큰 존재에 대해 상반된 마음을 갖는다. 크고 날카로운 이빨은 위압감과 두려움을 낳지만 한편으로 경외감을 부른다. 불멸의 육체와 날카로운 이빨을 가진 좀비와 뱀파이어는 죽음을 모르고 인간을 위협하기 때문에 무섭기도 하지만 동시에 경외의 대상이 된다. 그 경외의 감정을 한층 부추기는 요인은 뱀파이어인 드라큘라 백작이 문화전략을 추구한다는 점이다. 잘생긴 외모에 나무랄 데 없는 패션, 품위 넘치는 매너를 가졌다. 수많은 여성들을 홀려야 하는 직업적 필요성(?) 때문에 보통 수준의 매력으로는 목적을 이룰 수가 없다. 인간적인 매력을 강화할수록 그들이 희생자에게 다가가기는 더 유리해진다.

이러한 뱀파이어가 적이 아니라 친구라면 어떠할까? 두려운 존재가 아니라 친근한 존재라면? 그들은 영혼 불사이며 항상 젊은 상태 그대로의 매력적인 외모를 유지한다. 그런 뛰어난 존재가 자신을 사랑한다면 그 달콤한 유혹에 속수무책으로 빠져들 수밖에 없을 것이다. 뛰어난 매력을 가진 상대는 역시 뛰어난 매력의 소유자를 선택할 것이므로 그에게 선택되었다는 것 자체가 자신에 대한 높은 평가를 대변하기 때문이다.

하지만 그는 사랑해서는 안 될, 사랑에 빠져서는 안 되는 위험한 상대다. 사랑을 얻는다고 해도 그 사랑을 받아들이기 위해서는 스스로 인간이길 포기해야 한다. 죽지도 살지도 못하는 존재, 뱀파이어가 되어야 하는 것이다. 물론 긍정의 맥락도 있다. 초월적 능력을 가진 강력한 존재가 되기 때문이다. 하지만 다시는 평범한 인간으로 되돌아갈 수 없다. 일상적으로 먹던 음식 대신 남의 목숨을 빼앗고 피를 얻어야 한다. 그들에게 경작과 생산은 아무런 의미가 없다. 밤마다 주린 배를 채우고 목숨을 유지하기 위해서는 끊임없이 살인을 저질러야 하며, 주변의 모든 이들을 자신의 먹이로 삼아야 한다.

그런데 여기에 결정적인 아이러니가 숨어 있다. 같은 뱀파이어 종족이 되면 그 둘은 다시는 뜨거운 열정을 불태울 수 없게 된다. 뱀파이어한테는 뱀파이어의 피가 필요 없기 때문이다. 더 이상 상대를 홀리기 위해 매력을 증대시킬 이유가 없다. 매력은 상대를 유혹하기 위한 수단이었을 뿐이다. 정말 사랑한다면 목을 물 수도, 목을 물릴 수도 없다. 일정한 거리를 유지하지 않으면 모든 것이 사라지게 된다.

영화 〈뱀파이어와의 인터뷰Interview With The Vampire〉에는 매우 아름답고 지성적인 뱀파이어들이 등장한다. 여기에서는 단순히 외모만을 부각하는 데서 그치지 않는다. 이들은 인간과 같은 고민을 하는 실존적 존재다. 인간의 욕망을 극대화한 그들, 아니 인간이 원하는 것을 손에 넣고도 여전히 실존적 고민에서 자유롭지 못한 그들을 통해 우리의 삶을 되돌아보게 한다. 그래서 결국 인간의 소박한 삶이 더 낫다는 결론에 도달할 수 있다.

그럼에도 불구하고 뱀파이어는 강자에 대한 선망의식을 무비판적으로 양산한다. 아름다운 외모에 지위나 명예도 갖춘 완벽한 조건의 남성을 선호하는 문화심리를 강화하기 때문이다. 드라큘라뿐 아니라 다른 악당 캐릭터들도 우아함을 시도해왔다. 〈배트맨 비긴즈Batman Begins〉에 새롭게 등장한 악당 듀커드는 점잖고 중후한 악당의 카리스마를 잘 보여준다. 그 같은 악당이 실제 우리 주변에 섞여 있다면 아무도 그 외모만으로는 악당이라는 사실을 알아차릴 수 없을 것이다. 일반적으로 악당 캐릭터는 코믹하거나 난폭하거나 덜떨어지는 등 우화적으로 표현되어왔지만 듀커드는 누구보다도 품위 있는 모습으로 등장한다. 겉으로 보는 것만으로는 선과 악을 판단한다는 것이 불가능하거나 완전하지 않다는 점을 내포하는 설정이다.

영화 〈레모니 스니캣Lemony Snicket's A Series Of Unfortunate Events〉에서 울라프 백작은 살인을 일삼는 악당인 동시에 변장의 귀재다. 섬뜩하면서도 한편으로 우스운 이 캐릭터는 달변과 능청, 우아한 몸짓을 자유자재로 구사하며 파충류학자, 외발 선장 등으로 자유롭게 변신한다. 이런 존재가 실제로 있다면 많은 사람들이 그를 질투할 것이다. 시기에 눈이 먼 사람들은 대상의 허점을 찾아내려고 혈안이 된다. 그렇기 때문에 기상천외한 재주를 가진 사람들은 악인이어야 한다. 남의 재산이나 권력을 가로채는 그런 존재말이다.

디즈니 애니메이션 〈공주와 개구리The Princess And The Frog〉에는 디즈니 사상 가장 매력적이고 강력한 악당 파실리에가 등장한다. 디즈니의 수석 애니메이터는 이렇게 밝힌 바 있다.

키가 크고 마른 파실리에는 다정하고 잘생겼으며, 품위가 있다. 다른 악당과 달리 노래하면서 협박한다. 현시대의 애니메이션에서 이런 악당 스타일은 찾아볼 수 없다.

애니메이터로서 악당을 탄생시키는 것은 기쁜 일이다. 악당은 작품을 긴장시키며 절벽으로 몰아가는 역할을 하는데, 이렇게 멋진 악당을 선보이게 돼서 행복하다.

악당은 끊임없는 창조의 대상이다. 콘텐츠 제작자들은 대부분 주인공 캐릭터를 작업할 때보다 악당 캐릭터를 만들어낼 때 더 보람을 느낀다. 악당 캐릭터가 시원치 않으면 영웅들이 아무리 온몸을 던지고 막강한 초능력을 선보여도 감흥을 주지 못한다.

미국 영화연구소AFI는 배우와 감독, 평론가 등을 대상으로 '100년 영화 사상 100인의 악당과 100인의 영웅'을 조사하여 발표했다. '최고의 악당'은 렉터 박사가 차지했다. 살인자 한니발 렉터는 학식과 카리스마는 물론, 교양과 품위를 갖춘 지적 살인마의 전형적인 캐릭터다. 눈매는 눈물을 머금은 듯 그윽하고, 머리는 기름을 발라 한 올도 빠짐없이 뒤로 빗어 넘긴 단정한 스타일을 유지하며, 고급스러운 영국식 억양에 신중한 풍모가 돋보인다. 하지만 그는 일급 살인자였다. 우아한 클래식 연주를 즐기던 중 플루트 연주자의 서툰 연주가 거슬렸던 렉터는 그를 은밀하게 죽이고 시체를 요리 재료로 쓴다. 연주회가 끝나고 그는 연주단원들에게 성찬을 대접하면서 "재료를 알면 먹지 못할 것"이라는 말과 함께 묘한 웃음을 흘린다.

천재적인 지능을 가진 렉터 박사는 의대에서 해부학을 전공했으며 범죄심리학과 법의학에도 조예가 깊다. 간단한 대화 몇 마디로 상대를 간파하는 독심술과 추리력은 물론, 예술과 인문학에도 두루 해박하다. 그런 렉터의 주특기는 살점 뜯어먹기와 피부 도려내기, 시체 유기 및 전시 등이다. 잔인하고 충격적으로 묘사되는 그의 살인 방법은 고도의 지성과 극명한 대조를 이루며 강렬한 인상을 남겼다. 한마디로 살인자는 단순, 무식할 것이란 편견을 무너뜨린 캐릭터다. 단순 무식한 악당은 평균 이하의 범죄만 만들어낸다. 결국 악당으로 존립할 수가 없는 것이다.

빼놓을 수 없는 매력적인 악당은 바로 후크 선장이다. P. J. 호건P.J. Hogan 감독은 〈후크Hook〉에서 더스틴 호프만Dustin Hoffman이 연기한 우스꽝스러운 후크 선장의 이미지가 점점 가물거리는 때를 틈타 새로운 모습의 후크 선장을 불러냈다. 직접 쓴 곡을 근사하게 피아노로 연주하는가 하면, 외로움을 이기지 못해 팅커벨과 진지하게 이야기를 나누는 그는 매력적인 악당이다. 〈캐리비안의 해적〉의 잭 스패로우 캐릭터 역시 풍류를 아는 악당이다. 그는 음악과 댄스를 즐기고 시를 음유한다. 시인이며 철학자이고, 뮤지션이면서 댄서이기도 한 그의 캐릭터는 전 세계적인 사랑을 받고 있다.

"사람은 누구나 죽지, 하지만 죽을 날은 모르는 게 나아. 삶의 선비를 만끽하면서 후회 없이 살아가는 것. 그게 해적의 인생이지. 안 그래?"
영화 〈캐리비안의 해적〉에서 잭 스패로우의 말

"언젠가 인구조사하는 사람이 날 찾아온 적이 있지. 난 그의 간을 파바 두콩이랑 좋은 키안티를 곁들여서 먹었어."
영화 〈양들의 침묵(The Silence of The Lambs)〉 중에서 한니발 렉터의 대사

시험은 늘 있던 것이다. 지금 돌출되는 악은 이미 있던 것이다. 그러므로 악의 시작은 알고 보면 악의 계속이다.
폴 리쾨르

예술은 누구도 복제할 수 없는 독보적인 영역이다. 위대한 성취를 꿈꾸는 이들이 예술가를 지향하는 것도 독보적인 세계를 구축하여 인정받으려는 욕구가 투영되기 때문이다. 스티브 잡스의 동료 앤디 허츠펠드Andy Hertzfeld는 말했다.

"잡스는 스스로를 예술가라고 생각했어요. 경쟁에서 이기거나 돈을 많이 벌고자 한 적은 한 번도 없었어요. 가능한 한 가장 위대한 일을 하고 거기서 한 발자국 더 나아가는 것이 그의 목표였습니다."

세계적 경영학자인 톰 피터스Tom Peters는 "훌륭한 리더는 뛰어난 연기자"이며 점차 예술가를 닮아가고 있다고 했다. 인정받는 최고의 리더가 되기 위해서는 설득력 있게 말하고, 멋지게 글쓸 줄 아는 능력이 필요하며, 호소력 있는 자기 연출력과 자기 브랜드가 있어야 한다. 가끔 직원들을 감동시키기 위해 악기를 연주하거나 감동적인 이벤트를 기획할 줄 알아야하며, 누구도 생각하지 못할 혁신적 아이디어로 세상을 깜짝 놀라게 만들책임도 진다.

돈 허조그Don Herzog는《컨닝, 교활함의 매혹Cunning》에서 이러한 우아함의 자기기만을 지적하기도 했다.

> 당신이 했던 모든 우아하고 명예로우며 원칙을 지켰던 행동들이 순전히 수단에 지나지 않았을 가능성, 자기 자신을 속였을 가능성, 그리고 자기 이익에 부합하지 않았더라면 애초부터 이 같은 일련의 행동들을 하지 않았을 가능성을 생각해보라.

나 는 악 당 이 되 기 로 했 다

더 확장해보면 돈 허조그는 악당의 우아함이 갖는 긍정성을 거부한다. 그들의 우아함이 자기를 기만하고 속내를 숨기며 개인의 이익을 위한 행동이라고 보기 때문이다. 그의 사상은 스타일과 패션의 진화를 추구하지 않는 수수하고 촌스러운 영웅의 분신과도 같다. 문제는 우아함을 단지 이익을 위한 수단으로 삼는 행태들이 아니라 왜 사람들이 그것을 선호하고 추구하는가다. 그 우아함의 선호에 부응한 이들은 어째서 악당으로 몰리는 것일까? 행위의 목표를 효율과 산출 중심으로 사고하는 이들일수록 쓸데없어 보이는 외연적 연출을 악하거나 어리석은 행위로 규정하기 때문이다.

하지만 우아함과 같은 미적 스타일과 양식의 추구를 이성과 합리, 효율과 산출의 관점으로 볼 수는 없다. 그것은 양적으로 규정할 수 없는 삶의 충족감과 행복감에 깊이 연결되기 때문이다. 또한 장기적으로 보았을 때 우아함과 같은 스타일과 양식의 추구가 독창적인 작업의 영역에서는 효율과 산출의 결과가 더 뛰어나다.

빈둥거릴 권리와 자유를 달라

_창조를 위한 잉여의 추구

톨스토이Tolstoi는 불필요한 적선이 오히려 게으름을 부추긴다고 했다. 그는 게으름을 악덕이라고 보았다. 적선을 하면 게으름이라는 악덕을 증가시키기 때문에 악덕을 방지하기 위해서는 적선을 하지 말아야 한다. 그러나 '불필요한'이라는 수식어를 붙인 까닭은 '적절한 적선'은 허용한다는 입장이기 때문이다.

많은 사상가나 현자들도 게으름에 대해 비판적이었다. "일하지 않은 자는 먹지도 말라"고 한 고승 백장선사百丈禪師의 말처럼 개미는 선, 베짱이는 악당으로 규정되어왔다. 하지만 부와 권력을 지닌 이들은 노동의 가치를 부르짖으면서도 정작 자신들은 베짱이와 같은 삶을 누리면서 가난한 사람들에게만 노동을 강요한다. 조선의 왕족과 사대부들은 정치경제적인 가용자원을 모두 차지하고 있으면서 백성들에게 근검절약을 강조했다. 백성들은 1년 내내 노동을 했지만 굶주림과 빈곤에서 벗어날 수 없었고

나 는 악 당 이 되 기 로 했 다

그 결과 나라 전체가 가난해지고 말았다.

오늘날에도 노동하지 않고 다른 이들을 착취하는 사람들은 악당으로 여겨진다. 하지만 현실에서 그런 사람은 흔하지 않다. 열심히 일하지 않고는 살아남을 수 없는 환경과 구조 속에 있기 때문이다. 누가 이러한 구조에서 자유로울 수 있겠는가? 하지만 키케로Cicero는 "진정 자유로운 사람이란 언젠가 한번쯤은 그냥 아무것도 하지 않고 빈둥거릴 수 있는 사람이다"라고 했고 프랑스의 과학자 파스칼B. Pascal도 "인간의 모든 불행은 방안에 가만히 있지 못하기 때문에 시작된다"고 했다. 18세기 독일의 극작가이자 계몽사상가인 고트홀트 에프라임 레싱Gotthold Ephraim Lessing은 이렇게 말했다.

모든 일에 게을러지자. 사랑하고, 술을 마시고, 게으름 부리는 것만 빼고.

자본가에게도, 마르크스 사상에서도 악당으로 인식되는 폴 라파르그는 노동자들이 혹사당하는 것에는 노동자 자신의 책임도 크다고 비판한다. 마르크스주의 관점에서 노동자는 중요한 존재다. 노동은 인류 문명의 바탕이며 우리에게 꼭 필요한 농산물과 공산품을 생산해내는 핵심동력이기 때문이다. 그런데 '덜 중요한' 존재인 자본가는 일을 하지도 않으면서 노동자의 생산과 부가가치를 착취해 간다. 그래서 마르크스주의와 이를 따르는 노동자들은 자본가에게 적대적이다.

그런데 폴 라파르그는 '노동하지 않을 권리'를 주장한다. 그는 '일하지 않는 자'라는 말에 이미 음모가 개입되어 있다고 지적한다. 노동의 신성화 프레임 자체가 이데올로기이며 음모라는 것이다. 사실상 이는 마르크스주의에 대한 반대다. 마르크스 사상가이며 더구나 마르크스의 사위인 폴 라파르그가 어떻게 이런 악당 같은 주장을 할 수 있었을까?

라파르그는 노동에 대한 생각이 본래의 개념과 많이 달라졌다고 지적한다. 그는 "고대 철학자들은 갖가지 관념의 기원에 대해 논쟁을 벌였지만 노동 혐오에 대해서만큼은 의견 일치를 보였다"고 했다. 플라톤은 《국가론》에서 "자연은 제화공도 석공도 만들지 않았다. 그러한 직업에 몸담는 사람은 천박해진다. 이름도 없이 비참하게 돈을 받고 일하는 자는 정치적 권리를 누리지 못한다"고 했다. 상인의 노동도 경시되었다. 상인은 필요악인 상태에서 도시에 머물 뿐이다. 시민이 상업에 종사하면 기소되었고, 형량은 1년이지만 반복되면 가중 처벌되었다. 키케로도 "상점은 명예로운 자에게 어울리지 않는다"고 했다.

이러한 논지에서 라파르그는 노동은 신성하지 않다고 말한다. 노동을 신성시하면 노동을 많이 하게 되고, 돈보다 노동 자체를 중요하게 여기게 될 것이다. 라파르그는 프롤레타리아가 '노동이 신성하다'는 명제에 기여했다고 보았다. 예컨대 인권을 부르짖은 프랑스혁명의 결과로 얻어낸 것은 고작 16시간의 노동(그중 1시간 30분은 식사시간)의 보장이었다. 1807년 5월, 나폴레옹은 "백성이 더 많이 일할수록 악행이 줄어든다"고 했다. 이로써 노동 상황은 악화되고 노동은 고문으로 변했다. 노동자들은 더 이상 신성한 일을 하는 고귀한 존재가 아니었다.

폴 라파르그는 노동자들 스스로가 엄청난 노동의 부담을 자초했다고 비판하였다. 노동자들은 게으를 권리를 망각하고 노동 경쟁에 나섰기 때문에 삶이 비참한 지경에 이르렀다. 사람은 최소한으로 일하면서 행복과 재미를 추구해야 한다. 노동을 신성하게 여길수록 노동의 착취가 일어나고 행복과 즐거움은 사라진다. 신성한 것은 노동이 아니라 행복과 즐거움이다. 따라서 게으른 노동자는 당당해져야 한다.

일의 노예이기를
거부한다

일에 얽매인 사람들은 일하지 않으면 불안하다. 여가 시간에도 쉬지 못한다. 몸은 집에 있어도 마음은 여전히 일터에 있다. 만약 해고나 실업의 위험이 있다면 심신은 더욱 황폐해진다. 고용주를 찾아가 애원이라도 할 판이다. 그러면 오히려 노동의 가치는 낮아지고 다른 노동자들에게도 좋지 않은 결과를 가져온다. 《게으름의 즐거움-Petits Plaisirs de la Paresse》에서 그는 게으름에 대해 이렇게 썼다.

게으름은 인간 존재를 구성하는 요소 가운데 하나가 될 것이다. 이제 게으름은 그저 게으름뱅이들의, 아무 생산 활동을 하지 않는 사람들의 속성이 아니다. 지점 폐쇄나 정리해고로 말미암아 일자리

를 잃고 거리로 내몰리는 대신에 마음의 평화를 되찾기 위하여 게
을러지려고 애쓰게 될 것이다.

게으른 사람은 마음의 평화를 찾기 위해 일을 적게 하는 사람이다. 게으름은 노동의 신성화라는 역설적인 이데올로기에서 벗어나는 방편이며, 해고와 실업이 많아질수록 가져야 할 무기이자 방패다.

영화나 드라마 속 악당들은 대체로 일을 부지런히 하지 않는다. 그들의 철학은 '최소한의 노동, 최대한의 결과'다. 이때 결과는 남들을 위한 것이 아니라 자기를 만족시켜야 한다. 그들은 되도록 일을 하지 않고도 재밌고 행복하게 살 수 있는 방법을 치열하게 구상한다. 물론 그것은 창조적이어야 실현 가능하다. 이러한 창조성은 단순노동에 시달리는 이들에게서는 나오지 않는다. 창의적인 생각을 하려면 적게 일해야 한다.

악당들은 노동을 신성하게 보지 않기 때문에 노동에 매달리지 않으며 금욕의 고통과 고난도 거부한다. 노동을 우습게 보기 때문에 고용주의 바짓가랑이를 붙잡고 애원하면서까지 일자리를 지킬 필요가 없다. 오히려 그들에게 큰소리친다. 때로는 남들이 땀 흘려 일한 결과물을 빼앗는 일도 있지만 그것은 악당이라기보다 악인의 행동이다. 악당들은 자기 시간을 갖고, 독자적으로 일을 모색하고 계획하며 매진한다. 남이 만들어놓은 공간과 스케줄에 휩쓸리는 것을 경계하기 때문에, 억압받고 강요당하는 상황에 처하면 폭력과 불법적 수단을 동원해서라도 단호하게 그 상황을 빠져나온다.

예술가나 사상가는 대부분 게으른 악당이다. 이들은 사색하는 습관이 몸에 밴 사람들이다. 자신이 원하는 창의적인 활동을 자유롭게 추구하는 이들이다. 게으름은 독창적인 작업을 하는 데 필수조건이다. 그리스의 사상가와 학자, 예술가들이 게으름을 피울 수 있었던 것은 일을 해주는 사람들이 있었기 때문이다. 아테네에서 여가와 예술은 민주주의와 직접적으로 연관된다. 시민들은 정치를 담당해야 했기 때문에 노동은 노예의 몫이었다. 플라톤이나 아리스토텔레스 역시 공화국의 시민은 한가로운 생활을 해야 한다고 보았고 크세노폰Xenophon도 온종일 노동에 시간을 빼앗기면 공화국과 친구들을 위해 봉사할 여지가 없다고 했다.

자본주의 사회에서 창조를 위한 잉여는 노예가 아니라 기계와 테크놀로지, 상품 서비스를 통해 가능해졌다. 하지만 많은 이들이 여전히 노예 상태에 머물러 있다. 심지어 러셀은 과거 소수의 창조적인 이들이 담당했던 영역마저 무너졌다고 지적했다. 하지만 이 와중에도 악당들은 자신의 길을 가고 있다. 이들은 노동의 구조에서 근면, 성실, 효율이라는 가치와 담을 쌓은 이들이다. 그들은 특정한 조직구조 안에 갇히기를 거부한다. 자율적인 존재이기를 꿈꾸는 그들은 자아의 충족과 통제감을 우선한다.

> 만일 예술이나 문학을 추구하고 싶다면 그리스인이 쓴 것을 읽으면 된다. 진짜 예술이 탄생하기 위해서는 노예제도가 필요불가결하기 때문이다. 고대 그리스인들이 그랬듯이 노예가 밭을 갈고, 식사를 만들고, 배를 젓는 사이 시민은 지중해의 태양 아래서 시작(詩作)에 전념하고, 수학을 다룬다. 예술이란 그런 것이다.
>
> 무라카미 하루키(村上春樹)

> 게으름은 한 발짝 뒤로 물러남이다. 그러나 정신까지도 물러나는 것은 아니다. 맞서는 것을 잠깐 멈추는 식의 물러남이다. 이 세상이 뭐가 되든지, 되어가는 대로 흘러가는 것이라고나 할까…. 현재라는 아찔한 현기증 속에서 우리를 본디의 자리로 되돌려 놓는… 말하자면, 게으르다는 것은 있는 그대로 내버려둔다는 것이다.
>
> 함유선, 《게으름의 즐거움》 중에서

대다수의 착한 사람들은 조직에 순응하고 조직의 목표를 달성했을 때 주어지는 대가와 인센티브에 만족한다. 물론 항상 평탄하지는 않다. 스스로 원하는 일이 아니라 외부에서 주어진 일이기 때문에 다른 사람의 평가에 의존해야 하는 것 자체가 피곤하다. 하지만 묵묵히 견뎌내야 한다.

반면 악당은 남이 시키는 일에는 게으르지만 자신이 원하는 일에 최선을 다한다. 스스로 조직을 통제하게 되면 시간을 조율할 수 있다. 게으름을 피우려면 악당이 되어야 한다. 늘 일에 쫓기는 현대인들은 게으른 악당을 동경하기 때문에 영화와 드라마, 소설에는 게으름 피우는 매력적인 주인공이 종종 등장한다. 이들은 더 이상 악당이 아니다. 대중의 염원이 영웅 탄생의 토양이 된 것이다.

나 는 악 당 이 되 기 로 했 다

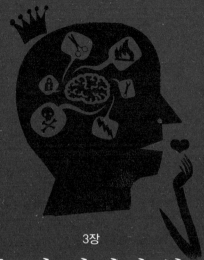

3장

하늘에 기대지 않고
스스로를 구원한다

새로운 질서를 만드는 악당의 사상

악당이 될 자유

사람이 가장 손쉽게 내리는 판단은 '좋다, 나쁘다'다. 아무리 세상을 모르는 어린아이라도 나쁜 대상, 좋은 대상을 판단할 줄 안다. 삶을 영위하려는 동기, 즉 생존본능 때문이다. 고통과 죽음은 인간뿐 아니라 모든 생물체가 본능적으로 꺼리는 것이다. 그래서 범죄, 재난, 기아, 질병, 전쟁 등은 악으로 여겨진다. 또한 추함, 무지와 같이 고통이나 죽음의 직접적인 원인이 아니라 해도 사람은 본능적으로 싫어하는 것을 악으로 간주하는 습성이 있다.

서양의 전통에서 악은 도덕적인 악malummorale과 자연적인 악malum Physicum으로 나뉜다. 도덕적인 악은 살인, 절도, 강간과 같은 범죄다. 부모를 막 대하거나 자식을 버리는 일 등은 윤리적인 악이다. 반면 자연재해는 전형적인 자연의 악이다. 이때의 행위자는 사람이 아니다. 태풍을 욕한들 이재민들의 고통을 해결할 수 없고 식인 호랑이에게 책임을 묻는다 해도 알아듣지 못한다. 콜레라나 장티푸스에 감염되면 죽거나 크게 상하지만 거기에는 선과 악이 있을 수 없다. 그래서 노자老子는 자연이란 인仁하지 않다고 했다. 칸트는《실천이성 비판Critique of Practical Reason》에서 악은 이성의 원리에 따른 혐오능력의 필연적 대상이라고 정의 내린 바 있다. 또한 자연적인 악, 지진, 해일, 화산, 홍수 등은 어쩔 수 없지만, 인간 사이에서 발생하는 악, 이른바 도덕적 악은 오직 인간에게서 유래한다고 주장하였다. 근본적으로 선과 악에 속하고, 그 시비를 가리는 대상 또한 인간이다. 사유하고 의지를 갖는 주체만이 판단과 평가를 내릴 수 있기 때문이다.

신의 뜻인가,
인간의 선택인가

동양사상도 일찍이 악에 대한 탐구를 해왔다. 악惡이라는 글자는 亞와 心이라는 두 글자가 결합했다. '亞'는 구부러진 사람의 모습 즉, 추한 마음이다.《중용中庸》에서는 옳지 않음,《예기禮記》에서는 바르지 않음,《장자莊子》에서는 아름다움의 반대,《대학大學》에서는 불쾌함,《논어》에서는 거칠음이라고 했다. 또한 '미워하다'의 의미로도 사용된다.

이를 통해 미학적 · 가치적 · 도덕적 판단이 악의 개념에 두루 적용된다는 것을 알 수 있다. 이러한 맥락에서 공자는 '선인과 악인이 모두 좋아하면 좋은 사람이 아니며, 선인이 좋아하고 악인은 싫어하는 사람이 참으로 좋은 사람'이라고 하였다.

나 는 악 당 이 되 기 로 했 다

불교에서는 십악十惡을 말한다. 산목숨을 죽이는 것, 훔치는 것, 남녀 간의 문란한 행위(이상 몸으로 짓는 악), 거짓말, 이간질, 간사한 말(입으로 짓는 악), 탐내는 말, 성내는 말, 잘못된 견해, 즉 우치愚痴(뜻으로 짓는 악)가 그것이다(《육도집경六度集經》4권). 대승불교에서는 시대에 따른 악이 있다고 보았는데 오탁악세五濁惡世라 한다. 전쟁과 역병, 기근 등이 많아지는 겁탁怯濁은 시간이 혼탁하다는 차원에서 '시대탁時代濁'이라고 한다. 다음으로는 견탁見濁, 혼란한 사상과 바르지 못한 사랑이 창궐하는 것을 말한다. 번뇌탁煩惱濁은 악덕이 판을 치는 현상이다. 중생탁衆生濁은 인간의 자질이 저하되는 현상이다. 마음은 둔하고 신체는 약해지며 괴로움이 많아지는 것을 말한다. 명탁命濁은 인간의 수명이 짧아지는 것을 말한다. 불교의 이 다섯 가지 더러움은 하지 말아야 할 행동수칙의 차원에서 정립되었다.

한편, 절대자 혹은 신의 존재와 선악의 문제는 매우 긴밀했다. 성 아우구스티누스Augustinus는 "신은 악을 선으로 바꿀 만큼 전능하고 선하기 때문에, 그의 창조물에 악이 존재하도록 놔두었다"고 했다. 성경에 따르면 질병과 죽음, 슬픔과 고통을 일으키는 악이 언제 어디에나 존재한다. 선하고 전능한 신이 악을 만들어놓고 거기에서 선을 이끌어낸다는 것이다. 성경에는 악을 활용하여 인간을 심판하고 벌

스스로 규정하기 어렵기 때문에 자기 자신을 남과 구별하기 위하여 비춰보는 거울로써 야만인이라는 개념을 생각해내도록 부추겨진 것이다. 그리스인들이라는 것과 야만인이라는 개념은 동시에 만들어진 것이다. 상이함을 열등함과 비정상, 악으로 규정했다.
조셉 폰타나(Josep Fontana), 《거울에 비친 유럽(Europe before the mirror)》 중에서

"세상에 완벽한 사람은 없는 거예요."
영화 〈친절한 금자씨〉에서 왜 아이들을 죽였냐는 유족의 질문에 악당(최민식 분)의 대답

"인간들은 쉴 사이 없이 자연을 파괴하여왔다. 나는 전 세계의 인간들이 밉다. 인간들을 모조리 해치우고 이 지구를 새들의 낙원으로 만들어 주겠다."
만화 〈철인 28호〉에서 새튼 박사의 말

하는 내용이 빈번하게 나온다. 하지만 이러한 견해는 신의 섭리에 대한 믿음이 있는 경우에만 성립된다. 악이 존재하는 이유가 신에게 있고 그 깊은 뜻이 따로 있어서 결국에는 인간에게 이롭다는 신뢰가 있어야 한다. 이런 관점은 비신학적 관점에서 얼마든지 비판할 수 있었다. 미셸 라크르와Michel Lacroix는《악Le Mal》에 이렇게 비판하였다.

악을 선으로 바꾸려고 애쓰는 것보다는 악이 없는 세상을 창조하는 것이 신에게 더 간단하지 않았을까? 그는 악이 없는 세상을 창조할 수 없었던 것일까? 그렇다면 그의 권능은 제한되어 있는 것이다.

신이 전지전능하다면 애초에 악을 만들지 말았어야 하며, 만약 악을 방지할 수 없다면 그로써 전지전능한 신이 아닌 셈이다. 이 때문에 그는 "악의 문제는 파고들수록 의심을 품게 되고, 심지어 신의 존재에 대한 의심마저 낳는다"고 했다. 악이 있는 한, 신의 존재는 부정될 수 있다는 것이다.

이미 오래전 신플라톤학파의 플로티노스Plotinos는 '악은 질료'라고 했다. 악의 근원은 본래부터 존재하고 있었으므로 신이 창조했다고 볼 수 없다는 것이다. 신의 역할은 단지 이미 존재하는 질료, 즉 악을 정돈하는 것이라고 했다. 이 또한 신의 전능성에 모순을 가하는 말이다.

기독교적 관점에 따르면 아담Adam 이전에 악이 존재하지 않았다. 아담은 선악과를 따먹음으로써 자유를 악용했다. 다시 말해 악은 판단과 선택

나 는 악 당 이 되 기 로 했 다

의 자유에서 탄생되었다. 악이 생겨나고 악당이 형성되는 것은 인간에게 생각과 행동의 자유가 있기 때문이다. 인간은 자유로운 존재이므로 악당은 끊임없이 탄생할 수 밖에 없다. 그것이 악당철학의 본질이다.

세상의 질서를 뒷받침하는
무질서를 긍정하라

라이프니츠는 악은 당연한 것이므로, 이를 어떻게 전환시킬 것인가를 고민해야 한다고 생각했다. 그는 악을 부정하는 대신, 선과 악이 균형을 이루어야 한다고 보았다. 사소한 무질서가 존재하는 곳은 바로 큰 질서 속이다. 약간의 불협화음이 음악을 조화롭게 만들고 그림자와 빛의 혼합이 없이는 아름다운 그림도 있을 수 없다. 또한 고통과 죄는 창조의 완전성에 기여한다고 했다.

라이프니츠는 모든 것이 완벽한 세상은 오히려 불완전하다고 보았다. "사람들은 나에게 잘 일치된 체제에서는 불규칙이 없을 거라고 반박한다. 그러나 나는 그것이 지나치게 일치되었기 때문에 조화의 법칙에 위배된다고 답할 것이다"라고 했다.

여기에 한발 더 나아가 악을 적극적으로 옹호하는 이들도 있다.

악은 진보하는 사회의 필요조건

버나드 맨더빌Bernard de Mandeville은 《꿀벌의 우화The Fable of the Bees》에서

사사로운 악덕은 공중에게 이득이 될 수 있으므로 악을 뿌리 뽑으려고 애쓸 필요가 없다고 주장한다.

> 악의 뿌리가 되는 탐욕은 비뚤어지고 해로운 몹쓸 악덕으로써, 방탕이라는 고상한 죄악에 종노릇을 하게 되었으니 사치는 가난뱅이 100만에 일자리를 주었고 얄미운 오만은 또 다른 100만을 먹여 살렸다.
> − 버나드 맨더빌,《꿀벌의 우화》중에서

칸트에 따르면 악 때문에 일부 개체들이 희생될 수도 있지만 진보하는 것은 개체가 아니라 종족이다. 그가 보기에 그것은 자연의 계획이다. 즉, 악은 인류의 진보를 위한 수단이다. 칸트는 "이 거대한 욕망과 이익, 활동의 덩어리는 세계정신이 그의 목적을 달성하는 데 사용할 수단과 도구를 구성한다"고 말했다. 그는 인간에게 사회적인 동시에 반사회적인 탐욕, 경쟁심, 욕망, 허영심, 지배욕, 만족을 모르는 소유욕, 결점과 부도덕이 있으며 이러한 점이 혜택의 원천이 된다고 했다. 찰스 다윈 또한 개인적인 삶의 작은 실패는 거대한 성공, 종족 전체의 성공을 가져온다고 했다.

이는 니체와는 대별되는 관점이다. 니체는《도덕의 계보》에서 "가장 큰 악은 초인의 가장 큰 선에 필수적"이라고 말했다. 이것은 혁명에 자주 원용되는 논리다. 혁명이란, 악이라는 혐의를 무릅쓰고 더 나은 세상을 위해 동시대인의 권리를 빼앗는 것이다. 레닌은 "혁명가는 죽음의 고통을 포기

나 는 악 당 이 되 기 로 했 다

할 수 없다"고 했고 마오쩌둥毛澤東은 "총이 더 이상 존재하지 않기를 바란다면 총을 잡으라"고 역설했다. 죽음과 폭력은 악이지만 전체의 혁명을 위해서는 반드시 필요하다는 것이다.

물론 독재자처럼 스스로를 전능한 관리자 또는 신과 같은 존재로 착각하는 것은 의심할 수 없는 악이다. 이때는 부산물로 나타나는 긍정의 효과마저도 기대할 수 없다. 독재적 선은 인류 역사에 되돌릴 수 없는 크나큰 악을 저질러왔다. 지금껏 악은 다른 이득과 긍정적 결과물을 가져왔기 때문에 존속할 수 있었다. 혁명가들은 이러한 부산물을 내세우며 자신들의 악을 합리화하거나 정당화하였다. 이때 악의 주체자는 필요악을 수행하여 한편으론 영웅, 반대하는 세력에게 악당으로 인식되어왔다.

창조적 충격으로써의 악

헤겔에 따르면 인간은 끊임없이 계획을 세우지만 번번이 의도하지 않은 결과와 맞닥뜨린다. 인간은 스스로 만들어낸 역사의 평가를 알지 못한다. 비록 인간은 악을 계획하지 않았더라도 악은 필연적으로 생겨난다. 악은 비극과 고통, 상처를 만들어낸다. 중요한 것은 악이 만들어낸 것이 다시금 어떤 힘을 만들어내는가에 있다.

헤겔은 "도덕적 악을 포함하여 우주 속의 악은 이해되어야 하고, 생각하는 정신은 부정과 조화되어야 한다"고 보았다. 그는 또한 "이성이 모든 것을 지배하고 이성적인 것이 현실적인 것이라면 악은 더 이상 존재할 수 없고, 효력을 잃을 것"이라고 주장했다. 그러나 이성이 모든 것을 지배하지 못하기에 악은 여전히 존재하고 앞으로도 계속될 것이다. 심리학자인 리처드 파슨Richard Farson은 모순과 부조리에 대해 이렇게 적었다.

> 모순과 부조리는 삶의 균형을 깨뜨림으로써 인생을 살 만한 가치가 있게 하는 겸손, 활력 그리고 창조적 충격을 만들어낸다. 그러나 모순과 부조리는 통제할 수 없다. 모순과 부조리는 통제하려는 모든 노력을 항상 거부하기 때문이다.
>
> —《반 리더십Management of the Absurd – Paradoxes in Leadership》

평온과 즐김은 정신을 죽인다

리처드 파슨의 관점은 악이 선을 강화하는 계기를 만들어주기 때문에 의미가 있다는 관점이다. 비록 뜻하지 않은 사건, 즉 악당의 출현으로 인해 계획이 어그러지지만 그로써 더 좋은 일이 생긴다. 헤겔은 악이 만든 비극은 개인의 상처에 머물지 않고 세계정신을 만드는 핵심 동인이 된다고 했다. 이때 악은 목적이 아니라 수단과 계기가 된다. 영화를 보면 악당들이 침입하는 가정은 대개 처음부터 문제가 있다.

그러나 악당으로 인해 소동을 겪은 뒤 그 가정의 구성원들은 위기를 벗어나 재결합과 화해를 이루어낸다. 이를 다룬 영화가 〈패닉 룸Panic Room〉, 〈케이프 피어Cape Fear〉, 〈리버 와일드The River Wild〉, 〈다이하드Die Hard〉, 〈나 홀로 집에Home Alone〉 등이다.

맹자孟子는《맹자孟子》〈고자告子 상편上篇〉에서 이렇게 말했다.

나 는 악 당 이 되 기 로 했 다

밖에 걱정이 없고 나라 밖에 걱정거리가 없으면 그 나라는 언제나 망하고 만다. 그러므로 근심걱정에 정신이 살고 평안과 즐김에서 정신이 죽게 됨을 알아야 한다.

지나치게 선한 사회는 오히려 건강을 쉽게 잃을 수 있다. 더 진보된 사회를 위해 악당이 기여하는 셈이다. 이러한 이치는 신체 면역학과 같다.

1973년 남태평양 마우케Mauke 섬, 당시 주민 600여 명 중 30퍼센트인 180명이 기생충 질환을 앓고 있었다. 미국 전염병연구소가 위생교육에 나섰고, 20년 뒤 기생충 감염률은 5퍼센트 아래로 떨어졌다. 그런데 전혀 생각하지 못한 부작용이 발생했다. 기생충병은 줄어들었지만 천식, 아토피 피부염과 같은 알레르기성 질환이 다섯 배나 증가한 것이다. 하버드의 과대학교 스코트 웨이스Scott T. Weiss 박사팀은 2003년 〈뉴잉글랜드 저널 오브 메디신New England Journal of Medicine〉지에 논문을 발표하여 백신, 항생제, 손 씻기 등은 '우리 편'이고 박테리아, 바이러스 등은 '악당'이라고 규정해온 감염학의 정설定說을 뒤집었다. 인간이 점점 더 감염과 멀어지는 탓에 오히려 질병이 생겨나고 있으며, 평소 적정한 수준의 먼지를 마실 필요도 있다는 내용이었다.

사람들은 흔히 세균을 '더럽다', '불쾌하다', '무섭다'고 생각한다. 하지만 아토피성 피부염이 생기는 원인은 대장 내에 특정 세균이 없기 때문이라고 알려져 있다. 악당도 이와 같다. 악당의 존재로 인해 평화와 안보, 질서는 더욱 그 가치를 인정받게 된다.

극도의 악은 선으로 대체된다

악이 극에 달할수록 이를 대체하려는 선이 등장한다는 설이다. 파국으로 치닫는 악은 더 나은 선을 만들어내는 과정이다. 악인이 극악할수록 이를 물리치는 영웅이 더 돋보이는 것과 같다. 사람들은 영웅을 지지하지만, 악당이 약하면 영웅에 대한 선망도 시들해진다. 새로운 사회의 출현도 마찬가지다.

마르크스는 자본가들의 착취가 심할수록 자본주의 사회가 붕괴되고 사회주의가 도래할 것이라고 보았다. 착취는 물론 악이다. 애덤 스미스는 개개인의 이기주의가 전체 사회의 경제적 이익을 가져다주므로 장려되어야 한다고 주장하였다. 이는 역시 악이 선을 도출하는 데 기여한다는 것을 전제한다. 다만 마르크스는 착취를 장려하지는 않는다. 자본주의의 속성상 착취가 심해질 수밖에 없다고 예견했을 뿐이다.

애덤 스미스는 개인의 이기주의가 본질이라는 점을 지적하고자 했는지도 모른다. 하지만 이기주의는 국가가 제도적으로 얼마든지 억제할 수 있다. 또한 제도적으로 착취를 방지할 수도 있다. 다만 그렇게 하지 않는 국가 지배자들이 문제다.

음과 양이 있듯이 선과 악이 있다

동양사상에서는 음양론의 관점에서 선과 악을 보기도 한다. 음양론은 대대待對론과 유행流行론으로 볼 수 있다. 대대론은 서로 짝이 되는 절대적 필요관계를 말한다. 범죄가 없으면 경찰이 있을 수 없는 것과 같다. 오토바

　　　　나 는 악 당 이 되 기 로 했 다

이 폭주족은 경찰이 쫓아다니면 더욱 신이 나서 질주한다. 조폭은 경찰이 주는 '별'을 달고 와야 조직 안에서 더욱 인정받는다.

한편 유행론이란 음에서 양으로, 양에서 음으로 흘러가는 것을 말한다. 선이 강하면 악이 자라고, 반대로 악이 강하면 선이 자란다. 인덕仁德은 선이고 탐욕은 악이다. 그러나 인덕이 지나치면 악이 되고, 탐욕이 지나치면 절제의 선이 자란다.

인간의 욕망은 개체가 그 생명을 유지하는 데 필요하다. 생리적 욕구 자체는 악이 아니지만 지나치게 추구하면 악에 빠지게 된다. 주자朱子는 "마시고 먹는 일은 천리다. 맛있는 것을 요구함은 인욕이다(《주자어류朱子語類》 13)"라고 했고 맹자도 "인간의 신체에 욕구를 지니지 않은 것은 없다. 그러나 절제가 없으면 본심을 잃어버린다(《맹자집주孟子集注》 권7)"고 하였다. 대승불교에서는 집착을 떠나 어느 쪽에도 치우치지 않을 것을 강조한다. 선악의 대립까지 초월해야 한다는 생각이다. 《우파니샤드 Upanisad》에는 "아름다운 흰 연꽃이 부정한 흙탕물에 오염되지 않는 것처럼, 당신(부처)은 선악의 경지에 오염되지 않는다"며 한쪽에 치우치는 일이 없으면 스스로 바르게 된다고 보았다. 불교의 관점은 결국 자기에서 시작하여 자기로 돌아온다. 《율리시

"천년왕국이 눈앞에 있다고 착각을 하지. 원자를 분해할 정도로 인간의 욕망은 뜨겁지. 자만심은 하늘을 찌르고 모든 충동적 자아들은 자신을 자꾸 부추기지. 황금만능의 찬란한 환상으로 허망한 꿈을 꾸고 그러다가 모두들 황제가 되고 스스로 신이 되는 거야. 결국 어떻게 되는 줄 아나? 그렇게 정신없는 동안 지구는 누가 돌보겠어? 공기와 물이 오염되고 꿀마저 방사능에 오염되니 갈수록 대책이 안 서게 되지. 생각할 겨를도 없어."

영화 〈데블스 에드버킷〉 중에서

"진실을 밝히겠다고? 법원과 진실이 무슨 관계가 있지? 진실에 가깝기만 하면 돼. 진실과 법원은 관계가 없어. 아이 여덟 명이 죽었다는 고소장을 제출한 순간. 이제 아이들의 죽음은 의미가 없는 거야."

영화 〈시빌 액션(A Civil Action)〉에서 오염물질을 방출해 사람들이 죽게 만든 대기업 베아스트리스 푸즈(Beastrice Foods) 측 변호사의 말

즈Ulysses》의 작가 제임스 조이스 역시도 악당은 우리 자신이거나 잠재한 우리의 또 다른 모습이라고 말했다.

상황에 따라 악당이거나 영웅이거나

영웅과 악당은 평범함에서 출발한다. 스탠포드 감옥 실험으로 유명한 필립 짐바르도Philip G. Zimbardo는 악당과 영웅은 서로 유사하며 단지 상황에 따른다고 했다. 〈악과 영웅주의는 너무나 평범하다The banality of evil is〉라는 글에서 그는 "악한 행동을 범하는 사람들과 영웅적인 행위를 하는 사람들은 평균적인 보통 사람이라는 점에서 기본적으로 닮았다. 악의 평범함과 영웅주의의 평범함은 서로 유사하다"라고 썼다. 진화심리학자 데이비드 버스David M. Buss도《악의 진화The Evolution of Evil》에서 그 평범성에 관하여 동일한 의견을 내놓았다.

사람들은 대개 고문하는 경찰관이나 스토커, 강도, 강간범, 살인자라고 하면 악명 높았던 연쇄살인범 찰스 맨슨Charles Manson이 섬뜩한 눈빛을 지닌 정신이상의 괴물이라는 편견을 가지고 있다. 하지만 그들은 오히려 거울 속 우리들의 모습처럼 평범하고 차분한 모습을 가지고 있다.

그런데 선과 악은 이 평범함이라는 공통점에서 어떻게 다르게 발현되는가? 두 사람의 의견은 바로 이 지점에서 엇갈린다.

필립 짐바르도는 "개인의 기질이나 성향 때문은 아니다. 또 내면적으로 특별한 병리적인 질환을 앓거나 영혼이나 유전자에 본래부터 선함이 내장되어 있는 것도 아니다. 특정한 시기, 특별한 상황에서 행위가 도출될 뿐이다"라고 주장하였다. 다시 말해 상황의 힘이 사람을 방관자에서 행동하는 자로 옮겨가게 한다는 것이다. 반면 데이비드 버스는 인간의 적응구조adaptation를 강조한다.

> 우리 모두의 뇌 속에는 적응구조가 있다. 적응구조는 우리 같은 인간에게 사람들이 '악'이라고 부르는 비열하고 잔혹한 행위를 저지르게 한다. 불행하게도 인간은 생존과 번식을 위해 경쟁을 벌이는 무자비한 과정에 적응해야 했다.

데이비드 버스에 따르면 영웅들의 살인 행위는 진화과정에서 공동체를 위협하는 집단 밖의 사람들을 대상으로 한다. 인류 역사를 보면 집단 내부의 일원을 죽이는 것은 악이지만 집단 밖의 사람들을 죽이는 행위에는 다른 잣대를 적용해왔다. 성경에 '살인하지 말라'는 말이 나오는데 이는 집단 내부에 적용되는 규칙일 뿐, 집단 밖의 사람들은 집단 내부의 생존과 결속, 단결을 위해 제거해야 할 경쟁자다. 그는 또한 적응구조가 인간에게 내재되어 있음을 인식해야 한다고 주장하였다. 적응구조는 언제든 악을 행할 수 있는 잠재성이며 짐바르도가 말하는 '상황'이라는 개념과도 연결되어 있다.

《이기적 유전자The Selfish Gene》의 저자 리처드 도킨스Richard Dawkins는 악이 생리와 유전 등의 조건에서 기인한다고 보았다. 그는 〈범죄자가 아니라 범죄자의 유전자를 벌하라〉라는 글에서 이렇게 말한다.

> 잘못을 저지른 사람에 대해 그런 결함을 제공한 생리적·유전적·환경적 요인을 따지지 않고, 한 사람의 책임을 묻는 청문회라는 것은 베이절 폴티(영국 시트콤의 주인공)가 고장 난 자동차를 몽둥이로 내리치는 것과 무엇이 다른가?
>
> 왜 범죄자 자신이 아니라 범죄에 이르게 된 생리적·유전적·환경적 요인을 따져보자는 견해를 받아들여서는 안 되는가? 왜 어린이를 살해한 사람, 혹은 파괴적인 약탈자들에게 감정적인 증오를 드러내는 데만 몰두하는가? 왜 그들을 수리나 부품교체가 필요한 결함이 있는 대상으로 볼 수 없는가?

그의 논리대로라면, 사람의 유전자를 교체하는 기술을 개발해야 할지 모른다. 그러나 지나치게 생물학적으로 귀결시키는 입장은 법적인 판단에서 갈등을 예고한다. 게다가 이 모든 것은 사후 대응에 관한 견해다. 그럼 사전에 범죄와 악을 방지할 대책은 없는 것일까? 짐바르도는 "상황의 힘에 어떻게 영향을 받느냐에 따라 누구나 영웅이 될 수 있고 악한이 될 수도 있다. 따라서 우리는 상황적인 힘이나 시스템의 힘이 우리를 사회적 병리현상으로 몰고 가지 않도록 방도를 찾아야 한다"며 상황의 힘을 억제하고 예방하는 시스템을 만들어야 한다고 주장한다.

> 악은 자유의 '바깥' 측면으로 사람에게 다가온다. (중략) 시험 또는 유혹의 구조다. 악은 사람 밖에서 사람을 유혹하는 것이다. 칸트는 그러한 악의 외부성을 악의 중요한 본질로 보았기 때문에 절대적인 죄인을 인정하지 않았다. 악은 2차적인 것이요, 악인은 시험에 걸려 악인이 된 것이다.

폴 리쾨르가《악의 상징》에 쓴 구절이다. 사람이 단지 악의 시험에 걸려들어 악인이 된 것이라면 절대적인 죄인은 없는 셈이다. '악이 내부에 있는가, 외부에 있는가'라는 규정 자체는 악의 상대성을 함축한다. 착한 사람이라도 외부의 악 때문에 악당이 될 수 있다.

니체에게 선악은 자연과학 법칙들처럼 단순히 '주어진 것'이 아니라 특정한 시대, 특정한 사람들, 특정한 이데올로기, 특정한 권력관계…의 조건들로부터 '탄생'한 것이다.

인간의 선의지가
낳은 비극

니체는《도덕의 계보》에서 "우리는 필연적으로 우리 자신에게 이방인이다. 우리는 우리 자신을 이해하지 못한다"고 했다. 스스로 악인 또는 악당이 아니라고 자신 있게 말할 수 있는 사람이 과연 얼마나 될까?

악은 항구 불변적이지 않다. 라 로슈푸코La Rochefoucauld는 "철학은 과거의 악과 미래의 악을 이긴다. 하지만 현재의 악에 대해서는 그렇지 않다"고 했다. 철학은 과거를 토대로 악이 무엇인지 말하고 논파한다. 미래의 악에 대해서도 마찬가지다. 하지만 현실에 있는 악에 대해서는 악인지 아닌지를 시원하게 규정해내지 못한다.

선한 신을 믿는 이들에게 불행이 찾아온다면 어떻게 받아들여야 할까? 선한 신의 섭리를 믿고 인간의 진보, 의미와 가치를 추구했는데도 통제할 수 없는 고통이 엄습했다면 무엇으로 설명해야 하는가? 악한 신을 믿어야 하는 것은 아닐까?

돌이켜보면 선의지는 결과적으로 수많은 악을 양산했다. 인간을 행복하게 만들겠다던 기술과 산업은 자연을 파괴했다. 의학은 인간을 사물화하고 신체를 상품의 카탈로그 안에 집어넣었다. 프랑스의 시인이자 문화 비평가 폴 발레리는《정신의 위기La crise de L'esprit》에서 과학과 애국심이 결합하면 전쟁이라는 형태로 인류의 멸종을 부르게 된다고 주장했다. 또 복지국가 담론은 사람들을 수동적으로 만들고 국가의 빚을 증가시켰다. 경제학자 에릭 라이너트Erik S. Reinert가 비판한 대로 제3세계에 대한 무상 경제지원은 그들의 경제적 자생력을 훼손하여 그들의 힘으로 헤어나올 수 없는 빈국으로 전락시켰다. 이 때문에 시장주의자들은 이러한 현상을 공격하면서 '선의 재앙'이라고 이름 붙였다. 선의지는 뜻밖에도 악과 손쉽게 결합될 수 있음을 알 수 있다.

살아가는 목적은 즐거움에 있다

악당들은 즐거움을 추구한다. 하고 싶은 일을 우선적으로 하고 외부의 통제는 거부한다. 인생의 철학은 즐거움, 즉 쾌락에 초점이 맞춰져 있다. 에피쿠로스는 인간이 즐거움을 추구하는 존재이며 고통을 피하는 만큼 쾌락이 증가한다고 보았다. 금욕주의를 강조하는 도덕주의 영웅들과는 달리 악당들은 인생의 목적이 즐거움이며 그 목적에 부합할 때 마음껏 웃는다. 반면 영웅들은 사사로운 즐거움을 추구하기보다 대의명분 속에서 고민하고 스트레스를 받는다. 그들은 고통을 추구하고 쾌락을 경멸한다. 점점 정신병리자가 될 만하다.

악당들은 대부분 열정과 활력이 넘친다. 감정과 욕망에 충실하기 때문이다. 에라스뮈스는《우신예찬》에서 현자들의 훈계가 얼마나 현실과 동떨어져 있는지를 꼬집는다. 실제로는 똑똑함이나 이성보다 바보스러움이 경계를 허물고, 비이성의 감성과 열정이 뜻한 바를 이루는 데 중요한 역할

"걸려들었다. 이 사람은 상식보다 탐욕이 크다. 탐욕스러운 사람. 세상을 모르는 사람. 세상을 너무 잘 아는 사람 모두 다 우리를 만날 것이다."
영화 〈범죄의 재구성〉에서 범죄자 최창혁(박신양 분)이 마지막으로 남기는 말

을 한다. 타산적인 것보다 맹목적인 행위들이 긍정적인 결과를 낳는 경우가 많다는 것이다. 또 특정한 이념이나 사고체계에 종속되지 않고 본능에 충실한 자연스러운 행위들이 삶을 한층 풍요롭게 한다고 했다. 이러한 점은 뻔히 실패할 것 같은데도 식지 않는 열정으로 도전하는 악당의 태도와 닮았다. 당장은 바보 같고 무모한 행동으로 보일지 모르지만, 지속적인 열정은 성공의 가능성을 높게 한다. 그들은 어떤 우상이나 이데올로기에도 의존하지 않으며 오로지 자신의 의지와 열정만으로 목표를 이루어 나간다.

악당들은 사랑을 추구한다. 직접적이며 솔직한 사랑이다. 빌헬름 라이히Wilhelm Reich는 자연스러운 본능이 요구하는 쾌락의 충족을 막으면 정신장애가 일어나고, 이는 개인뿐 아니라 사회 전체의 병리를 만들어낸다고 보았다. 그 예가 전체주의나 파시즘이다. 프로이트는《문명 속의 불만Das Unbehagen in der Kultur》에서 남녀간 사랑의 쾌락을 승화시켜 문명 건설에 이용하는 사회체계는 당연히 파괴의 본능도 불러온다고 했다. 사랑의 쾌락을 억압하고 승화시키는 정도가 극에 달할 때, 그 문명 자체를 거부하려는 본능도 강해진다. 즐거움과 행복은 사라지고 의무감과 규제가 강해지기 때문이다. 이런 논지를 이어받아 마르쿠제Marcuse는 에로스eros를 부활시키는 것이 건전한 사회를 만드는 첩

경이며, 본능적인 사랑을 막을 경우 문명은 파국으로 치닫게 될 것이라고 경고했다.

그렇다면 악당들의 사랑이 금지되는 것은 어째서일까? 악당의 사랑은 바람둥이, 제비, 타락한 행위 등의 키워드로 압축되는 탓이다. 에리히 프롬은 사랑이란 단순히 어느 날 갑자기 운명적인 상대를 만나 평생 함께하는 것이 아니라고 했다. 사랑은 끊임없는 훈련과 연마의 과정이다. 그러한 과정 없이 이루어지는 사랑은 없으며 설령 있는 것처럼 보여도 신기루처럼 금세 사라지고 만다.

악당 중에는 필요에 따라 악역을 맡은 악당이 있다. 나라와 공동체를 위해 악당의 일정한 역할이 요구되기 때문이다. 이러한 필요성을 설파한 것이 마키아벨리의《군주론Il Principe》과 한비의《한비자》다. 마키아벨리는 도덕과 윤리를 분리시키고, 정치에 논리와 원칙이 있음을 말한다. 도덕과 윤리는 현실을 구원하지 않는다고 지적하며 필요에 따라 폭력과 응징 그리고 술책을 쓸 수 있어야 한다고 강조하였다. 한편 한비는 올바른 정치를 위해 법치가 확고해야 한다는 주장을 폈다. 법은 인정사정없기 때문에 원성과 비판을 듣는 게 당연하다는 것이 한비의 입장이었다.

악당들은 할 말이 많다. 영웅의 대사보다 악당들의 대사가 더 긴 경우를 우리는 많이 본다. 그래서일까, 드라마나 영화의 주인공은 신인이 맡아도, 많은 대사를 설득력 있게 소화해야 하는 악당 역할은 신인 배우가 감당하기에 결코 쉽지 않다. 악당들이 사건을 벌이는 주요한 동기는 세상이 자신의 말에 귀 기울이게 하기 위해서다. 존 스튜어트 밀John Stuart Mill이《자유론On Liberty》에서 말한 대로 된다면, 악당들은 떠들썩한 사건을 만들어낼 필요가 없을 것이다. 밀은 아무리 사소하거나 하찮은 발언이라 해도 말할 자유를 금해서는 안 된다고 보았다.

그러나 현실에서는 사회의 모순이나 소수자의 권리를 지적하는 목소리가 설 곳이 없다. 하고 싶은 말을 봉쇄당한 이들은 숨죽이고 있다가 금지의 벽이 허물어지는 순간 악당이 되어버린다. 이를 위해서는 품격과 고양을 지향하는 인간의 의지가 매우 중요한데, 이는 쇼펜하우어의《의지와 표상으로서의 세계 Die Welt als Wille und Vorstellung》, 니체의《힘에의 의지 Der Wille zur Macht》같은 저술이 강조하는 인간의 의지다. 악당은 항상 자신의 의지를 품고 사건에 사람들이 주목하는 때를 노려 준비했던 이야기를 터트린다. 그들이 하는 말은 삶과 사회, 세계에 대한 가치관인 경우도 많고 기존 사회의 모순에 대한 통렬한 지적이기도 하다.

악당들은 항상 도전하고 전진한다. 그들은 게으름의 철학이 단지 일하기 싫어하는 것과는 다르다는 걸 안다. 이는 러셀이나 라파르그의 게으름에 대한 찬양이나 권리에서 발전적으로 승화된 형태다. 그들이 말하는 게으름의 철학은 일을 피하는 것이 아니라 억지로 강요당한 일을 하지 않는 것이다. 그들은 자신이 하고 싶은 일을 적극적으로 행하고, 이를 위해 다른 욕망을 제어한다. 무조건 일을 피해 도망다니는 것이 아니기 때문에 경제적인 이익도 능동적으로 추구한다. 그들은 세계를 움직이는 것이 경제적 이익이라는 점을 누구보다도 잘 이해하고 있으며 검소함을 유지하는 것이 능사가 아님을 설파한다. 맨더빌의《꿀벌의 우화》와 베블런T. Veblen

의 《유한계급론Theory of the Leisure Class》에서 알 수 있듯이 물적인 메커니즘에서는 선과 악이 없다. 다만 그것을 어떻게 쓸 것인가를 고민할 때 선과 악, 혹은 도덕과 윤리가 필요해진다는 사실을 그들은 알고 있는 것이다.

나의 쾌락은
선이다

"쾌락이 목적"이라고 주장한 에피쿠로스는 많은 수난을 당했다. 그리스 철학자 티몬Timon은 그를 가리켜 누구보다도 뻔뻔스러운 자연철학자라고 했고, 에픽테토스Epictetus는 더러운 수다쟁이라고 비난했다. 깊이와 내용은 없이 수다스럽기만 하다는 것이다. 티모크라테스Timocrates가 에피쿠로스의 학교를 박차고 나와 쓴 책에는 "에피쿠로스는 사치스런 생활 때문에 하루에 두 번씩 토했다"는 대목이 있다. 그는 의심할 수 없는 당대의 악당 철학자였다.

에피쿠로스를 잘 모르거나 그의 철학에 동의하지 않는 사람들은 그가 말하는 쾌락에서 육체적인 욕망과 방탕한 자의 쾌락을 연상했다. 하지만 에피쿠로스가 주장하는 쾌락은 몸의 고통이나 마음의 혼란으로부터 벗어난 자유에서 오는 즐거움이다. 낭비적이고 소모적이며 퇴폐적인 쾌락이 아니라, 지극하고 지속 가능하지만 무한하지 않은 쾌락이 목적이어야 한다. 이것은 인간이 생명을 가지고 있는 한에서만 유효하며, 고통의 대가로만 얻을 수 있다. 그래서 고통을 겪는 사람들일수록 쾌락의 가치와 의미를 알고 적극적으로 향유하려 한다. 어쩌면 고통받는 빈자와 약자들에게 쾌락은 더 가치 있는 것인지 모른다. 물론 그러한 가치 있는 쾌락을 가장 억압받는 이들 역시 가난하고 빈한한 이들이다.

행복은 악당이 가한 고통에 비례하여 증가한다. 할리우드의 시나리오 작가 로버트 맥키Robert McKee는 "이야기는 일상성의 파괴와 이를 회복하려는 주인공의 욕망을 매개로 만들어진다"고 했다. 파괴의 주체는 바로 악당이다. 따라서 악당을 물리치거나 악당이 꾸민 사건을 해결할 때 사람들은 그 노력에 비례하여 즐거움을 느낀다. 물론 이때의 즐거움은 무한하지 않다. 고통이 제거된 만큼만 쾌락을 느낀다는 점에서 에피쿠로스의 말은 옳다.

악당은 사람들에게 지금의 세상이 얼마나 행복한지 아는가 묻는 것과 같다. 고통 없는 이들은 행복과 쾌락의 지극함을 알지 못한다. 악당들이 그렇게 즐거운 표정으로 웃는 것은 그들이 오랜 고통과 인내 끝에 원하는 것을 손에 넣었기 때문이다.

억압된 사회의 처방은
에로스의 부활이다

대의민주주의자들에게 허버트 마르쿠제는 말도 안 되는 급진적 주장을 일삼는 철학자로 여겨졌다. 하지만 그는 근본적인 혁명이 필요하다고 보았으며, 물리적인 혁명만이 아니라 정신혁명도 함께 강조했다. 그를 가장 강력하게 비판한 인물은 《열린사회와 그 적들The Open Society and its Enemies》로 유명한 과학철학자 칼 포퍼Karl Raimund Popper였다.

우선 마르쿠제는 기술과 생산성이 증가한 현대사회에서는 하위 계층의 생활수준도 전반적으로 향상되면서 후기 자본주의의 부수현상이 은폐되었다고 주장한다. 개인이 각자의 객관적인 상황을 인식하지 못할 정도로 판단력이 마비되었다는 것이다. 또 마르쿠제는 경제적 혁명의 변화에 앞서 의식의 혁명이 이루어져야 하며, 상부 구조가 급진적인 변화를 겪어야 한다고 보았다. 그는 경쟁과 공격성이 제거된 사회를 주장하고, 이를 위해 에로스의 분출이 중요하다고 지적한다.

반면 칼 포퍼는 마르쿠제와는 달리 낙관적이었다. 그는 사람들이 이 사회를 지배하는 불의와 종속에 관하여 잘 알고 있으며 국가와 사회적 제도를 통해 약자를 보호할 수 있다고 믿었다. 또한 점진적인 사회개혁을 위해 대의제 민주주의가 중요하다고 생각했으며, 올바른 사회나 이상사회에 대한 청사진은 갖고 있지 않았다. 단지 사회문제의 해결에 주목하면서 그에 따른 행동 준칙이나 제도에 초점을 맞추었다.

마르쿠제와 칼 포퍼 두 사람 가운데 어느 쪽이 더 악당일까? 마르쿠제는 1960년대 서구 학생운동의 정신적 지주이자 신좌파의 이론가였으며 프랑크푸르트학파의 핵심이었다. 그가 정말 악인의 이론을 제창했다면 그처럼 많은 이들의 지지를 얻을 수 있었을까? 그는 《에로스와 문명Eros and Civilization》 등을 통해 왜곡된 인간의 삶을 해방시킬 자본주의의 대안이 에로스에 있다고 주장했다. 그는 에로스에 대한 문명의 억압이 자본주의 체제에서 극대화되면서 불행을 야기하고 있다고 지적하였다.

에로스의 해방을 주장하는 이 이론은 프로이트를 계승하는 것처럼 보이지만 그는 프로이트의 비역사적·비사회적인 한계를 지적하면서 현실적인 화두에 초점을 맞춘다. 문명 안에서 사람들은 자연스러운 본능을 억압하고, 즐거움과 쾌락을 추구하는 데 사용해야 할 에너지를 노동에 쓴다는 것이다. 따라서 자연스런 본능에 따른 즐거움과 행복을 맛보지 못한 채 조작된 즐거움과 쾌락을 진정한 것으로 착각하고 있다. 따라서 그 해결책으로 에로스를 부활시켜야 한다는 것이 마르쿠제의 주장이다.

여기에서 에로스는 흔히 생각하는 쾌락적인 사랑이 아니라 감각의 미학적 경지를 말한다. 새로운 감수성과 상상력의 자연스러운 분출이어야 한다. 그는 노동과 생산, 그리고 이윤이라는 경제사회 구조가 아니라 미학적이고 예술적인 감각에 근거한 사회를 만들어야 하며, 육체적 해방을 넘어 진정한 삶의 해방을 추구해야 한다고 보았다. 이때 에로스는 본능적 즐거움, 미학적 감수성을 의미하며 새로운 인간사회를 만드는 기본적인 토양이 된다.

악당들은 감수성이 특히 예민하다. 미실은 음악과 미술에 뛰어났고 히틀러도 한때 미술에 인생을 걸려 했었다. 악당들은 구체제의 낡은 질서에 기계적으로 순응하기보다는 새로운 것을 꿈꾸고 상상하고 자신의 감각으로 새로운 변화의 기운이나 조짐을 실현하고자 한다.

그것은 파괴적인 세상이 아니라 영화롭고 풍요로운 에로스의 미학이 숨 쉬는 곳이다.

선을 강조할수록

악이 잉태된다

빌헬름 라이히는 프로이트 정신분석의 열렬한 지지자였고 20대 중반에 자신만의 '성격분석기법'을 창안해 정신분석학계의 주요 인물이 되었다. 그러다 수많은 임상실험과 관찰을 거쳐 프로이트의 성의학보다도 급진적인 이론을 창안한다. '모든 신경증의 처방을 성기의 오르가즘에서 발견할 수 있다'는 오르가즘 이론이었다(물론 프로이트는 이를 못마땅하게 여겼다). 마르크스주의와 정신분석학을 결합시키고자 한 그는 같은 공산주의자들에게 외면당했고, 인민대중을 위한 급진적 성해방을 주장하다가 독일 공산당에서도 쫓겨났다. 1928년에는 오스트리아 빈에 성 위생 상담소를 열어 노동자들에게 피임, 낙태, 출산에 대한 급진적인 성교육을 하다가 공산주의와 파시즘 양측에게서 모두 배척을 당한다. 특히 청소년의 성을 인정하고, 대중을 성적인 억압에서 해방시켜야 한다는 성 정치 운동을 한 까닭에 공산당에서 제명되었다. 마르크스가 계급해방을 과제로 삼았다면, 라이히는 대중의 욕망해방을 주장했지만 정신분석학계에서는 '전투적인 정신분석학자', 공산당에서는 '성격분석학자'로 분류되어 좌파와 우파의 공공의 적이 되었다. 오스트리아, 독일, 노르웨이 등에서 잇따라 쫓겨나 미국에 정착한 그는 환자를 진료하려다 미국 식품의약국FDA의 금지명령을 받고, 급기야 실형을 선고받기에 이른다. 결국 저서를 소각당하고 감옥에서 죽음을 맞이한 것은 매카시즘이 기승을 부리던 1950년대의 일이다.

마이런 섀라프Myron R. Sharaf는 평전《빌헬름 라이히Fury On Earth: A Biography

Of Wilhelm Reich》에 그의 죽음을 다음과 같이 묘사했다.

> 1957년 11월 3일, 펜실베이니아 루이스버그 연방교도소에서 빌헬름 라이히가 밤새 세상을 떠났다. 그러나 그날 그의 죽음에 관심을 기울인 사람은 아무도 없었다. 보이지 않는 죄수 하나를 찾기 위해 점검이 이루어지는 동안 그의 동료 수감자들이 잠시 대기했을 뿐이다.

자신을 알아주지 않는 세상에 분노한 라이히는 세상을 향해 "내가 틀렸다는 것을 증명하라"고 외쳤고, 자신의 연구기록을 사후 50년까지 공개하지 말라는 유언을 남긴다. 사실을 위조하고 역사의 흐름을 파괴하려는 사람들로부터 보호받기를 원했던 것이다. 끝까지 자신의 신념을 버리지 않았던 그는 세상을 떠나기 얼마 전 아들에게 보낸 편지에 이렇게 적었다.

> 진실과 사실, 정직함과 공정한 경기라는 올바른 길에서 벗어나서도 안 되고, 무엇보다도 절대 숨어서는 안 된다.

빌헬름 라이히는 신新프로이트학파의 이론적 기반을 제공했을 뿐 아니라 동양의 기氣와 비슷한 '오르곤 에너지'를 제창해 심령학자나 히피들의 우상이 되었다. 조직적인 탄압과 박해 속에 죽어간 라이히는 추종자들에게는 인류가 낳은 위대한 인물이었지만 대다수 사람들에게 악당이었다.

나는 악당이 되기로 했다

미시권력의 작동방식을 분석한《파시즘의 대중심리massenpsychologie des faschismus》는 독일의 파시즘이 성적 억압에서 발현됐다는 주장으로 큰 파란을 일으키는데, 그 이론적 기반이《오르가즘의 기능The Function of the Orgasm》이다. 20여 년의 연구와 실험을 토대로 집필한《오르가즘의 기능》은 1927년 프로이트에게 헌정했다가 퇴짜 맞았다. 만약 이 책으로 오르가즘의 원리를 깨우칠 수 있을까 기대하는 독자가 있다면 라이히는 천하의 악당이 될 것이다. 그런 기대를 여지없이 깨뜨리기 때문이다.

> 성적으로 행복한 사람은 어떤 도덕적 지지물도 필요로 하지 않으며, 자신의 가장 자연스러운 종교 체험을 가진다. 이러한 체험을 가능하게 하는 한에서 오르가즘은 이루어져야 한다. 이러한 것에 반하는 것은 아무리 도덕적이고 종교적이라는 아름다운 명분을 내세운들 위선적이다. 성욕에 대한 도덕적 억압의 목적은 고통과 모욕에도 불구하고 권위주의적 질서에 적응하고 그것을 참아내는 말 잘 듣는 노예 같은 인간을 만드는 데 있을 뿐이다.
> — 빌헬름 라이히의《오르가즘의 기능》, 윤수종 역, 그린비 펴냄

욕망의 억압이 비정상적인 성적 행태를 불러일으킨다는 점에서 라이히의 주장은 프로이트와 일치한다. 하지만 프로이트는 성적 쾌락의 억압이 독재와 파시즘을 부른다고 말하지는 않았다. 마르쿠제도 성적 쾌감, 오르가즘을 향유하는 것이 독재와 파시즘과 연관된다고 생각하지 않았다. 마

르쿠제는 여전히 이성적인 관점에서 감각과 감성의 정신혁명을 통해 사회구조를 바꾸는 데 집중했다. 그런데 라이히는 아무 상관이 없을 것 같은 오르가즘과 파시즘을 연결했다. 한비자의 말대로 아무 상관없는 것들의 이면에 있는 연관성을 파악한 것이다.

민주주의가 정착된 나라일수록 성적 즐거움의 추구가 자연스럽게 확산된다. 악당들은 성적인 문제에서 자유롭다. 성적인 향유를 누릴수록 행복한 표정을 짓는다. 성애를 통한 쾌락을 추구할수록 파시즘을 반대할 가능성이 높다. 파시즘은 연인과 부부 사이의 성애까지도 간섭하고 통제할 것이기 때문이다.

그런 면에서 라이히의 말은 타당하다. 프로이트의 말대로 인간 공동체가 생겨난 이래 인간관계의 통제를 통한 문명화의 움직임은 끊이지 않았다. 라이히의 주장은 선을 강조할수록 악을 불러온다는 논지에 핵심이 있다. 즉, 악이라 간주되고 치부되었던 것이 선의 가치를 지닌다는 것이다. 금욕은 선, 오르가즘은 악이라고 규정되었으나 오르가즘의 금지는 도리어 사회 구성원들에게 신경증과 같은 병리적 상태를 만들어냈다.

라이히가 악당이 된 것은 그의 주장이나 이론이 악에 근거하기 때문이 아니라 각자의 이해관계에 맞지 않았던 탓이다. 정신분석학계나 공산당들은 라이히의 이론이 자신들의 질서와 시스템을 위협할 것이라 여기고 그를 추방했다. 미국 식품의약국도 라이히가 질서를 무너뜨리는 악당이라 보았다. 하지만 사후 50년이 흘러 그의 이론은 재조명되고 있다. 이것이야말로 악당이 영웅으로 가는 부활과 복원의 첫걸음인지 모른다.

악당들은 끊임없이
사랑을 학습한다

영화와 드라마에는 한순간 불붙는 사랑이 숱하게 등장한다. 나를 가슴 뛰게 하는 아름다운 사람과 뜨거운 사랑을 나눌 수 있다면 그보다 황홀한 일은 없을 것이다.

그러나 에리히 프롬은 그러한 사랑은 없다고 잘라 말한다. 그는 《사랑의 기술The Art of Loving》에서 사랑에도 기술이 필요하다고 말했다. 사랑의 '기술'을 강조하자 수많은 사람들이 섹스 테크닉을 연상하며 주머니를 털어 책을 샀다. 그리고 책을 펼치는 순간 그런 기대감은 산산조각이 났다. 기존의 사랑의 관념을 뒤집는 악당 에리히 프롬은 어떤 기술을 말하는 것일까? 그는 사랑이야말로 끊임없는 훈련이 필요하다고 말한다. 로맨틱한 사랑, 열정적인 사랑을 꿈꾸는 이들에게 프롬은 악당이다. 낭만적이고 불꽃 튀는 사랑을 주식으로 삼는 무수한 대중문화 스토리의 제작자들에게도 그는 초치기 대왕이겠다.

현대인들은 사랑의 문제를 사랑할 줄 아는 능력이 아니라 사랑받는 문제로 생각합니다. 그래서 사랑을 받기 위한 '무엇인가'를 합니다. (중략) 다이어트 열풍은 사랑받기 위한 것이지 사랑하려는 것은 아닙니다. 연봉을 높이기 위한 행동은 사랑을 하기 위한 것이 아니라 그 연봉액수를 내밀며 사랑받으려는 일입니다. 연봉이 높으면 자연스럽게 사랑을 많이 받을 수 있다는 생각이 담겨 있는 것입니다. 그러니 사랑은 배우는 것이 아니라 어떤 조건이나 축적물을 갖게 되면 사랑이 자연스럽게 아니, 당장에 다 이루어지는 것처럼 생각하는 것입니다.

— 에리히 프롬의《사랑의 기술》, 황문수 역, 문예출판사 펴냄

악당들은 많은 여자들을 만난다. 그것은 사랑을 끊임없이 훈련하는 과정인지도 모른다. 물론 그 과정에서 엄청난 비난을 감수해야 하겠지만 그들은 성공할 것이다.《둔감력鈍感力》에서 와타나베 준이치渡邊淳一는 이런 사례를 이야기한다. 대학 때 얼굴도 체격도 별로인 친구가 있었는데 유독 그 친구에게는 여자가 많았다. 많은 친구들이 그를 시기했고 정력이 세거나 돈 많은 악당이라는 소문이 돌았다. 하지만 알고 보니 그는 100번을 시도해 한번 꼴로 성공한 것이었다. 거절당하면 다시 시도하고 또 다시 시도했기 때문에 언제나 여자친구가 있었던 것이다. 보통은 한두 번 딱지를 맞으면 포기한다. 악당으로 불리는 그 친구는 끊임없는 도전으로 사랑의 노하우를 체득한 것이다.

이러한 사랑의 기술은 우리 삶 전체에 해당된다. 일상과 사랑이 별개의 것이라 생각할수록 사랑은 현실성을 잃고 판타지 속을 헤맬 수 있다. 그런 공허함에 빠질수록 강력한 사랑, 자신을 채워줄 열정적인 사랑을 기다리게 된다. 그러나 어느 날 갑자기 찾아오는 열정은 진정한 사랑이 아니기 때문에 허허롭고 쓰라린 상처를 남긴 채 식어간다. 끊임없는 훈련과 기술의 습득이 있어야 사랑을 지속시킬 수 있으며, 끈기를 가지고 시도해야만

진정한 사랑을 놓치는 일이 없을 것이다.

영웅은 군이 배우고 훈련하지 않아도 늘 사람들의 사랑을 받는다. 하지만 정작 자신의 사랑은 놓치고 만다. 바람둥이라는 오명을 쓰기는 하지만 사랑을 위해 부지런히 노력하는 악당과 비교해보았을 때 결국 사랑을 차지하는 쪽은 누구일까?

문명 건설에 이용되는
영웅의 사랑

영화 〈데인저러스 메소드〉에서 프로이트는 융에게 "우리의 길을 꿋꿋하게 가야 한다"고 말한다. 사람들이 그들의 방법론을 인정하기까지 아주 오랜 시간이 걸릴 것이라고 생각했기 때문이다. 문제가 되는 방법론은 정신분석학이었고 구체적 기법을 꼽으라면 '자유연상법'이었다. 또한 '어린아이에게도 성욕이 있으며 이것이 무의식으로 억압되어 인간을 지배한다'는 그의 주장은 학계뿐 아니라 일반 시민에게도 혐오감을 주었다. 그는 유태인이었기 때문에 더욱 모멸과 박해를 받는 악당이 되었다.

그러나 프로이트는 사람들이 비판하고 백안시할수록 이렇게 말하며 당당하게 대처했다.

나는 항상 친한 친구와 증오하는 적이 동시에 있어야 한다고 주장해왔다. 그 둘이 있어야 나는 거듭날 수 있다.

그러나 충실한 계승자라 생각했던 융마저 그를 떠난다. 융은 인간을 좌우하는 것이 성욕만이 아니라고 생각했다. 그는 무의식이 욕망의 근원지인 동시에 인류의 지혜가 숨겨진 보물창고라고 생각했다. 또한 무의식이 의식보다 창조적이고 생산적이라고 보았다. 물론 프로이트는 융의 생각을 인정하지 않았다. 1938년 겨울, 프로이트는 BBC라디오와의 마지막 인터뷰에서 이렇게 말했다.

> 정신분석학을 처음 주장한 뒤 나는 많은 이들에게 비난과 모욕, 핍박을 받았다. 이제 시간이 흘러 세상이 정신분석학의 학문적 가치를 제대로 평가하고 인정해주고 있다. 나는 이 사실이 자랑스럽다. 그러나 나의 투쟁은 아직 끝나지 않았다.

그는 성적 쾌락이 문명의 희생양이 되었다고 주장하였다. 그렇다면 루소가 주장한 것처럼 원시시대로 돌아간다면 모든 문제가 해결될까? 프로이트는 이에 대해서도 회의적이다. 그렇다면 프로이트는 무엇을 말하고 싶은 것일까?

> 만약 전화가 없다면 어떻게 사랑하는 사람과 통화를 할 수 있을까요? 이는 문명이 사람들에게 준 혜택입니다. 의학기술은 유아사망률을 낮추고 산모의 건강도 확보하고 인간의 평균수명을 증가시켰습니다. 이러한 혜택의 사례는 얼마든지 존재합니다. (중략) 인간

의 성적 쾌락을 억제하여 문명을 건설하려는 것이 강할수록 그것
을 파괴하려는 움직임도 강해집니다. 이제 문명 발달이 갖는 의미
는 분명해졌습니다. 문명은 인류를 무대로 해서 에로스와 죽음, 삶
의 본능과 파괴 본능 사이의 투쟁의 형태를 보이는 게 분명합니다.
이 투쟁은 모든 생명의 본질적인 요소이며, 따라서 문명 발달은 인
류의 생존을 위한 투쟁이라고 요약할 수 있습니다.

    — 프로이트의 《문명 속의 불만 Das Unbehagen in der Kultur》, 김석희 역,
      열린책들 펴냄

프로이트는 문명을 벗어나 원시시대의 상태로 돌아가자고 주장하지 않
는다. 성적 에너지를 문명 건설에 사용하는 것은 당연하다. 게다가 원시시
대에도 문명의 본질적인 면은 존재하므로 그 당시에도 인간이 누리는 즐
거움과 쾌락에는 한계가 있었을 것이다. 사람과 사람 사이에는 규제가 있
기 때문이다. 프로이트는 인간의 불행이 계급이나 사유재산 때문이 아니
라 본능적인 에로스, 성적 쾌락을 여러 사람과의 연대와 관계의 강화를 위
해 사용하기 때문이라고 했다. 그럴수록 지극한 사랑의 즐거움과 쾌락을
놓치게 된다는 것이다.

프로이트는 에로스를 통한 문명의 건설은 그 역반응을 이끌어낸다고
보았다. 에로스와 타나토스 Thanatos는 쌍벽이다. 에로스가 욕망의 생성과
분출을 통한 약동이라면 타나토스는 욕망조차 없는, 모든 것을 없는 상태
로 돌리려는 파괴본능이다. 즉, 결합하고 확장하는 생명의 본능이 있는 반

면 그것을 파괴하려는 본능이 있다는 것이다. 문명의 에로스를 전용해 끊임없이 건설에 매진할수록 그에 역대응해서 모든 것을 없는 무無의 상태로 되돌리려는 죽음의 본능이 언제든 충동질할 수 있다.

욕망의 건설은 그로 인한 스트레스와 부담감에서 벗어나고자 하는 본능을 불러일으키는데 그것이 바로 타나토스이며 악당이다. 악당들은 열정적인 사랑의 쾌락을 중요하게 생각하기 때문에 사랑에 집착하고 중독된다. 물론 현자들은 이에 반대하며, 많은 작품들이 사랑에 빠진 악당들의 파멸을 그린다. 반면 영웅들에게는 더 많은 인류를 사랑하고 포용할 것을 요구한다.

그런데 영웅들은 자신의 사랑조차 제대로 지키지 못한다. 많은 사람들을 품에 안아야 하는 영웅들의 사랑은 열정적인 사랑의 쾌락이 결여된 탓에 진정성이 없고, 오래가지 못한다. 그것은 또한 신경증을 일으킨다. 영웅들은 열정적 사랑에 쏟아야 할 에너지를 빼앗아 문명을 건설하는 장본인이다. 하지만 그럴수록 문명을 파괴하려는 의지가 생겨난다. 자연스러운 욕망들을 억압한 까닭에 신경증에 걸린 사람들이 엄청난 스트레스에 시달리는 것은 고도 문명사회 구성원들의 피할 수 없는 운명이다.

힘과 권력 그리고 의지에 관하여

마키아벨리가 말하는 폭력의 대원칙

: 마키아벨리의 《군주론》

캐나다 세인트폴센터와 디스커버리연구소의 수석 작가 벤저민 와이커 Benjamin Wiker 박사는 《세상을 망친 10권의 책 10 Books That Screwed Up the World》에서 가장 먼저 마키아벨리의 《군주론》을 꼽았다. "수많은 독자가 신을 부정해 도덕적 불감증이 생기고, 이로 인해 전쟁과 집단학살 등의 만행이 자행되었으며 전제주의의 밑거름이 돼 인류가 억압되고 나아가 현대 가족의 붕괴가 발생했다"는 이유에서다. 2011년 노르웨이 경찰은 91명 이상을 숨지게 한 연쇄테러 사건의 범인 안데르스 베링 브레이빅 Anders Behring Breivik 이 마키아벨리의 《군주론》을 탐독했다는 조사결과를 발표했다. 벤저민 와이커 박사의 논리를 입증하는 사례다.

　《군주론》은 출간 이래 열렬한 찬양과 비난의 목소리가 교차해왔다. 마키아벨리는 1498년 29세 때 정계에 진출해 내정과 군사를 담당하고 대사로도 활동했지만 공직에서 쫓겨난 뒤《군주론》을 집필하면서 재임용을 기대했다. 그는 1532년 출간된 이 책을 피렌체의 권력자 로렌초 데 메디치Lorenzo de Medici에게 바쳤다. "대부분의 작가들이 자신의 주제를 묘사하고 꾸미기 위해 사용하는 세련된 미사여구, 과장된 단어나 고상한 표현법, 또는 외관상 아름다움을 위한 심심풀이 기교 따위로 이 책을 꾸미지 않았습니다"라는 충정 어린 서문에도 불구하고 마키아벨리는 끝내 등용되지 못하고 불우하게 살다가 죽었다. 그만큼《군주론》은 당시 유럽 세계에 파격적이었다.

무엇이 그토록 파격적이었던 걸까? 마키아벨리는 르네상스 시대 이탈리아의 냉혹한 전제군주였던 체사레 보르자Cesare Borgia를 모범적인 군주로 들면서 정치와 도덕의 분리를 주장했다. 교황과 성직자들의 권위를 위협하는 그의 책은 '악마의 사상'이라고 비난받았고 1559년에는 급기야 교황청으로부터 금서조치를 받았다.

그러나 20세기 사상가 버트런드 러셀Bertrand Russell에 따르면 "마키아벨리는 선악의 범위를 넘어 핵물리학자처럼 자신의 분야를 탐구했을 뿐"이다. 루소와 새뮤얼 애덤스Samuel Adams는《군주론》을 참고하여 정치사상을 확립했고, 그들의 사상은 다시 프랑스혁명과 미국 독립혁명에 영향을 주었다. 마키아벨리는 정치이론을 윤리학으로부터 독립시킨 공로로 근대 정치학의 창시자로 자리매김하였다.

홉스T. Hobbes에 따르면 자연 상태에서 인간은 한정된 재화를 차지하기

　　　　　　　나 는 악 당 이 되 기 로 했 다

위해 다투고 서로를 적으로 생각한다(만인에 대한 만인의 투쟁). 협력을 하더라도 어디까지나 개인의 이익을 위해서만 협력한다. 옳고 그름은 중요하지 않다. 이익이 되는 것이 옳은 것이다. 따라서 홉스는 이런 이해관계를 조율하기 위해 국가가 필요하다고 보았다. 이러한 사고는 마키아벨리에게 빚을 지고 있다. 마키아벨리는 인간이 필요에 따라 악을 선택할 수 있다는 것을 전제로 통치론을 펼쳤다. 다만 그가 말한 통치술은 개인의 영화가 아니라 나라의 독립과 시민의 안전을 도모하기 위한 것이었다.

> 인간이란 아주 부드럽게 대해주거나, 아니면 아주 강하게 짓눌러야 합니다. 인간은 가벼운 상처를 입으면 복수하지만 반대로 아주 혹독한 상처를 입으면 감히 복수할 엄두를 내지 못하기 때문입니다. 그러므로 상처를 입혀야 할 경우에는 상대방의 복수를 염려할 필요가 없도록 아주 철저하게 짓눌러야 하는 것입니다. (중략) 군주는 여우의 교활한 지혜와 사자의 힘을 겸비해야 합니다. 지혜만 있고 힘이 없으면 안 됩니다. 지배자에게 주어진 최고의 의무는 국가의 권력과 안전을 유지하는 것이며, 그 목적을 달성하기 위해서는 권모술수를 포함한 냉혹한 현실주의 정치 기술이 필요합니다.
> ─《군주론》, 이상두 역, 범우사 펴냄

군주에게 나라를 지키고 번영시키는 것보다 중요한 일은 없다. 여기에 마키아벨리는 폭력의 대원칙을 제시한다. "나라를 지키고 번영시키기 위해 무슨 짓이든 하라. 그것이 폭력이든 거짓말이든 사기 협잡이든." 번영 없는 나라는 국민들에게 고통을 준다. 그것이 마키아벨리의 시각이다. 그는 지배자의 의무를 달성하기 위해서는 권모술수를 포함한 냉혹한 현실주의 정치 기술이 필요하다고 보았다.

그런데 만일 군주가 기득권을 가진 주류세력들을 위협한다면 그는 당장 악당으로 몰릴 것이다. 마키아벨리는 "항상 민중을 자기편으로 삼아야 하며 그렇지 못할 경우 역경에 이르렀을 때 구제할 방법이 없어진다"고 했다. 인민의 지지를 얻고 그들을 위해 통치해야 한다는 점을 강조한 것이다. "군주는 미움받는 일은 타인에게 떠넘기고 인기를 얻는 일은 자신이 친히 해야 한다. 귀족을 존중해야 하지만 인민의 미움을 사서는 안 된다."

독재자가 실패한다면 그것은 인민을 통제하고 강제하려 했기 때문이다. 두려움을 주는 군주가 되라고 했지만 미움을 받지는 않아야 한다는 말이다. 두려움이 곧 미움을 의미하는 것은 아니기 때문이다.

《로마인 이야기The Story Of Romans》의 시오노 나나미塩野七生가 로마제국 흥망사를 쓴 것은 하나의 의문 때문이었다. "어째서 로마만이 민족·문화·종교의 차이를 넘어 보편제국을 건설할 수 있었을까?" 해답의 단서는 마키아벨리에게 있었다. 중세 천년 동안 유럽은 종교를 통해 도덕과 윤리를 강조해왔다. 하지만 인간은 바뀌지 않았다. 고대 로마와 그리스에 주목한 마키아벨리는 종교와 철학만으로는 인간성이 향상되지 않는다고 생각했다. 그동안 악을 외면하고 선에만 치중하는 통치술은 실패했기 때문이다. 그는 인간이 선악 양면을 모두 취하는 존재라는 사실에 바탕을 두고 현실적인 통치 방법을 구상했다.

마키아벨리가 악당인가 아닌가는 그의 통치술을 활용하는 이들의 실행력에 좌우된다. 영웅은 예정된 운명에 따라 움직이는 수동적인 존재인 데 반해 악당과 마키아벨리의 군주는 운명에 맞서 싸운다는 점에서 닮았다.

처벌은 강하게 상은 후하게

: 한비자의 《한비자》

권모술수의 사상가로 알려진 한비자는 법法·술術·세勢 같은 실제적인 통치 수단을 중요하게 생각했다. 《한비자》의 32~35편 〈외저설外儲說〉에 따르면 '법'은 누구나 지켜야 할 성문 규칙이므로 객관적으로 행사해야 한다. '세'는 도덕성과는 별개로 백성과 신하의 절대 복종을 요구하는 군주의 권리다. '술'은 신하들을 지배하고 반역을 막기 위한 권모술수다. 이는 매우 비도덕적으로 보인다. 하지만 그의 법가 사상은 나름의 현실론을 반영한 것이다.

그의 사상체계는 분서갱유와 진나라 철권통치의 기반으로 활용되면서 온갖 비난의 표적이 되었다. 진나라가 건국한 지 얼마 되지 않아 망하자 한비자의 사상은 철저히 외면당한다. 나라와 학문을 망하게 만든 악당의 철학이기 때문이었다.

그의 인생은 평탄하지 않았다. 한韓나라 왕자였지만 측실 태생이었고 말더듬이었다. 하지만 논리와 문장이 빼어났고 당대 최고의 학자인 순자荀子 밑에서 배우고 익혔다. 성악설性惡說에 기반한 순자의 사유는 한비자에게 큰 영향을 미치지만, 그는 예치禮治를 강조하는 스승과는 독자적인 사상을 갖는다. 그는 예치가 아니라 법치가 중요하다고 생각했다.

당시 진·송·오·촉·위·제 등과 각축을 벌이고 있던 한나라는 전국칠웅戰國七雄 가운데 가장 힘이 약했다. 다른 나라의 침입을 받고 궤멸당할 것을 염려한 그는 수차례 의견을 개진했지만 받아들여지지 않자 책을 쓰기 시작했다. 이렇게 탄생된 책이《한비자》였다.

한비는 한나라 왕이 이 책을 읽고 크게 감동할 것이라 기대했으나 정작 책의 진가를 알아본 사람은 진나라의 진왕정秦王政(후일 진시황)이었다. 강력한 왕권을 통해 천하를 제패하고자 했던 진시황에게《한비자》는 큰 가르침이 되었다. 당시 한을 위협하던 진나라의 통치술에《한비자》가 활용된 것은 매우 역설적이다.

진이 침입한다는 소문이 돌자 한나라 왕은 한비를 진에 사신으로 보낸다. 한비가 온다는 소식을 듣고 진시황이 반가워하며 그를 중용하려 하자 적극 반대하는 자가 있었다. 한비와 동문수학을 했던 이사李斯였다. 한비가 진나라의 요직에 등용되면 상대적으로 자신이 밀려날 것을 두려워한

나 는 악 당 이 되 기 로 했 다

그는 한나라 왕족인 한비를 중용하면 후환이 있을 것이라 간언한다. 이사의 계략으로 한비는 기구하게 생을 마감하였고 그가 남긴 책도 역사의 뒤안길로 사라져야 했다.《한비자》는 정치와 도덕 윤리를 분리시킨 동양의 현실 정치서이지만 유학자들을 죽이고, 책을 불태우는 데 사상적 기반을 제공했다는 이유로 악의 사상이 되었다.

한비가 보기에 세상은 인의나 예 같은 것으로 다스려지는 것이 아니었다. 그것은 그야말로 현실이 아니라 이상론이었다. 맹자는 인간이 자율과 자유의 존재라고 보았지만 한비의 견해는 달랐다. 그는 성악설에 근거하여 사람들을 통제하기 위해서는 국가가 엄격한 상벌을 실시해야 한다고 생각했다. 만약 그의 사상이 진이 아니라 가장 약한 한에 적극 활용되었으면 역사는 어떻게 달라졌을까?

악당들은 결과를 중요하게 생각한다. 신상필벌信賞必罰의 원칙이야말로 악당의 기본 철학이다. 실력이 없거나 공을 세우지 않은 사람들을 두둔하지 않는다. 공정의 원칙은 그 사람이 어떤 실력을 가지고 어느 정도의 결과물을 만들었는가 하는 실적주의에 기반한다. 그들은 온정주의를 싫어하기 때문에 피도 눈물도 없는 존재로 부각되기 쉽다.

한비자는 원칙을 강조한다. 원칙의 최고 형태인 법은 일관성과 불편부당함을 유지할 때 효과가 있다. 또한 한비자

"법이면 안 되는 게 없어. 신종교라고 할 수 있지. 현존하는 변호사들보다 법대생들이 더 많은 거 알아? 마구 쏟아지고 있다구. 그리고 우리 모두 끊임없이 노력해서 악취를 풍기면, 결국은 천국을 차지할 수 있는 거야."
영화 〈데블스 에드버킷〉 중에서

"원래 그런 거야. 나도 그랬지. 다들 처음엔 그래. 진실 같은 건 중요하지 않아. 증거가 중요하지."
영화 〈트레이닝 데이〉에서 베테랑 형사 알론조가 한 말

"피를 통한 교훈은 절대 쉽게 잊히지 않는 법이지."
영화 〈모범시민(Law Abiding Citizen)〉에서 범인들과 그들을 보호한 정부를 향해 연일 살인과 대형 폭파사건을 일으킨 주인공 클라이드 쉘튼의 대사

는 사람들의 마음이 철저하게 이익을 중심으로 형성된다고 강조하였다. 그 이익은 경제현상을 만들어내는 근간이며, 국가 운영은 이러한 경제적 관점에서 이루어져야 한다는 것이다. 군주와 신하의 관계도 객관적인 법칙에 따라 운영되어야 한다. 사실상 신하는 신하의 이익을, 군주는 군주의 이익을 생각하기 때문에 충돌할 수밖에 없다. 군주가 신하의 이익 논리에 휘말리면 제 역할을 할 수 없을 뿐더러 목숨마저 위태롭게 된다. 올바른 정치를 하려는 군주는 사익화되는 신하의 권력을 반드시 견제해야 한다.

결국 군주는 악당이 되어야 한다. 자애와 인덕으로 뭉친 군주는 자신은 물론 나라를 망치고 백성들을 적국의 노예나 죽음의 상태로 전락시키고 만다. 사극에 나오는 폭군은 대개 이런 유형의 악당이다. 역사는 승자의 것이므로 신하에게 패배한 왕들은 모두 폭군으로 기록되기 마련이다.

법대로 하는 악당들,

법 위에 선 악당들

수많은 문학작품과 영화의 소재인 복수는 법의 원리이기도 하다. 법은 일차적으로 복수를 이성적으로 제도화한 형태다. 단, 사적인 복수가 아니라 공적인 제도다. 그러나 법이 제대로 기능하지 않을 때는 사적인 복수를 꿈꾸게 된다. 그것이 영화와 소설, 드라마에 단골 주제다.

법에 대해 우리가 가진 선입견은, '법대로 하자'거나 법을 추구하면 비정하다고 생각하는 것이다. 착한 사람들은 '법대로' 하는 것을 바람직하지 않게 생각한다.

그러나 독일 법학자 루돌프 폰 예링Rudolf von Jhering은 투쟁을 통해서만 법을 성취할 수 있다고 보았다. 법은 가만히 있는 자에게 권리와 그 향유를 가져다주지 않는다. 그렇다면 개인이 이런 법적 투쟁을 거부하면 어떻게 되는가? 법에 대한 투쟁을 포기하는 자는 전쟁터에서 도망치는 병사와 같으며 그 병사로 인해 다른 이들이 죽게 되거나 군대 자체가 붕괴된다고 보았다.

셰익스피어Shakespeare의 〈베니스의 상인The Merchant of Venice〉에서 유대인 고리대금업자 샤일록은 돈을 갚지 못한 안토니오의 살점 1파운드를 요구하는 잔인한 악당이다. 하지만 예링은 샤일록이 자신의 권리를 위해 투쟁하는 것이 지극히 정당하다고 보았다.

예링은 오늘날 권리와 제도로 정착된 것들도 알고 보면 세간으로부터 악독하다고 손가락질을 당해온 사람들이 줄기차게 투쟁하여 얻은 결과라고 한다. 우리들은 침해당한 권리와 자존감을 되찾기 위해 투쟁해야 한다. 마냥 손을 놓고 기다린다고 해서 권리가 주어지지는 않는다. 법적 투쟁은 단순히 돈이나 이익을 얻기 위한 꼼수가 아니라 인간의 존엄을 잃지 않으려는 투쟁이어야 한다. 따라서 많은 노동자들이 법적인 투쟁에 나서는 것은 노동의 가치에 앞서 기본적인 자존을 지키기 위한 투쟁인 것이다. 그렇기 때문에 돈 몇 푼 더 받기 위해 법적 투쟁을 일삼는 이기적인 존재들로 몰아붙이는 것은 타당하지 않다.

그런데 우리 사회에는 법을 만들고도 법을 지키지 않는 이들, 법 위에서서 법적 투쟁을 깡그리 무시하는 법적 악당들이 있다. 마크 트웨인Mark Twain은 1902년 미주리대학에서 명예 법학박사 학위를 받고 이렇게 소감을 밝혔다.

"이제 저는 법학박사 학위를 받았습니다. 많은 사람들은 의문을 제기할 수 있습니다. 저 같은 것이 무슨 법을 알겠느냐고요. 하지만 저는 당당하게 말하고 싶습니다. 박사 자격이 충분히 있다고 말입니다. 그 이유는 법을 감시하고 바꾸는 사람은 법을 지킬 필요가 없으니 말입니다. 그들은 그저 법을 만들기나 하면 되지 않습니까?"

법을 만드는 사람들이 법을 지키지 않는 것은 스스로 악당이기를 자처하는 것이다. 하지만 그들은 악당을 잡고 악당을 방지하는 법을 만들 뿐 스스로 악당이 되지 않겠다는 생각을 하지는 않는다. 악당이 스스로를 악당이라고 생각하지 않듯이. 스스로 악당이라고 생각하는 이가 오히려 악당이 아닌 것과 같이.

윤리적 악당에서 경제적 영웅으로

1723년《꿀벌의 우화-개인의 악덕, 사회의 이익》이라는 책은 출간되자마자 고발당했고 프랑스에서는 이 책을 불살랐다. 종교와 미덕을 깎아내리고 악덕을 부추긴다는 혐의였다.

당시 중상주의 정책을 펼치던 영국은 대서양 무역으로 번영을 구가하고 있었다. 모두들 돈을 버는 데 혈안이 되어 있었으나 겉으로는 돈을 죄악시했다. 중세 도덕이 여전히 맹위를 떨치고 있었던 탓이다. 이러한 사회상을 정확하게 건드린 인물이 맨더빌이었다. 그는 돈벌이에 열중하면서도 겉으로는 검소와 소박, 절약을 강요하는 위선적인 사회를 거침없이 비판했다. 저자 맨더빌은 하루아침에 전 유럽에 악명을 떨치게 됐다.

애덤 스미스는 맨더빌의 견해를 반박하기 위해《국부론 The Wealth of Nations》을 썼다. 맨더빌 이전에는 경제학 저술을 하지 않던 애덤 스미스는 개인의 이익과 이기심이 경제발전을 이끌지만 사치와 방탕은 경제발전을 저해한다고 반박함으로써 현대 자유경제학의 시조가 된다.《도덕감정론 The Theory of Moral Sentiments》의 첫머리는 이렇게 시작된다.

인간이 아무리 이기적이라고 상정하더라도 인간의 본성에는 분명 이와 상반되는 몇 가지 원리들이 존재한다. 이 원리들로 인해 인간은 타인의 운명에 관심을 가지게 되며, 단지 그것을 지켜보는 즐거움밖에는 아무것도 얻을 수 없다고 해도, 타인의 행복을 필요로 한다. 연민과 동정이 이런 종류의 원리다.

애덤 스미스는 연민과 동정과 같은 공감의 감정들이 경제에서 중요하다고 본 것이다. 또한 맨더빌의 책에 대해서는 이렇게 비판했다.

맨더빌의 생각은 거의 모든 점에서 잘못되었지만, 어느 특정한 방식으로 본다면 사람 본성에는 얼핏 그의 생각이 맞는 것처럼 보이는 모습도 있다. 맨더빌 박사는 이 겉모습을 조잡하고 거칠어도 생생하고 재미나는 말솜씨로 그려내는데 주장이 그럴싸하게 보이므로 서툰 사람은 여기에 쉽게 빠져든다.

또 한 사람, 맨더빌의 주장에 충격을 받은 인물은 칸트였다. 칸트는 맨더빌에게서 자극을 받아 도덕과 윤리를 정립한다. 또한 하이에크Friedrich A. Hayek는 맨더빌에 대해 이렇게 말했다.

아무도 읽어서도 안 되고 물들어서도 안 되는 인물로 찍혔다. 하지만 결국 거의 모든 사람이 그를 읽고 그에 물들어갔다.

사치와 허영이라는
악덕에 관하여

자연에는 선과 악이 없다. 물질의 역학力學에도 선과 악이 없으며 물질이 생성 분해되는 것 자체에는 윤리가 없다. 가난이 있기 때문에 사람들은 열심히 일한다. 맨더빌은 국가와 사회가 가난을 인위적으로 없애는 것에 반대하였다. 심지어 가난한 사람들이 존재해야 한다고 본다. 경제학에서는 원칙적으로 노동 비용이 저렴할 때 이익이 된다. 누군가는 더러운 일, 힘든 일을 수행해야 한다.

악덕은 물건을 많이 만들어내는 데 도움이 된다. 사치를 위해서는 비싼 물품들을 소비해야 하므로 그것을 생산하는 데 많은 노동과 물자가 필요하다. 노동을 제공하는 자, 물건을 운반하고 판매하는 자들은 사치품이 많을수록 먹을거리가 늘어나는 셈이다. 하지만 모든 이들이 사치에 빠지면 곤란해진다. 자신이 누릴 수 있는 것 이상의 것을 바랄 때 사람은 허영에 빠지게 된다. 그래서 그는 가난한 사람들은 가난에 묶어놓아야 한다고까지 주장하였다.

다른 사람의 생활수준을 시기하고 허영에 빠지는 것은 도덕적으로 악덕이다. 자신의 수준에 맞지 않는 상품과 서비스를 구매하며 사치하는 것도 악덕이다. 베블런도 소비에서 사치가 중요한 역할을 한다는 점은 이해하고 있었다. 그러나 그는 사치에 대해 비판적인 입장이었다. 애덤 스미스와 알프레드 마셜Alfred Marshall에게 '책상머리 경제학'이라고 공격하는 데 한평생을 보낸 베블런은 '가격이 떨어지면 수요가 늘어나고, 가격이 오르면 수요가 떨어진다'는 주류 경제학 이론을 정면으로 반박했다. 가격이 오르는데도 수요가 줄지 않는 예외가 있다는 것이다. 부를 과시하고, 허영심을 만족시키기 위한 명품 소비 성향이었다. 이것이 바로 《유한계급론》에서 언급한 베블런 효과Veblen Effect다.

상류층 소비자들은 아무나 살 수 없는 고가상품을 선호한다. 그는 이러한 사치가 개인들에게는 유용하지만 전체 경제에는 악이라고 보았다. 전체 인류에게 경제적 효용을 주지 않기 때문이다. 그는 도덕 윤리주의자에 가까웠던 애덤 스미스와는 달리 확실한 경제학자였다.

영화 〈악마는 프라다를 입는다〉에서 패션잡지 편집장 역시 "우리가 만든 명품과 사치스러운 물건들 때문에 많은 사람들이 먹고산다"고 말한다. 사치와 허영이 경제를 움직이는 주요 동인이라고 본 것이다. 그녀는 도덕적인 관점에서는 악녀이지만, 경제적인 관점에서는 악녀가 아니다. 그녀는 산업과 경제를 역동적으로 떠받치는 장본인 중 한 명이다. 맨더빌은 도덕 윤리 자체를 부정하지 않는다. 다만 경제를 움직이는 메커니즘에 다른 원리가 있다는 점을 말하려는 것이다. 즉, 경제의 객관적 법칙이다. 맨더빌은 경제의 객관적 법칙을 배제하고 도덕과 윤리에 의존해 판단하고 행동하는 행태를 비판한 것이다.

베블런은 사람들의 의식이 경제원리에 영향을 미친다는 점을 강조하였다. 경제학적 법칙, 특히 수요공급곡선은 영원한 자연과학의 법칙이 아니다. 생산을 하지 않고 여가를 즐기며 소비를 즐기는 삶은 그 개인에게 일정한 만족을 주겠지만 그것이 인류 전체의 효용에 기여하지 못한다면 악덕이 될 것이다. 개인적 효용과 집단적 효용은 다를 수 있다고 보는 것이다. 궁극적으로 전체의 효용에 부정적이라면 언젠가 그것은 각 개인에게도 좋지 않은 결과를 가져오게 된다. 경제적 효용의 메커니즘을 통해 악덕인가 아닌가를 판별한 것이다.

상식을 말하고 악당이 되는 사회

영상콘텐츠에 등장하는 악당들에게는 한 가지 공통점이 있다. 주인공과의 싸움에서 이겨도 곧장 처치하지 않고, 일장 연설을 늘어놓다가 역습을 당하는 것이다. 이러한 클리셰에 대한 비판은 언제나 있어왔다. 이는 영웅의 극적인 승리를 위한 하나의 관습적인 장치로 보인다. 그러나 때로 영웅보다 인생의 철학을 더 많이 설파하는 악역도 우리는 종종 만나곤 한다. 그리고 그 메시지야말로 영화가 진정으로 전달하고자 하는 주제의식을 담고 있는 경우가 많다.

그런데 생각해보자. 악당은 왜 그토록 할 말이 많은가? 하고 싶은 말을 마음대로 할 수 없는 현실 때문이 아닐까? 그래서 영웅이 자신의 생각에 귀 기울이도록 하는 것이 아닐까? 그렇다면 악당은 평소에 할 말을 하지 못하는 일반 시민을 대변하는지도 모른다. 하버드대학교의 심리학 교수 대니얼 길버트Daniel Gilbert는 에세이 〈선하고 옳은 말만 하는 사회〉에서 이렇게 말했다.

> 증오에 차 있고, 모욕적이고 편견에 사로잡히고 상스럽고 무례하
> 고 무식한 의견들이야말로 자유로운 사회에서 흘러나오는 음악과
> 같은 것이다. 그리고 바보들의 끊임없는 주절거림은 우리가 서로
> 하나라는 걸 알게 해주기도 한다. 공적인 대화에서 사용하는 모든
> 말들이 공정하고 선하고 옳기만 하다면 그때야말로 그 사회에서
> 도망쳐 나와야 할 때다.

선한 말, 그럴듯한 말들만 판치는 사회는 건강하지 못하다. 누가 선하
고 선하지 않고를 판단한다는 말인가? 누구도 악당의 말을 막을 자격이
없다.

악당은 왜 말이 많은가
: 존 스튜어트 밀의 《자유론》

《자유론》은 존 스튜어트 밀이 어린 시절부터 겪은 획일성에 대한 경험이
농축되어 있는 책으로, 특히 '말할 자유'에 대해 이야기하고 있다.

밀은 한 번도 정식 교육을 받은 적이 없고 아버지에게서 엄격한 사교육
을 받았다. 네 살 때 희랍어를, 여덟 살에 라틴어를 배우며 크세노폰, 헤로
도토스Herodotos를 읽었다. 11세에는 미분학, 12세에는 물리학과 화학을

공부했다. 정력적이며 지적이었던 그의 아버지는 아들이 기대에 못 미치면 종종 크게 화를 냈다고 한다. 그래서 밀은 자신에게는 소년 시절이 없었다고 회고했다. 또래 소년들이 아니라 유명 인사나 학자들과 어울렸고 공리주의자였던 아버지의 영향을 받아 일찍부터 학술 원고나 글을 쓰는 데 집중해야 했다.

그러다 그는 20세 때 심각한 정신적 위기를 맞는다. 지나친 주지주의主知主義적 교육에서 비롯된 정서결핍성 신경쇠약으로 말미암아, 그는 획일적 사고와 행동이 가져오는 폐해를 절감한다. 그는 사유기계였다. 지적으로는 뛰어났지만 자신의 느낌과 감정을 제대로 표현하지 못하는 감성의 지진아 같았으며 사람 사이의 감성과 유대를 배우지 못했다. 우울증을 계기로 밀은 아버지에게서 사상적으로나 생활적으로 독립하기 시작한다. 그러한 의지는 개인의 개별성과 자율성에 대한 사고의 열정으로 나타났으며, 감정을 경시하고 이성만을 우선하는 공리주의에 대한 회의로 나타났다.

벤담이 공리를 양적으로 측정하려고 했던 것과 달리 밀은 질적인 공리를 중요하게 생각했다. 쾌락에도 질적인 차이가 있으며, 인간은 고귀한 것을 사랑하는 본성에 따라 더 질 높은 쾌락과 행복을 누릴 수 있다고 보았다. 배부른 돼지보다 배고픈 소크라테스가 되겠다는 말은 바로 그가 한 말이다. 존 롤스John Rawls와 마이클 샌델Michael Sandel로 이어지는 '정의론'의 대가들도 밀이 남긴 사상의 상속자들이다.

밀은 논쟁을 부르는 못된 말이라고 할지라도 말할 자유를 보장해야 한다고 주장했다. 알찌기 소크라테스의 말을 막았더라면 우리는 서양철학을 알지 못했을 것이다. 말할 창구가 막힌 악당들은 사람들이 깜짝 놀랄 범죄를 저질러 세상의 주목을 끈다. 월터 블록Walter Block은《디펜딩 더 언디펜더블Defending the Undefendable》에 이렇게 썼다.

> 남을 비방하는 것만큼 불쾌하고 나쁜 것은 없다. 그러나 그렇기 때문에 오히려 비방자들은 자유롭게 말할 권리를 더 옹호받아야 한다. 이들의 권리가 보호될 정도면, 아예 모욕적인 발언을 하지 않는 사람들의 권리는 당연히 보호될 것이 아닌가. 마찬가지로 비방자와 중상모략가들이 자유롭게 말할 권리를 침해당하면, 다른 이들의 권리도 그만큼 위태로워진다.

상식적인 말을 했을 때 급진적이라고 비난받거나 악당으로 취급받는 현실은 결국 그 사회가 상식적이지 않음을 말해준다. 즉, 상식이 통하지 않는 사회에서 상식을 말하면 악당이 된다. 사람들의 말은 시시각각 거대 언론에 포위당하고 있다. 그중에서 악당의 말들은 편집당하거나 삭제되어 알려지지 않는다. 〈007 네버 다이Tomorrow Never Dies〉에 등장하는 악당 카버는 언론의 힘과 속성을 철저하게 이용함으로써 무시 못할 영향력을 자랑한다.

"말들은 새로운 병기이며 위성은 새로운 대포다. 카이사르에게 로마 군단이 있었고 나폴레옹에게 육군이 있었다면 나에게는 TV, 뉴스, 잡지의 사단이 있다. 오늘밤을 기해 나는 신을 빼고는 누구보다도 많은 사람에게 도달하는 인물이 될 것이다."

우리 헌법은 언론의 자유를 말하지만 언론 출판은 타인의 명예나 권리 또는 공중도덕이나 사회윤리를 침해해서는 안 된다고 규정한다. 이는 미국 수정헌법 1조에서 '의회는 의사표현이나 언론의 자유를 제한하는 그 어떤 법도 만들 수 없다'고 규정한 것과 비교된다. 미국은 정부나 공직자를 거침없이 비판할 수 있는 나라다. 자유를 더욱 확장시킨 기념비적인 사건은 1964년 '뉴욕타임스The New York Times 대 설리반Sullivan 사건' 판결이다. 전통적으로 표현의 자유는 명예훼손이라는 굴레를 의식할 수밖에 없었는데 그 부담에 종지부를 찍은 판결이라 할 수 있다. 앨라배마 경찰서장 설리반이 〈뉴욕타임스〉를 상대로 제기한 명예훼손 소송에서 연방대법원은 언론의 보도가 정당하다고 판결했다. 명예훼손이 성립되려면 공직자인 원고 측에서 언론사의 보도가 악의적이고 왜곡되었음을 입증해야 한다고 판시했다. 사실상 정부와 공직자에 대한 비판의 통로를 활짝 열어놓은 셈이다.

언로가 막힌 악당들은 사건을 꾸민다. 갖가지 사건을 일으키는 조커의 목적은 단 하나, 인간의 본질과 공적 제도, 그리고 영웅론의 허구성을 폭로하는 것이었다. 악당들은 세상에 자신의 목소리를 전하기 위한 수단으로 범죄를 선택한다. 따라서 언로가 막힌 사회일수록 악당들의 움직임과 일장연설이 늘어난다.

'마구 떠듦'이란 뜻이 됐지만 '중구난방衆口難防'의 본뜻은 '여러 사람의

입을 막기는 어려움'이다. 마구 떠듦, 중구난방이야말로 민주주의의 근간
이며 개인의 행복과 사회의 공리를 질적으로 최대화하는 것이리라.

모자란 듯 만족하는 악당과 신처럼 행세하는 영웅
: 에라스뮈스의 《우신예찬》

1500년대 초, 한 사나이가 이탈리아 여행을 마치고 영국 런던에 있는 친
구 집에서 일주일 만에 책을 쓴다. 출판되자마자 세상을 발칵 뒤집어놓은
그 책은 《우신예찬》, 사나이의 이름은 에라스뮈스였다.

《우신예찬》에는 인간의 순수한 어리석음을 상징하는 바보 신 '모리아
(Moria)'가 등장한다(토머스 모어의 이름에서 따온 것이다). 에라스뮈스는 우신의
입을 빌려 당대 종교지도자와 권력자 그리고 지식인들을 풍자하고 조롱
했다. 이 책은 1559년 이후 가톨릭교회의 금서로 지정되기도 했다. 그는
왜 이런 위험한 책을 쓴 것일까?

에라스뮈스는 1506년에서 1509년까지 이탈리아에 체류하면서 교회
권력의 엄청난 광기와 우둔한 통치, 고위성직자와 귀족들의 허영과 허상
을 가까이에서 목도했다. 루터 M. Luther가 로마 여행 후에 분노하고 성경을
읽으며 대안을 모색했다면, 에라스뮈스는 조소하고 조롱하는 책을 냈다.
처음에는 금서로 묶였지만 프랑스의 라블레 Rabelais, 스페인의 세르반테
스 Cervantes, 영국의 셰익스피어 등 문인들에게도 큰 영향을 미쳤다.

《우신예찬》의 화자인 광우신 狂愚神은 이른바 주류사회에서 악이라는 것

을 다 가졌다. 그는 흔히 선으로 알려진 가치들이 오히려 악이 될 수 있으며, 선이라는 이름으로 악을 강요하고 있음을 폭로한다. 똑똑한 사람이 바보이고 바보인 사람이 똑똑하며, 영웅인 줄 알았는데 사실은 악당이고, 악당이 진짜 영웅이라고 말한다. 온갖 역설이 다 들어 있지만 핵심은 이성보다는 감성을, 합리보다는 열정과 인간애가 중요하다는 점이다. 그것은 우리가 전지전능한 신이 아니라 인간이기 때문이다.

악당은 바보다. 되지도 않을 일들을 꿈꾸고 열정적으로 달려간다. 죽음이라는 결말이 빤히 보이는데도 일을 꾸미고 골몰한다. 열정을 불사르며 자기 일에 매진하는 악당은 그것으로 행복하다. 우울해지는 것은 단지 결말뿐이다. 모든 상황은 악당에게 유리하다.

하지만 영웅은 자기 일에 열정이 없다. '의뢰받은' 일 혹은 당위적으로 해야 하는 일기 때문이다. 영웅은 악당이 만들어놓은 일, 즉 악당의 프레임 안에서 고군분투한다. 원하는 결말은 언제나 같고 지켜야 할 원칙들도 한결같다. 그런 일에 창의성이 얼마나 개입될 수 있을까? 그것은 '해야 하는' 일이지, 영혼에서부터 '하고 싶은' 일은 아니다. 더구나 일에 대한 평가는 외부의 평가에 의존해야 하는데, 여기에서 불행의 싹이 돋아난다. 악당을 물리치거나 사건을 해결하지 못하면 빗발치는 비난이나 사람들의 무관심을 감수해야 한다.

영웅들은 세상의 모든 사건을 속속들이 파악해야 하고, 선과 악을 판단하며 사건의 잘잘못을 가려야 한다. 그것은 신의 역할이다. 그러나 영웅은 신이 아니다. 신이 아닌데 신의 경지를 구가하려니 분열증에 걸릴 만하다.

나는 악당이 되기로 했다

그래서 정신과 상담에 들어가야 할 이들은 악당이 아니라 영웅이다. 물론 현실에서는 그러한 오류들이 철저하게 은폐된다.

영웅은 합리적인 모델에 준해 사고하고 행동해야 하며 차가운 이성을 유지해야 한다. 하지만 행복은 무지에서 오기도 하고, 때로는 맹목적이기도 하다. 지식은 유한하고 상황은 끊임없이 변동한다. 환경은 객관적인 것이 아니라 사람의 의지에 따라 시시각각 변한다. 그 의지에 희망을 거는 이들은 고정된 권위나 지식보다 자기 스스로를 믿는 사람이다.

공부를 많이 한 사람은 이성적이고 합리적일 가능성이 높다. 그들은 좀처럼 무언가를 새롭게 시작할 생각을 하지 못한다. 이미 모든 것을 알고 있다고 생각하는 탓이다. 자신이 알고 있는 지식에 맞추어 결과를 재단해버린다. 똑똑한 사람들은 속지 않으려고 안간힘을 쓴다. 그러나 속지 않고서 인생의 깨달음을 얻기란 불가능하다.

무식한 악당들은 특출 나게 아는 것도 없지만 지식을 맹신하지도 않는다. 일단 '해보고' 판단한다. 사람들이 말리거나 조롱해도 귀 기울이지 않는다. 사실 그들에게는 한 가지 선택밖에 없다. 달리 가진 것이 없으니 실행하고 시도할 수밖에. 작은 확률이나 잠재성만 있어도 도전할 수밖에 없

"세상이 작아진 게 아냐. 다만 우리가 설 자리가 좁아진 것뿐이지."
영화 〈캐리비안의 해적〉에서 잭 스패로우의 말

인류는 위험한 생각들 덕분에 앞으로 나아갈 수 있었다.
리처드 도킨스

"앤디! 말은 제대로 하자. 넌 노력하지 않아. 넌 징징대는 거야."
영화 〈악마는 프라다를 입는다〉에서 나이젤의 대사

는 운명이다. 그리하여 변혁은 그들에게서 나온다.

악당들은 영웅에게 진실을 받아들이게 하고 영웅에게 욕설을 퍼부으면서 사람들을 즐겁게 한다. 신들은 이런 임무를 오직 악당들에게만 맡긴다. 그런데 영웅들은 즐거운 말을 들으면서도 웃을 여력이 없다. 그들은 주어진 일을 처리해야 샐러리맨과 같은 노동자 신세이니 말이다.

민주주의는 천재를 죽인다

: 니체의 《권력에의 의지》

독일의 어느 광장 한복판에서 중년 남성이 채찍을 맞는 말을 부둥켜안고 울부짖고 있다. 매섭게 노려보는 마부도, 웅성거리는 군중도 그의 안중에는 없다. 친구들이 남자를 끌어내 정신병원으로 옮긴다. 그렇게 그는 도시의 거리에서 사라진다.

철학자 니체는 자비 출판한 책이 판매되지 않자 일곱 권을 아는 사람들에게 나눠줬다. 니체는 살아생전 환영받지 못한 존재였다. 그는 악당의 두 가지 혐의를 받고 있었다. 우선 그는 니힐리스트nihilis, 허무주의자로 여겨졌다. 무(無)를 뜻하는 라틴어 니힐nihil에서 연원한 니힐리즘nihilism은 '절대적인 진리·도덕·가치는 없다'는 사상이다. 니체는 당시 절대적인 진리체계였던 기독교의 도덕을 부정하고 세계의 본질은 '의지'라는 쇼펜하우어의 사상체계를 받아들여 '생의 의지'를 이야기했다. 니체는 신의 자리에 권력에의 의지를 대체한 것이다.

니체가 나치의 사상적 기반을 제공한 것은 유명하다. 그러나 그것은 니체 자신의 뜻이 아니라 누이 엘리자베트 푀르스터 니체Elisabeth Förster–Nietzsche 때문이었다. 독일 우월주의자이자 반유태주의자였던 그녀는 니체의 버려진 글들을 모아《권력에의 의지Der Wille Zur Macht》를 펴냈으며 후에 열렬한 히틀러의 숭배자가 된다. 엘리자베트 니체는 자기 입맛에 맞게 니체의 저작을 다듬고 개작하고 덧붙이는 수고를 마다하지 않았고 그녀 덕에 나치 정권은 니체의 철학을 토대로 인종주의와 전체주의를 합리화하기에 이른다.

사실상 이것은 권력이나 초인의 개념에 대한 오해 때문에 빚어진 일이다. 니체의 사상은 인종주의와 폭력, 독재를 옹호하지 않는다. 그가 말하는 초인超人은 폭군이나 독재자가 아니며 본능에 따라 충동적으로 살아가는 사람도 아니다. 그가 말하는 마흐트Macht는 모든 삶에 내재된 본질적인 힘이다. 또한 권력에의 의지는, 폭력으로 남을 지배하거나 억누르는 것이 아니라 영구적인 것을 위해 창조하는 사람이다. 그런데 니체는 민주주의가 초인을 죽인다고 생각했다. 민주주의가 모든 것을 평균화한다고 보았기 때문이다.

니체는 그리스도교와 도덕적 삶을 부정하고 '삶은 권력 – 힘에의 의지다'라고 했다. 그가 보기에 도덕은 삶과 삶의 풍부한 가치를 파괴하는 악당이었다. 도덕은 새로운 세계와 다른 세상을 거부했지만 오히려 현재의 삶을 부정함으로써 삶을 삶이 아니게 만들었다. 이때 니체는 기존의 도덕을 부정했을 뿐이지 도덕 자체를 부정한 것은 아니다.

니체는《권력에의 의지》에서 "신에의 의지란 생 부정의 의지요, (허)무에의 의지임을 밝히려 한다"고 했다. 신에 의지했던 인간은 스스로 가치를 창조하는 주인공이 되어야 한다. 생의 의지와 결과 자체를 축복해야 한다. 인간은 '힘의 의지'를 지녀야 가치의 창조자로서 풍부하고 강력한 생을 실현할 수 있다.

니체가 바란 것은 초능력자나 초월의 절대자가 아니다. 니체는 초월적이며 형이상학적인 이념과 신앙을 강하게 부정했다. 독일어 '위버멘시'는 지금의 형이상학적 인간을 넘어서는 새로운 인간형인데 미국에서는 '수퍼맨'이 되었다. 그런 면에서 '초인'이라는 말도 적절하지 않다. 그가 중요하게 생각한 것은 미래이고 앞으로 창조적인 일을 해나가는 것이다. 그것이 힘에 대한 의지의 과정이자 결과다.

니체는《짜라투스트라는 이렇게 말했다》에서 다음과 같은 화두를 던졌다.

'어디에서 왔는가'가 아니라 '어디로 가는가'가 무엇보다 중요하고 가치 있는 것이다. 영예는 거기에서 주어진다. 어떤 미래를 목표로 하는가? 현재를 뛰어넘어 얼마나 높은 곳으로 가려고 하는가? 어느 길을 개척하여 무엇을 창조해갈 것인가?

그는 현재에 안주하지 말고 더 높은 곳, 더 고양된 곳으로 나아가라고 강조한다. 과거가 아니라 미래를 향해 나아가야 하며, 이를 위해서는 끊임

나는 악당이 되기로 했다

없이 자신을 부정해야 한다. 미래를 향한 끊임없는 전진 그리고 영원회귀. 그것이야말로 악당의 기본 철학이다.

질서는 누가 만드는가
: 스피노자의 《에티카》

자유로운 사상을 지닌 스피노자는 유대교회와 성전聖典을 비판하다가 1656년 파문당했다. 그에 대한 파문결정문에는 다음과 같이 쓰여 있었다.

> 천사들의 결의와 성인들의 판결에 따라 바뤼흐 스피노자를 저주하고 추방한다. 스피노자여, 밤낮으로 저주받고, 잠잘 때도 일어날 때도 저주받아라…. 신께서는 그를 결코 용서하지 마시고, 노여움과 분노가 이 사람을 향해 불타게 하소서.

이러한 파문의 저주 때문일까? 그는 마흔넷의 젊은 나이에 사망했다. 직접적인 원인은 렌즈 깎는 작업에서 발생하는 유리가루가 폐에 들어갔기 때문이었다. 평생 안경 렌즈 닦는 일로 근근이 생계를 유지하면서도 하이델베르크대학의 정교수 직을 거절할 정도로 그는 스스로 생각한 진리 앞에서 당당했다. 자신의 신념과 사상에 반하는 내용을 가르칠 수는 없었던 것이다.

그는 소신을 지켰지만 외로웠다. 반대하는 이들로부터 죽음의 위협을 당하기도 하고, 젊은 시절 사랑했던 여인을 떠나보낸 뒤에는 평생 독신으로 살았다. 그는 범신론을 주장했다. 그가 생각하는 신은 유일한 절대 신이 아니라 자연신에 가까웠다. 교회로서는 도저히 받아들일 수 없는 사상이었으므로 1675년 완성한 《에티카Ethica》는 출판조차 할 수 없었다. 1673년에는 이름을 감추고 《신학정치론Tractatus Theologico - Politicus》을 출판했으나 신성모독이라는 오명과 함께 금서목록에 포함되었다.

신이 세상의 질서를 만들었다는 논리는 강자와 기득권의 체제 또한 신의 뜻이므로 옳고 선하다고 간주한다. 이런 질서에 이의를 제기하거나 전복하려는 이들은 파괴자, 문제자들로 규정된다.

만약 사람이 죽었다면 그가 왜 죽었는지를 밝혀야 한다. 죽음에 이르게한 원인을 알아야 또 다른 죽음을 방지할 수 있고 구원할 수 있다. 단지 신의 뜻이라고 체념하고 용인한다면 악인들은 오히려 활개를 치며 그러한 논리를 이용할 것이다. 국가는 질서를 유지한다는 명목으로 항상 개인의 자유를 억압하고 통제한다. 이러한 억압이 있는 한 어떤 새로운 것도 나올 수가 없다. 스피노자는 "사람들은 마치 자신들의 구원을 위한 것인 양 자신들의 예속을 위해 싸우고, 한 사람의 허영을 위해 피와 목숨을 바치는 것을 수치가 아니라 최고의 영예라 믿는다"고 비판했다.

스피노자에 따르면 이성은 우리의 이익과 즐거움을 위해 복무해야 한다. 인간은 정신만 가진 존재가 아니다. 육체를 가지고 이를 통해 감각을 작동시키며, 이것이 이성과 연결된다. 우리의 행복은 이 신체를 통해 실재한다. 스피노자는 우리의 이익과 즐거움, 즉 행복을 위해 사물을 관찰하고 그 원리를 탐구하며 형상을 변화시켜야 한다고 보았다. 이는 모든 것이 신의 질서라 믿으며 수동적으로 받아들이는 태도와는 다르다. 질병에 걸렸을 때 '이것은 신의 뜻이야'라고 수긍해서는 안 된다. 바이러스를 연구하여 백신을 개발해야 한다. 그것은 행동이고 변화이며 근본원리에 대한 탐구에서 비롯된다.

악당은 끊임없이 원리를 탐구한다. 금기의 영역도 예외는 아니다. 과거 인체 해부는 신의 뜻을 어기는 행위였다. 그러나 해부를 통해 얻은 지식은 수많은 사람들을 살려냈다. 의료인들은 생명을 구하면서도 오랜 세월 악당이자 사탄으로 핍박받아야 했다. 하지만 오늘날 아무도 그러한 관점에서 의료인을 바라보지 않는다. 악당이 승리한 것이다.

악당은 끊임없이 탐구하고 기존의 가치체계에 갇히지 않는다. 역사적으로 종교적 교리가 수많은 가치와 원칙을 대치했으며 상당수의 과학자들은 이 맹목적 권위에 반하는 연구를 해왔다. 오히려 현대에 이르자 무신론적 지식인들이 신앙인들을 바보나 악당 혹은 무식한 빈민이라고 비웃는 경향이 생겨났다. 그러나 과학의 탐구와 결과가 절대적으로 옳은 것도 아니다. 과학에는 가치 판단이나 윤리가 결여될 수 있기 때문이다. 역사를 통틀어 종교를 믿는 사람들은 위대한 행동이나 용기 혹은 희생의 모범이 되어왔다.

"정의는 균형이다. 문명으로 절망과 우울에 빠져있는 도시를 파괴하는 처방이야말로 바로 균형의 회복이다."
영화 〈배트맨 비긴즈〉에서 듀커드의 말

"꿈에서 깨어나면 언제나 아무것도 없지. 당연히 네가 경험한 것은 없어. 너는 항상 텔레비전 광고에 현혹되어 있기 때문이지. 텔레비전 속의 예쁜 그녀는 네가 돈을 꿔서 꿈을 이룰 수 있다고 할 수 있을지 몰라. 하지만 그것 역시 꿈일 뿐이야. 그런 꿈에 싸여 있는 게 사람들이라구."
영화 〈콜래트럴〉에서 몰디브의 풍경 사진을 애지중지하는 택시기사에게 킬러 빈센트가 한 말

그러나 무신론자들은 그런 관용과 선행의 배경이 되는 신앙심을 평가하는 데 인색하다.

인간은 스스로 행복과 즐거움을 위해 노력해야 한다. 악당들은 특히 신체적인 차원의 노력을 많이 기울인다. 그들이 우월한 환경적 조건을 갖추지 못했으면서도 영웅들을 곧잘 이기는 것은 지식인이나 종교인들이 관념과 정신만을 중요하게 여기는 탓이다. 반면 대중문화에서는 노골적으로 육체성을 강조한다. 오늘날 정신의 과잉에서 육체의 과잉으로 옮겨가는 것은 억압되었던 실존적 육체성의 대중적 반란 현상이다.

정신일도 하사불성精神—到, 何事不成! 배고픈 것은 위에 밥이 없기 때문이지 정신이 빈곤해서가 아니다. 배가 고플 때는 밥을 먹어야 한다. 스피노자가 신을 물적 존재로 보는 것은 인간의 오만함에 대한 경고인지도 모른다. 아무리 정신력을 높인다고 해도 인간은 신이 될 수 없다. 감각과 정서를 지닌 육체적 존재일 뿐이다.

"내일 세상이 망할지라도 나는 오늘 한 그루의 사과나무를 심겠다"는 말을 진짜 했는지 확인할 수는 없지만, 스피노자는 세상이 알아주는 것과는 상관없이 진리를 탐구하고 그 정신을 심었다.

너의 뜻이 곧 세계의 본질이다
: 쇼펜하우어의 《의지와 표상으로서의 세계》

쇼펜하우어는 "웃음거리는 추상과 현실 사이의 불일치"라고 했다. 그는 현

나 는 악 당 이 되 기 로 했 다

실에 부합하지 않는 추상적인 철학을 철저하게 배격했다. 이로써 그는 당대의 최고 사상가였던 헤겔의 관념론에 맞서 생의 철학을 주장했다. 헤겔은 세계를 만들어가는 것이 '세계정신'이라 했지만 쇼펜하우어는 '생의 의지'라며 맞섰다. 추상적인 철학 개념보다 삶 그 자체에 더 주목해야 한다고 본 것이다.

당시 헤겔의 영향력은 막강했다. 주류를 장악한 헤겔과 그의 추종자들에게 쇼펜하우어는 질서를 파괴하는 한낱 악당이었다. 어떤 이들은 쇼펜하우어를 질투의 화신으로 평가하기도 한다.

헤겔과의 관계를 잘 보여주는 일화가 있다. 헤겔이 있던 베를린대학교에서 교수로 임용된 쇼펜하우어는 헤겔의 강의와 같은 시각에 과감히 자기의 강의를 배정했다. 강의명은 '의지철학'이었다. 하지만 그를 기다린 것은 텅 빈 강의실이었다. 결국 그는 쓸쓸히 대학을 떠나 저작 활동에 집중하였지만, 마지막까지 헤겔에 대한 비판을 멈추지 않았다.

> 위로부터의 권력에 의해 임명된 헤겔은 대머리에 무미건조한, 구역질나는, 무식한 허풍쟁이였다. 그는 발광같이 얼을 빼는 난센스를 내놓고, 그것을 이리저리 퍼뜨리는 데 용맹스럽기가 따를 자 없는 사람이다.

다른 한편으로 보면 1831년 유럽에서 콜레라가 창궐했을 당시, 마지막까지 학생들 곁에서 강의하다 전염되어 사망한 헤겔과 달리, 강의를 버리고 베를린을 탈출한 그는 진정한 '생의 철학자'였다. 쇼펜하우가 보기에 헤겔은 관념론을 강의하다가 콜레라가 자신의 몸에 들어오는지조차 모르는 어리석은 사람이었다. 어쩌면 '세계의 진리를 강의하는데 콜레라쯤이야' 하고 무시했을지도 모른다. 그는 헤겔이 세상을 떠나자 기르던 개에게 '헤겔'이란 이름을 붙이고 구박할 정도로 헤겔을 증오했다.

많은 사람들이 아르투르 쇼펜하우어에 대하여 죽음을 찬양하고 삶을 혐오한 철학자로 여긴다. 그가 "인간은 결국 행복을 포기하는 법을 배워야 하는 존재"라고 말한 것은 잘 알려져 있다. 그렇기 때문에 '비관주의 철학자, 염세주의를 대표하는 독일 사상가'를 묻는 퀴즈를 낸다면 사람들은 대번에 '쇼펜하우어'라고 답할 것이다.

또 어떤 이들은 "철학계를 큰 무대에 비유한다면 쇼펜하우어는 주연배우이고 싶어 하면서도 끝내 밤무대 가수 수준에서 삶을 접어야 했던 사람"이라고 한다. 하지만 쇼펜하우어는 자신이야말로 '철학의 숨겨진 진짜 황제'라고 생각했고 언젠가는 후세 사람들이 알아주리라고 믿었다. "모든 진실은 세 단계를 거친다. 첫째는 조롱, 둘째는 거센 반발, 다음은 자명한 것으로 받아들여지는 것"이라는 그의 말은 그러한 바람이 깃들었다고 할 수 있다.

쇼펜하우어가 그토록 열등감에 시달리며 악당으로 살아간 것은 어머니 때문이라는 지적이 있다. 쇼펜하우어가 어린 시절, 그를 본 괴테가 어머니 요한나 쇼펜하우어 Johanna T. Schopenhauer에게 "당신의 아들은 위대한 인물이 될 것입니다"라고 말했다고 한다. 그러자 어머는 기뻐하기는커녕 "한 가족에 두 명의 천재는 없어요!"라며 화를 냈다고 한다. 아들이 위대한 인물이 된다면 자신은 그렇지 않다는 얘기가 되기 때문이었다. 여류 작가였던 그의 어머니는 아들마저 시기했고 남편과도 사이가 좋지 않은 인물이었다. 그가 평생 여성과의 관계가 원만하지 못한 것은 어머니 때문이었을 것이다.

쇼펜하우어는 세상을 본질은 의지라고 말한다. 동물을 바라보거나 풍경을 보는 가운데 우리가 인식하는 것은 의지다. 나뭇잎이 움직이는 것도 무엇인가의 의지다. 물고기가 헤엄치는 것 역시 그들의 의지다. 동물들과 식물들의 모습은 의지의 발현이다. 사람들이 살아있는 것들을 통해 자신을 느끼는 것 또한 생의 의지다. 결국 인간은 의지의 존재다.

악당들은 자신의 의지, 생의 의지로 가득하다. 그러나 절대자, 절대법칙, 질서를 강조하는 이들은 객관과 질서의 수호자가 되어 악당을 쫓는다. 닫힌 사회일수록 인간이 자유롭게 시도하는 의지들을 억압한다. 하지만 그 억압은 결코 의도한 방향으로 흘러가지 않고 오히려 수많은 악당들을 만들어낸다.

쇼펜하우어는 예술을 의지의 관점으로 분석했다. 아리스토텔레스는 《시학》에서 예술은 모방이라고 했다. 자연

우리가 세상을 살아가는 목적은 고통이다. 세상은 온통 괴로움으로 가득 차 있다. 살면서 우리 뜻대로 되는 것은 별로 없다. 별 어려움 없이 일이 술술 풀린다 해도 고통스럽기는 마찬가지다. 이번에는 권태가 괴롭힐 테니까. 궁핍은 하류층을 때리는 채찍이고, 권태는 살 만한 이들을 파고드는 채찍이다.
《쇼펜하우어 인생론(Parege und paralipomena)》의 머리말 중에서

"규칙을 깨야 진실을 알게 돼. 세상을 살아갈 유일한 방법은 규칙 없이 살아가는 거야."
영화 〈배트맨〉에서 조커의 대사

을 모방하고 다른 사람의 행위와 말, 사고를 모방하는 양식은 문화예술 작품 어디에서나 다 확인할 수 있는 내용이다. 하지만 단순한 모방에 그쳐서는 안 된다. 작품을 만든 사람의 의지와 주관이 들어가되 그 의지는 객관성을 지향해야 한다. 의지가 없다면 그것은 자연을 흉내 낸 것 이상도 이하도 아니다. 사람들은 작품 안에 들어 있는 의지를 해석하고 그것을 공유하며 평가한다.

쇼펜하우어에게 있어 가장 훌륭한 작품은 살아 있음이 느껴지는 의지의 예술작품이다. 그러나 의지가 많이 개입된 작품일수록 부정적인 평가와 외면을 당하고 시간이 한참 흐른 뒤에야 무리를 모아 인정을 받게 되는 과정이 역사적으로 반복되어왔다. 생의 의지는 악당의 철학이 예술적 철학으로 이어질 수 있음을 보여주는 것이겠다.

니체는 쇼펜하우어를 가리켜 이렇게 말했다.

"이 사람을 잘 보라. 이 사람은 누구에게도 종속되지 않는다."

그리고 또 한 부류의 악당

_여자와 싸우면 악마도 무릎 꿇는다

빠뜨릴 수 없는 또 하나의 악당 그룹은 악녀들이다. 영화 〈악마는 프라다를 입는다〉에서 편집장 미란다는 독하고 모진 캐릭터다. 주인공은 상사에게 이리 치이고 저리 치이는 불쌍한 부하직원이다. 여성 리더와 경영자들이 비정상적이고 비인간적인 인물들로 그려지는 것은 흔한 일이다. 드라마 〈아내의 유혹〉과 〈미워도 다시 한 번〉에는 공통적으로 여성 CEO가 등장한다. 그들의 특징은 얼음 같은 차가운 이미지와 악녀의 전형성이다. 그녀들은 자기의 사업체를 위해서라면 무슨 짓이든 할 듯 보인다. 사업체는 자신의 욕망 그 자체다.

쿠스타브 클림트Gustav Klimt의 〈Judith1〉는 도발적이고 매혹적인 팜므파탈의 새로운 전형성을 보이면서 많은 인기를 누려왔다. 그런데 팜므파탈의 이면에 숨겨진 칼날에 남성들은 기가 죽는다. 유디트는 자신의 외모로 적장을 홀린 후 머리를 잘라버린 여성이니 말이다. 하지만 여성들에게 있어서 유디트는 강력한 힘, 즉 남성들을 매혹시킨 뒤 원하는 목적을 이룰 수 있다는 상징기호다. 그런데 통속극은 어째서 여성 기업가들을 적으로 만들어버리는 것일까?

자신의 욕망을 추구하는 여성이 악녀로 묘사되는 이유는 문화적 배경 때문이다. 전통적으로 자신보다 가족이나 다른 이들을 우선하는 것이 여성의 미덕이어야 한다는 문화적 강박이 우리 사회에는 있어왔다. 이러한 문화적 강박의 실체는 무엇일까? 우선 사업을 하거나 일선에 나서는 여성을 경계하는 사회 분위기를 꼽을 수 있다. 여기에 계층적인 적대감이 작용하면서 부유층 여성들은 심성이 삐뚤어졌으리라는 잘못된 기대감을 낳았다. 사회적 지위와 부를 모두 가졌다면 한 가지쯤은 결핍되어야 설득력이 있으므로 보통 성격적인 결함이 있는 것으로 그리는 것이다. 지나치게 도도하거나 차갑게 묘사하는 것은 전형적인 패턴이다.

반면 드라마 〈조강지처클럽〉, 〈두 번째 프러포즈〉, 〈불량주부〉와 같이 부지런히 일하고 실력을 인정받아 일정한 지위에 오르는 주인공은 선한 캐릭터를 유지한다. 서민 출신은 성공을 거두어도 여전히 선한 사람이라는 이분법적 도식에 빠지고 만 것이다. 지나친 무산자 다수주의와 서민 코드에 영합하는 포퓰리즘이 대중문화에 팽창할수록 현실을 간과하는 기현상이 벌어지는데, 그 대표적인 사례가 여성 기업인 혹은 리더에 대한 왜곡된 묘사다.

그런데 최근 악녀에 대한 인식의 변화가 일고 있다. 욕망을 스스럼없이 드러내고 적극적으로 행복을 추구하는 여성 캐릭터에 많은 대중들이 지

나 는 악 당 이 되 기 로 했 다

지를 보낸다. 악녀의 캐릭터는 인간의 본질적 욕망을 인정하면서 연민의 정을 불러일으키기도 한다. 그러나 악녀가 인기를 끄는 결정적인 이유는 누구나 그러한 존재가 될 수 있다는 인간의 실존적 고민이 부각되기 때문이다.

악녀들은 지금껏 살펴본 악당의 요소를 모두 가지고 있다. 그런데 악녀들은 유독 가치절하를 당해왔다. 악남惡男은 없는데 악녀라는 개념이 등장하는 것은 악당보다 저열한 취급을 받고 있음을 여실히 보여준다. 심지어 악당 취급을 받았던 철학자들마저 여성들을 저평가했다.

쇼펜하우어는 "여자란 머리카락은 길어도 사상은 짧은 동물이다", "여자는 선천적인 거짓말쟁이여서 여자에게 거짓말하는 것은 불가능하다. 어떤 거짓말도 본능적으로 안다"며 여성을 곧잘 비하했다. 쇼펜하우어를 적극 추종했던 니체 역시 "여자는 깊이 있는 척하는 껍데기"라고 공격했다. 그러나 쇼펜하우어와 니체가 여성을 근본적으로 싫어한 것 같지는 않다. 쇼펜하우어는 말년에 책 사인을 받으려는 여성들에게 매우 친절했고, 니체는 루 살로메Lou Andreas-Salome를 만났을 때 사랑을 느껴 "우리 둘은 어느 행성에서 떨어졌는가요?"라고 묻기도 했다. 물론 이것은 니체가 여자를 만날 때마다 써먹는 방식이었다. 니체와 쇼펜하우어는 사실 여성들의 사랑을 갈구하는, 영웅이 되고 싶은 악당이었는지 모른다.

키르케고르Kierkegaard와 헤겔, 장 자크 루소 또한 여성에 대한 인식이 상상 이하였다. 수많은 남성 철학자들이 여성성을 부정적으로 본 이유는 논리에 앞서 감정의 교류를, 명쾌한 사실보다 느낌과 표현을 중시하는 여성의 특징 때문이다. 이성보다 감성을 중요하게 여기고 지각보다는 감각을 우선적으로 여기는 차이가 이런 오해와 왜곡 그리고 차별을 낳았다.

마초들의 권력과
허영심을 비웃는다

감정과 느낌 그리고 여성 특유의 표현은 남성이 지니지 못한 특성이므로 거꾸로 남성을 휘어잡는 매력으로 작용하기도 한다. 그러한 장점을 이용해 즐거운 인생을 구가하려는 악녀야말로 여성을 미워하면서도 빠져드는 남성들의 이중성을 폭로한다. 악녀는 비난과 지탄을 받으면서도 한편으로 숭배와 동경의 대상이 된다. 전통적으로 악녀는 성질이 못되고 외모가 못난 여자를 가리킨다. 이른바 독부毒婦다.

어린이책에서 마녀는 주로 추악한 노파로 그려졌다. 추한 것이 악한 것이라는 1차원적 감각에 의존하는 설정이다. 영화나 만화에서 악당이 대체로 추한 외모를 갖고 있는 것도 이 때문이다.

하지만 추함보다 더 위험한 것은 아름다움이다. 추한 사람은 아예 처음부터 피해가지만, 아름다움을 지닌 사람에게는 빠져들게 된다. 사람의 마음을 빼앗는 자는 대상을 마음대로 조종할 수 있는 통제력을 갖게 된다. 그래서 다른 사람들의 마음을 마음대로 조종할 수 있는 아름다움은 위험하다.

조지 릴로George Lillo의 연극 〈런던 상인The London Merchant〉에 처음 등장하

여 유명해진 '팜므파탈'은 남자들에게 불행을 자초하게 하는 매력적인 미녀의 캐릭터를 말한다. 팜므파탈은 성숙하고 자기만의 개성과 색깔이 있다. 또한 생각과 성찰이 분명하다. 이제 악녀와 추녀는 공통분모로 묶일 수 없다. 악녀는 어느새 매력적이고 세련된 도시 여성을 상징하게 되었다.

2010년 영국 웨스트민스터 대학 연구팀이 〈스칸디나비안 심리학 저널 Scandinavian Journal of Psychology〉에 실은 연구논문에 따르면 남성들은 흑갈색 머리의 여성을 가장 매력 있고 지적이라고 생각했다. 그런데 남성들이 금발 여성에게 적극적으로 접근하는 이유는 그녀들이 가장 쉬워 보이기 때문이라고 밝혔다. 흑갈색 머리의 여성들은 쉬워 보이지 않지만 매력적이기에 남성들의 도전욕구를 자극한다. 그러한 여성들을 차지할 때 남성들은 성취감을 느끼고 다른 이들에게 과시할 수 있다.

세상에 미인은 많다. 부와 권력을 가진 자의 곁에는 아름다운 여성이 많이 모여들 것이다. 이때 수많은 경쟁자들을 제치기 위해서는 얼굴이 예쁜 것만으로는 부족하다. 미인들은 어려서부터 뛰어난 외모 덕분에 늘 이익을 얻어왔기 때문에 구태여 다른 능력을 계발할 필요성을 느끼지 못했을 가능성이 많다. 그러나 세기의 미녀로 역사에 기록되는 클레오파트라Cleopatra는 기지 넘치고 여러 나라 언어를 자유자재로 구사하는 지성적인 여인이었다. 상대방을 재밌게 만드는 말재주와 생동감 넘치는 몸짓과 표정, 그리고 패션 감각과 연기력, 매너 등을 두루 갖추었다고 전해진다. 이러한 점은 평범한 미인들과는 다른 악녀의 치명적 매력이다.

오스카 와일드Oscar Wilde는 "나쁜 여자는 사람을 고민하게 만들고, 착한 여자는 사람을 지루하게 한다"고 했다. 착하기만 해서는 재미가 없기 때문에 '빠져드는' 것이 아니라 '깨어나게' 한다. 20년간이나 루이 15세Louis XV의 총애를 받았던 퐁파두르Pompadou 후작 부인은 항상 재미있는 유희를 고안하여 즐거운 시간을 주도했다고 한다. 얼굴만 아름다운 여성보다 생기발랄하고 상대방을 즐겁게 해주는 여성이 더 주목받는 것은 당연하다. 더구나 절대 권력자의 총애를 받는 여성에게 자연히 사람이 모여들게 된다. 이때 그녀를 이용하여 자신의 이익을 챙기려는 사람들도 적지 않았을 것이다. 그녀를 통해 덕을 본 사람들은 충성스러운 지지자로 남았을 것이고, 피해를 본 사람들은 그녀를 악녀라 부르며 저주할 것이다.

정치가 페리클레스Perikles의 연인 아스파시아Aspasia는 정치가나 철학자를 상대할 만큼 지적인 면에서 뛰어났다고 한다. 아스파시아가 있던 살롱에는 플라톤이나 소크라테스도 자주 들렀다. 페리클레스는 아내를 버려두고 그녀와 동거를 할 정도였다. 조강지처를 팽개치고 고급 여급과 동거한 페리클레스의 행동은 아테네 시민들의 분노를 사기에 충분했다. 하지만 비난의 대상은 페리클레스가 아니라 악녀인 아스파시아였다. 유혹한 쪽은 여자이고 남자들은 피해자라는 논리였다.

아무리 아름다운 외모에 호감을 갖고 접근하던 남성이라도 여성에게 더 이상의 매력이 없으면 열정이 식고 만다. 다가왔던 남자들이 쉽게 떠난다면 악녀가 아니다. 현대사회에서 악녀의 반열에 오르는 여성들은 강하고 건강한 이미지와 함께 주체적이고 독립적인 특징을 갖는다. 그들은 아름답고 자신감이 넘치며, 남자만 바라보거나 의존하지 않는다. 독립적으

나 는 악 당 이 되 기 로 했 다

로 삶을 개척하고 자신의 꿈을 성취해간다. 이러한 악녀의 특징은 강한 남성성을 지향하는 이들에게 불편함을 준다. 여성은 항상 약하고 남성의 보호를 받아야 한다는 고정관념 때문이다. 여성의 무력함을 규정하는 '레이디 퍼스트'라는 말에는 힘 있는 남자, 상냥한 여자가 이상적이라는 인식이 깔려 있다.

여성들이 삼삼오오 몰려다니기를 좋아하는 것은 보호본능 때문이다. 혼자 다니다가는 사냥을 당할 수도 있기 때문이다. 그러나 혼자이기를 두려워하지 않는 악녀의 당당한 이미지는 고양이나 표범을 연상시킨다. 악녀들은 궁지에 몰려도 자신의 힘으로 극복하며 오히려 상대를 곤란하게 만든다. 그녀들은 매력적이고 제멋대로이며 힘이 있다. 그래서 남자들로 하여금 도전의식을 불러일으킨다. 매력 있고 제멋대로인 여자를 차지하는 남자는 동료들로부터 경외의 대상이 될 것이다. 만만치 않은 상대를 정복할수록 과시할 근거가 되기 때문이다.

그래서 악녀는 사냥감이 된다. 자신을 사냥감으로 규정하는 남성에게 유들유들하게 대하는 것은 패배를 의미한다. 악녀는 위기일수록 더 강하게 나가는 것이 살아남는 방법이다.

타마키 호리에의 《남자들은 왜 악녀에게 끌리는가》에서

악마인가 천사인가 그것은 모른다. 여자에게 있어서 어디에서 천사가 시작되고 어디서부터 악마가 시작되는지도 모른다.
하이네(Heine)

"하늘을 이용하나 하늘을 경외치 않는다. 세상의 비정함을 아나 세상에 머리 숙이지 않는다. 사람을 살피고 다스리나 사람에게 기대지 않는다. 허나 너희들은 무엇이냐? 무엇을 할 수 있느냐?"
드라마 〈선덕여왕〉에서 미실의 대사 중

"사기는 테크닉이 아니다. 심리전이다. 그 사람이 뭘 원하는지, 그 사람이 뭘 두려워하는지 알면, 게임 끝이다."
영화 〈범죄의 재구성〉에서 서인경(염정아 분)의 대사

는 '요부妖婦'라고 불리는 이들의 이면을 다루고 있다. 요부의 등장은 남자들의 욕망에서 비롯한다. 옛날부터 왕족이나 귀족, 부자들은 똑똑한 악녀들을 서로 차지하려고 쟁탈전을 벌였다. 특히 18세기 이후 신흥졸부들은 재력을 과시하는 용도로 이러한 악녀들을 이용했다. 전통적인 귀족의 돈이 갈수록 말라가고 있을 때 급부상한 신흥졸부들은 지적이고 매력적인 여성, 널리 미모와 재능을 인정받은 여성을 사기 위해 극성을 부렸다. 그런 여인을 곁에 두어야만 자신의 지위가 높아진다고 여기는 심리 때문이었다. 심지어 민족이나 국가, 가문의 명예가 이러한 여성들을 차지하는가 못하는가에 모아지기도 했다.

정작 악녀들은 이러한 남성들을 통렬하게 희화화한다. 한국의 황진이가 대표적이다. 사대부들이 빼어난 기생을 사이에 두고 신경전을 벌일 때 오히려 그들을 가지고 논 여인이 황진이였다. 그래서 남자들은 그녀를 탐하면서도 요부라고 불렀다. 그런 이유 때문에 황진이는 아직도 한국인의 뇌리에 살아 있다.

악녀는 남성들의 과시욕을 거꾸로 이용한다. 어차피 그런 남자들은 악녀의 마음을 얻는다 해도 그녀를 높게 평가하지 않는다. 어차피 과시하는 수단을 얻는 게 목표였기 때문이다. 악녀들은 그런 남성의 허영의식과 열등감을 이용해 그들을 파멸시킨다. 결국 남자들은 자기가 파놓은 함정에 빠지는 꼴이다. 하지만 그들은 자기 덫에 걸려 스스로 파멸했다는 것을 결코 인정하려 들지 않는다.

그렇다면 악녀들이 진정으로 사랑하는 남자는 누구일까? 에밀 졸라Emile Zola의 작품에서 미모의 여배우이자 팜므파탈인 나나는 동료 배우인 퐁탕을 사랑한다. 여자들은 삶을 위한 수단(돈)을 위해 부유한 남성들을 선택할 수 있지만 사랑만큼은 어디까지나 본능에 충실하다. 하지만 여성이 자신의 사랑을 찾는 행위를 남성들은 악녀의 짓이라고 규정한다. 자신들은 부인을 두고 애인을 찾는 일을 능력이라 생각하면서 말이다.

권력의 숨은
조력자

여성들 중에는 남성들을 자유자대로 통제하면서 즐겁고 윤택한 삶을 목표로 하는 이들이 물론 있다. 그러나 제멋대로 사는 여성은 진정한 악녀가 되지 못한다. 무미건조한 사회일수록, 계층 간의 이동이 불가능한 사회일수록 자신의 자존심과 통제력을 발휘하는 악녀 캐릭터가 부각될 것이다. 저성장과 불황의 영향으로 상류층의 진입장벽이 높아지고 그에 대한 욕망도 강렬해질 것이기 때문이다.

그러나 악녀가 모든 일에 전투적인 것은 아니다. 여성이 강한 태도로만 일관한다면, 남성들은 그 여성을 경계하고 심지어 제거하려고 할 것이다. 그러나 악녀는 자유자재로 감정을 조절하여 상대방의 마음을 움직이는 법을 알고 있다. 폴란드 속담에는 여자와 싸우면 악마도 질 수밖에 없다는 말이 있고, 프랑스에서는 여자는 언제 어디서든 필요한 눈물을 흘릴 수 있다고 했다. 평범한 여자들에게도 눈물은 매우 중요한 무기다. 하지만 오히려 여자의 눈물을 이용하는 것이 권력자들이다.

마르코스Ferdinand E. Marcos는 부인 이멜다Imelda Marcos의 눈물 때문에 대통령에 오를 수 있었다. 국민들에게 인망이 높고 오랜 경륜을 지닌 로페스Lopez가 부통령 후보에 나서도록 설득해낸 것은 이멜다의 눈물이었고 결국 대통령 선거를 성공으로 이끌 수 있었다. 젊고 아름다운 아내는 정치가들의 자산이 된다. 유흥가의 직업여성이었던 에바 페론Eva Peron 역시 남편의 대통령 선거를 승리로 이끈 주역이다. 그녀는 수많은 남성을 상대하는 데 익숙했기 때문에 표정이나 말투, 패션, 재치가 남달랐고 대중이나 지도자들 앞에서도 결코 주눅 들지 않았다. 평범한 가문의 여성이라면 이러한 요소들을 갖추기 힘들 것이다.

속으로는 강인하고 주체성이 강한 여성이 겉으로 연약함과 눈물을 내세울 때 남성들은 놀라움과 함께 연민을 느낀다. 약자인 여성을 보호해주어야 한다고 믿는 남성 우월주의자일수록 악녀의 연약함을 모른 체할 수 없다.

평범한 여성들은 감정을 전략적으로 활용하는 악녀를 동경하기도 한다. 악녀의 나긋한 목소리와 부드러운 표정, 침착하고 온화하여 정중한 겉모습은 열정과 강인함, 주체성을 감추기 위한 효과적인 위장막이다. 겉과 속이 같은 사람은 쉬운 사람이다. 하지만 겉과 속이 다른 사람을 상대하기란 곤혹스럽다. 도통 속을 알 수 없기 때문에 대응하기가 곤란하다. 겉과 속이 같은 여성은 진솔하고 편안함을 주지만, 남자들은 거기에 익숙해지면 더 이상의 매력을 느끼지 못한다. 생각과 행동이 빤히 보이기 때문에 애써 신경 쓸 필요가 없고 성취욕을 자극하지도 않기 때문이다. 이런 이유로 많은 남자들이 천사 같은 악마, 여우 같은 여자를 좋아한다.

악녀들은 남자들을 직접 쫓아다니지 않는다. 남자들이 접근하면 할수록 차갑고 냉정한 태도로 일관하며 애를 태웠다. 권력자와 부유한 인사들을 당당하게 내치는 그녀의 모습은 매우 쿨하다. 내치면 내칠수록 더 선호되는 악녀의 이미지는 여성들에게 선망의 대상이 될 만하다.

물론 악녀들은 같은 여성들에게 질투의 대상이기도 하다. 권력이나 재물을 가진 남성을 만나는 것만으로도 일거에 신분상승을 할 수 있기 때문이다. 하지만 그것은 어디까지나 부단한 노력의 산물이다. 치열한 경쟁의 영역에서 자신을 가꾸고 매력을 유지하는 데 게으른 여성은 이러한 신분상승을 꿈꿀 수 없다. 시장의 관점에서 그것은 상품성이다. 상품성이 없으면 주목받을 수 없는 것은 당연하다. 〈백설공주〉의 왕비는 거울에게 세상에서 가장 아름다운 여성이 누구인지 끊임없이 확인한다. 그것은 아름다워지고 싶다는 왕비의 욕망이자 의지의 표현이다. 반면 백설공주는 미모도 타고난 데다 나이가 어려서인지 아름다움이 얼마나 큰 무기인지를 모른다. 매력을 가꾸는 데 관심이 없는 백설공주는 어쩌면 나이 들어 초라한 여성으로 전락할지 모른다.

물론 요즘 시대의 똑똑한 악녀들은 왕비처럼 외모에만 목숨을 걸지 않는다. 다른 미녀들이 화장을 고치고 옷이나 매만질 때 악녀들은 책을 읽고 전시회와 공연장을 따라다닌다. 정치경제적인 현상에 대해 관심을 갖고 끊임없이 사회트렌드를 주시한다. 그래서 정보와 악녀는 밀접한 관계에 있다. 권력자와 부유한 자들 사이에서 악녀는 고급 정보들을 접하게 될 가능성이 높다.

정보가 소통하지 못하는 폐쇄적인 사회일수록 음모와 협잡이 판을 치게 된다. 이 가운데 피해를 보는 것은 일반 민중이다. 이때 상류층만이 은밀하게 공유되고 있던 정보들은 악녀들을 통해 일반 민중으로 흘러들어가게 된다. 밀실 정치가 악녀를 통해 외부에 공개되는 것이다. 어쩌면 정보의 민주화의 일정 부분은 악녀의 공이 아닐까?

페티코트를 입은

하이에나들

'최초의 페미니스트', '최초의 여권옹호론자' 메리 울스턴크래프트Mary Wollstonecraft는 권리적 악녀를 대표하는 인물이다. 1792년 불멸의 대표작 《여성의 권리 옹호A Vindication of the Rights of Woman》에서 "여성도 남성과 동등한 이성을 갖고 있으며, 여성이 복종해야 할 대상은 아버지나 남성이 아니라 이성理性"이라고 했다. 그녀는 여성이 남성에게 밀려난 것은 단지 교육의 혜택을 받지 못했기 때문이라고 했으며, 성적 자유를 포함한 여성의 욕망을 인정해야 한다고 주장했다. 또한 역사상 처음으로 여성의 참정권도 요구했다. 울스턴크래프트의 '불온사상'은 극렬한 반대에 부딪힌다. 한 어머니는 잡지에 "이 책 때문에 내 딸들이 타락했다"는 원망의 글을 기고하기도 했다. 책이 나오자마자 평론가들은 '페티코트를 입은 하이에나'라며 그녀를 조롱했다.

하지만 울스턴크래프트는 여성이 독립적으로 살아가기 위해서는 경제력이 필요하다고 믿고 당시 여성으로서는 드물게 직접 생계를 꾸렸으며, 여성의 교육을 위해 학교를 운영했다. 19세기 영국의 대표적인 여성 참정권론자 밀리센트 포세트Millicent Fawcett는 《여성의 권리옹호》 출간 100주년 기념출판물에서 "근대 정치경제학이 애덤 스미스에게 기대고 있는 것처럼 모든 여성은 울스턴크래프트에게 빚을 지고 있다"고 밝혔다.

울스턴크래프트가 악녀 소리를 듣는 것에 연연했다면 후대의 여성들은 교육을 받거나 직장을 가질 만큼 정치적·사회적인 권리가 신장되기까지 수십 년, 수백 년이 더 걸렸을지 모른다.

악녀들은 스스로 미래를 꿈꾸었다. 현실에 만족하고 주저앉는 것은 있을 수 없는 일이다. 그녀들은 자존감과 존재감을 무기로, 속박이나 굴종이 아닌 자유를 선택했다. 그녀들이라고 해서 모두 미인은 아니었다. 다른 여성들이 반반한 외모에 만족할 때 그들은 부단한 노력으로 다른 능력을 배가시켰다. 사회적 열세에 있던 그들에게는 생존의 문제이기도 했다. 사회 권력은 남성들의 차지였고 종교는 한술 더 떠 자율적이고 능동적인 여성들을 마녀로 몰았다. 신의 그림자에서 벗어나 삶을 개척하는 것은 이들 악녀들에게서 시작되었다.

악녀들은 사람을 숨 막히게 하는 이성과 합리를 거부하고 열정과 감성을 사랑했으며, 생산과 노동으로 삶을 착취하기보다 여유와 쉼을 중요하게 여겼다. 남성들은 오로지 성공과 승리를 위해 질주했지만, 악녀들은 소통과 연대에 집중한다는 이유로 누명을 써야 했다. 끊임없이 대화하고 상생을 하는 방안, 생명을 중심에 두었다. 그녀들은 끊임없는 수다를 통해 정보를 교환하고 널리 확산시켰다. 때로는 남성들로 하여금 행동하고 변화하도록 유도했다.

귀족이나 양반가의 여성들이 웃음을 잃어버린 채 살아가던 시대에도 악녀로 불린 여성들의 얼굴에는 생동감이 넘쳤다. 자신들의 사랑을 적극적으로 추구하고 뜨거운 생의 에너지를 가지고 있었기 때문이다.

악당에 관심이 있는 당신은 누구인가

"요즘 어떤 책 쓰고 계세요?"

"네, 뭐…. 악당의 철학에 관해 쓰고 있습니다."

"악당의 철학이라고요? 그거 재미있겠네요."

2005년쯤이었던가, 한 방송 프로그램에서 진행자의 갑작스런 질문에 엉겁결에 이런 대답을 했다. 실은 그 당시 별다르게 쓰고 있는 책은 없었다. 그렇다고 책을 안 쓰고 있다고 답하면 어색해질 테니 무슨 대답이라도 해야 할 것 같았다. 그래서 틈틈이 생각과 자료를 정리해놓고 있던 주제를 이야기한다는 것이 '악당의 철학'이었다.

진행자는 정말 호감이 있는지 관심을 표시했다. 다행히 진행자가 악당의 철학을 선호할 만한 스타일 있는 가수였다. 종종 마녀복장을 하고 무대에 오르는 것만 보아도 알 수 있었다. 왠지 마녀와 악당은 통하지 않는가.

진행자가 더 이상은 묻지 않아 고마웠다. 악당의 철학이 구체적으로 무엇인지 나도 모르기 때문이었다. '악당의 철학이 뭐죠?'라고 집요하게 물어보았다면 대답을 못했을 것이다. 시원스럽게 '재미있겠네요'라며 호응해 주었기 때문에 우리는 통할 수 있었다. 뭔가 통하는데 구체적으로는 설명할 수 없는 상황을 우리는 종종 겪는다. 이 책을 읽는 독자들도 악당에 대한 알 수 없는 호감의 코드가 공유되고 있는 것이다.

이후에도 '무슨 책을 쓰느냐?'는 질문에 할 말이 궁할 때 악당의 철학을 이야기하면 눈을 반짝이는 사람들이 있었다. '좋은데!'부터 '재미있겠다', '얼른 읽어보고 싶다'는 등. 하지만 악당의 철학이라는 말에 '도대체 무슨 얘기냐'라는 반응을 보이는 이들도 제법 있었다. 그런 경우 상대방과의 동질감은 일어나지 않았다. 거리감이 느껴지고 말은 조심스러워졌다.

왜 어떤 사람은 악당의 철학에 흥미를 느끼고 어떤 사람들은 무관심하거나 미심쩍어하는 것일까? 시간이 지남에 따라 이러한 차이는 단순히 개인의 성향이나 호기심 차원에 머무는 것이 아님을 알 수 있었다. 악당 철학에 관심을 갖는 이들은 대체로 주류나 기득권자가 아닐 가능성이 높다. 악당의 철학에 무심한 이들은 주류이거나 기득권자일 가능성이 많다. 그도 아니면 독실한 신앙인이거나 도덕 윤리에 충실한 사람이거나.

그런데 주류도 기득권자도 아닌 사람들이 악당을 통해 꿈꾸는 것은 결국 주류와 영향력이었다. 그들은 현 사회의 '유지'보다 '변화'의 가치를 우선할 가능성이 높다. 나중에야 깨달았지만 이 또한 악당 코드가 가진 본질적인 특징이기도 했다. 즉, 악당은 개인의 인성이 아니라 사회적 혹은 정치경제적인 차원에서 생성된다.

여하간 '요즘 쓰고 있다'던 책은 몇 년이 지나도 쉽게 탈고되지 않았다. 악당들의 주옥같은 말들은 많이 수집했지만, 그 말들을 전체적으로 어떤 정신과 관점으로 묶어낼 수 있을지 명확하지 않았기 때문이다. 단순히 악당의 어록을 모아 '악당의 철학'이라고 이름붙일 수는 없었다. 결국 생각이 정리되기까지는 상당한 시간이 필요했다.

인류의 역사는 악당의 역사다. 기존 사회에서 세상을 변화시킨 이들은 악당이었다. 세상을 바꾼 악당은 세상을 지킨 영웅에게는 악인이었다. 그러나 세상이 변화하는 게 옳았다면 세상을 지킨 영웅은 세상을 바꾼 악당에게 거꾸로 악인이 된다. 이러한 점도 사회적 측면에서 악당을 바라보는 것이다.

한편, 개인적인 차원에서 악당을 바라볼 수 있다. 악당에 대한 착상은 라이트 밀즈C. Wright Mills의 말에서 비롯했다. 라이트 밀즈는《사회학적 상상력The Sociological Imagination》이라는 책에서 훌륭한 학자는 아무리 나쁜 데이터에서도 좋은 연구결과를 도출시킨다고 했다. 이 말에 취해 있던 90년대 말, 한 액션영화를 보면서 악당의 철학을 처음 생각했다. 이 영화는 처음부터 끝까지 악당들의 이야기다. 은행을 털거나 총을 쏘아대고 현금 수송 차량을 중간에 가로챘으며, 형사는 그들을 뒤쫓고 있을 뿐이었다. 그야말로 '악당 주인공the villain-hero' 영화였다. 물론 결론은 권선징악에서 벗어나지 못한다. 악당의 리더가 형사에게 잡히고 만다. 안타까울 지경이었다. 오히려 이 영화에서는 형사가 더 문제덩어리였고, 본받고 싶은 쪽은 악당이었다. 그는 자신만의 세계관이 명확하고 지나친 욕심을 경계했다. 정열적이면서도 적절하게 냉철하고 합리적이었다. 악당이 냉철하다 못해 냉혈한으로 종종 묘사되는 것은 그렇게 처신하지 않으면 영웅과의 승부에서 지기 때문이다. 하지만 그러한 악당도 결국 한순간의 실수로 죽음을 맞는다.

그 영화의 이름은 〈히트〉였고 악당 닐 맥컬리는 로버트 드니로가, 형사 빈센트 역은 알 파치노가 연기했다. 영화 〈대부The Godfather〉의 냄새가 났다. 그런데 여기에서 변화된 심리를 읽어낼 수 있다. 영화 〈대부〉는 마피아라는 거대조직을 이야기하지만 〈히트〉는 고독한 개인들을 통해 삶에 대해서 말한다. 이제 〈대부〉 같은 방식의 악당보다는 〈히트〉 같은 영웅에 사람들은 더 관심을 가진다. 생존을 위협받는 현대인은 악당이 '되어야' 하고, 악당이 '되는' 상황을 빈번하게 맞는다. 특히 자본주의 사회에서는 도덕과 비도덕, 범죄와 비非범죄 사이에서 줄을 탈 수밖에 없다.

이러한 사회적 배경 탓에 우리는 악당의 입을 빌려 세상의 부조리와 모순을 꼬집는 영화들을 종종 본다. 영화 〈피스메이커The Peacemaker〉에서 딸과 아내를 테러로 잃은 외교관 듀산은 핵무기를 짊어진 테러리스트로 변신한다. 그는 미국에 보낸 비디오에서 이렇게 말한다.

"평화를 위해 노력했는데 전쟁이 터졌다. 누가 우리에게 세르비아의 폭탄을, 크로아티아의 탱크와 이슬람의 폭약을 제공하여 우리의 아들딸을 죽였는가? 서방의 정부는 때로는 펜으로 때로는 총

　　　　　　　　　　　나 는 악 당 이 되 기 로 했 다

구를 들이대며 우리의 국경과 우리의 동포들을 무참하게 죽였다. 평화유지군은 무력을 내세워 우리의 운명을 난도질했다. 우리에게 고통만 안겨주는 이따위의 평화는 거부한다. 평화협상가(피스메이커)들도 고통을 느껴야 한다. 그들의 아이와 아내, 집, 교회를 날려버리겠다. 똑똑하게 새겨 들어라. 우리의 운명은 우리가 개척한다."

듀산이 노리는 유엔 본부에서는 보스니아 평화협상이 열리고 있었다. 그는 협상의 허구성을 폭로하고 싶었던 것이다. 영화 〈트루 라이즈True Lies〉에서도 핵무기를 훔친 테러리스트가 이런 메시지를 전한다.

"숨어서 도시를 파괴하고 부녀자를 해치는 너희가 테러리스트지, 우리는 아니다. 즉각 철수하라!"

영화 〈월드 오브 투모로우Sky Captain And The World Of Tomorrow〉에는 노아형 악당 토튼코프 박사가 등장한다. 그는 인간이 지배하는 지구에는 희망이 없다고 보고 인간의 모순과 잘못을 지적한다.

"자멸과 파괴로 치달아가는 세계를 보았다. 그것을 지켜야 하는 인간이 한때 낙원이었던 지구에 책임을 다하지 못하는 것을 지켜보았다. 그리고 그들이 선택한 방향이 절대 바뀌지 않을 것임을 알았다."

토튼코프 박사는 지구에 있는 생명체의 표본을 하나씩 모아 다른 행성에서 문명을 꽃피우고자 했다. 거대한 우주선을 만들어 각종 건설 자재와 로봇, 새로운 기술문명을 꽃피우는 데 필요한 것들을 함께 싣는다. 새로운 노아의 방주인 셈이다. 그러고는 우주선이 대기권을 벗어나는 동시에 지구가 파괴되게끔 장치를 만든다. 물론 주인공이 그것을 막아낸다.

〈매트릭스〉에서 스미스 요원은 시온으로 들어가는 코드를 알아내기 위해 모피어스를 심문한다. 모피어스가 입을 열지 않자 스미스는 동료들을 내보내고는 이렇게 말한다.

"너희들 인간은 끊임없이 옮겨 다니며 자원을 소모하고 다시 자리를 옮겨 자원을 소모하지. 너희는 자연에는 도움이 안 되는 착취자야. 너희 같은 존재는 자연에도 존재해. 그건 바이러스야! 너희들은 질병이며 암이다. 그리고 우리는 치료제야!"

네오가 구원하려는 인간은 결국 이러한 바이러스 같은 존재에 불과하다는 사실을 일깨우려는 것이다. 영웅은 대부분 인간을 위해서만 존재한다. 서구의 인간중심적 세계관이다. 서양의 기독교적 세계관 면면을 보면 자연은 극복의 대상이지 함께 존재해야 할 대상이 아니다. 수많은 괴물영화가 나오는 것은 그만큼 서구인들에게 자연에 대한 적대적 공포감과 함께 그것을 이겨내려는 욕망이 크기 때문이다.

영화 〈배트맨 4 – 배트맨과 로빈Batman & Robin〉에서 악녀 포이즌 아이비는 웨인 상사가 자연을 파괴하고 있다고 항의하지만 배트맨에게 무시당한다. 이대로 두면 꽃과 식물들이 인간을 공격할 것이고, 그때는 후회해도 늦을 것이라고 경고하자 사람들은 비웃으면서 이렇게 대꾸한다.

"잘 모르나 본데 고담 시는 배트맨과 로빈이 지키고 있다고."

이에 포이즌 아이비는 차가운 어조로 말한다.

"배트맨과 로빈은 결국 온혈동물을 지키는 존재일 뿐이다."

이렇게 악당들은 우리가 미처 생각하지 못한 세상의 불편한 진실들을 폭로한다. 악당이 거리낌 없이 드러내는 인간의 욕망에는 숨겨진 진리가 있다. 악당에 대해 관심을 갖는 것은 그 진리를 엿보고 싶은 마음일 것이다.

악당은 힘이 세거나 월등한 지력을 가진 경우가 많다. 힘과 지력, 또는 막대한 부를 이용해 원하는 것은 무엇이든 손에 넣으려 한다. 이러한 악당은 보통 사람들의 욕구에 잠재된 무의식을 인간의 형태로 빚어놓은 것이다. 사람에게는 기존 질서와 체제가 가하는 통제와 규율을 벗어나려는 무의식이 있기 때문이다. 이때 문제의식을 지니고 기존 질서를 바라보는 경우에는 그 철학적 깊이가 더 깊어진다.

그러나 악당의 결말은 정해져 있다. 초반부에는 승승장구하지만 때가 되면 예외 없이 실패하거나 죽는다. 악당이 세상을 지배하는 것은 윤리적으로 맞지 않기 때문이다. 악당이 성공해서 잘산다면 교육상 좋을 게 없다는 것이다. 결국 콘텐츠를 소비하는 사람들은 악당에게 공감하고 동일시하는 감정으로 신나게 일탈을 저지르다가 끝에 가서는 죽이거나 버리고 만다. 악당의 죽음은 한때나마 악한 마음을 품었던 이들에게 속죄양이 된다. 그럼에도 불구하고 악당의 말과 행동은 다시 한 번 눈여겨볼 필요가 있다. 그것은 억압받는 진리이기 때문이다.

우리가 생각하는 악당은 두 가지 차원에 존재한다. 하나는 우리들의 욕망이 문화 속 악당을 통해 투영되고 있다는 점이다. 이는 대중의 관점이다. 다른 한편으로는 사상사적으로 악당의 생각으로 취급받은 이론들이 있었다. 이는 엘리트의 관점이다. 두 차원은 사실상 정확하게 맞아떨어지지는 않지만 대체로 일맥상통하는 코드가 있다. 예컨대 악당들의 말과 행동은 쾌락과 행복, 성과 권력 그리고 경제에 연관되는 식이다.

문화콘텐츠에 나타나는 악당들의 행태에서 의미 있는 특징과 가치를 찾아내고 사상사에서 악당 철학자들의 논리가 왜 받아들여지지 않았는지, 또 악당의 말과 행동에 어떻게 연결되는지 탐구해본 이 책의 시도가 독자 여러분께 성공적이었기를 바란다.

우리는 악당이 되어야 한다. 이 말은 제멋대로 욕망을 충족하는 악당이 아니라 철학이 있는 악당이 되자는 것이다.

나 는 악 당 이 되 기 로 했 다